①宋太祖坐像

画作纵七尺,横五尺三寸,坐像高五尺三寸。原为清宫南薰殿旧藏,今藏台北"故宫博物院"。画中宋太祖头戴幞头,身着黄袍,腰围朱带,面容自信而威严。据宋人田况《儒林公议》记载,南唐后主李煜见到太祖画像,便知道真命天子已经出现。宋太祖以"陈桥兵变"而登上帝位,却一扫五代乱世的杀伐之气,创造了不流血而建立一个大王朝的奇迹,也奠定了宋朝的文治之风。

③

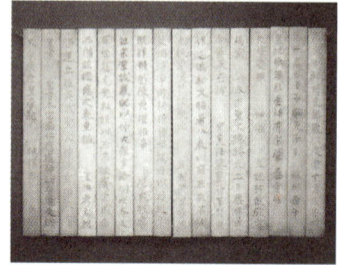
④

② 《雪夜访普图》
明刘俊绘，现藏于北京故宫博物院。刘俊，字廷传，明代宫廷画家。他几乎完全按照史书中的叙述，完成了这幅画作。宋太祖于隆冬时节的雪夜，出幸至赵普宅第，与赵普商讨统一大计，定下"先南后北"的统一策略，先取南方诸割据政权，充实国家府库，最后挥兵北上，攻取北汉。宋太祖、宋太宗凭借这一策略，结束了五代混乱纷战的局面，统一了中原地区。

③ 宋神宗坐像
画作纵五尺五寸，横三尺五寸五分，坐像高四尺五寸五分。原为清宫南薰殿旧藏，今藏台北"故宫博物院"。画中宋神宗头戴幞头，身着朱袍，皂纹靴。宋神宗在位期间，展开了以"富国强兵"为目标的"熙丰变法"，是宋代规模最大的改革运动。变法使宋朝统治集团截然分为两个针锋相对的阵营，彼此间的争斗愈演愈烈。变法给宋代以降的中国政治思想带来深远影响，变革与祸国、小人画上等号，保守因循被视为政治美德，这成为导致中国近代落后于世界强国的原因之一。

④宋真宗封禅玉册

此封禅玉册是大中祥符元年（1008）宋真宗在泰山举行封禅典礼时所用物，仪式结束后被埋于祭台下。1931年，玉册被军阀马鸿逵所部挖出，现藏于台北"故宫博物院"。玉册为青白玉，共16简，每简长29.5厘米，宽2厘米，厚0.75厘米。全册共227个字，楷书。宋辽"澶渊之盟"的达成，虽给双方带来了长久的和平，但它毕竟是以天朝中国的让步换来的。宋、辽对等地同称皇帝，使传统以中原王朝为中心的国际秩序动摇，"天无二日，民无二主"的世界秩序理想受到极大冲击。宋真宗必须证明自己才是唯一至尊的真命天子，因此从大中祥符元年开始，在全国掀起了长达十余年的"天书封祀"运动，借助传统思想认为最崇高、最神圣的封禅，来宣告自己才是上承天命的正统。

⑤狄青画像

狄青从一个普通士兵，凭借战功晋升为枢密使，最后又在文官士大夫的猜忌下忧悸而死，其经历折射出武将在崇尚文治的宋代的生存状况，也反映出宋朝立国体制的某些深层次弊端。终于从五代窘境中脱身而出的文化精英们，希望永久性地消弭军权对政权的威胁，为武将的活动范围划定了清晰的界限，并经由制度的强化上升为国家意志。"兴文抑武"的政策最终导致文盛武衰，成为宋朝在对外战争中屡遭挫折的原因之一。

⑥"拱圣下千都虞候朱记"铜印

这方铜印为北宋初禁军官印。长5.5厘米，宽5.4厘米，高5.7厘米，背后有"端拱二年四月铸"字样，现藏于中国国家博物馆。北宋初年，宋太祖为防范武将拥兵作乱，将禁军分为殿前司、侍卫马军司、侍卫步军司三个机构，相互牵制，称"三衙"。"拱圣"为殿前司下辖骑兵番号，驻守京师，属于料钱不足500文的下军，共二十一指挥（每指挥五百人）。各军有厢、军、指挥、都等各级编制，印文中的"都虞候"就是指军一级的副统兵官。

⑤

⑥

⑦

⑨　　　　　　　　　　　　　　　　　　　　⑩

 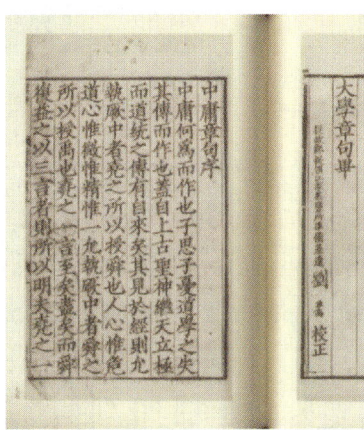 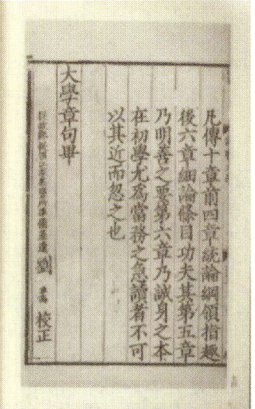

⑧

⑦《中兴四将图》
相传为南宋绍熙年间画院待诏刘松年所绘,现藏于中国国家博物馆。南宋初年,分散各处的流民溃卒逐渐集结在有力的将领下,形成所谓的"家军体制"。岳飞、韩世忠等诸大将率各自武装,有效地抵御了金军的进攻,但其声势和武力的不断壮大,也构成对中央政府的潜在威胁,与宋朝祖宗家法产生矛盾。高宗意识到,将军事力量收归中央控制,是南宋政权确立的前提条件,因此一方面与金议和,另一方面展开收兵权的行动。随着四大将相继被解除兵权,南宋重回北宋"以文制武"的老路。

⑧朱熹《四书章句集注》影印书影
此为国家图书馆根据原铁琴铜剑楼旧藏宋嘉定十年(1217)当涂郡斋刻,嘉熙四年(1240)、淳祐八年(1248)和十二年(1252)递修本所影印的《四书章句集注》。北宋以前公认的中国古代儒家经典只有"五经",北宋程氏兄弟开始提倡《大学》《中庸》《论语》《孟子》,至朱熹将四本书汇集在一起刊刻,并作了注释,后人称为"四书"。朱熹认为应先读《大学》,次《论语》,次《孟子》,最后读《中庸》。

⑨《资治通鉴》手稿
《资治通鉴》是司马光主持编纂的一部编年体通史,共294卷,上起周威烈王二十三年(前403),下至五代后周显德六年(959)。《资治通鉴》的编纂历时19年,元丰七年(1084)成书。宋神宗认为该书"鉴于往事,有资治道",赐名为《资治通鉴》。司马光修史的目的是探讨政治兴衰的规律,为统治者提供借鉴,这就影响到他对史料的取舍和史实的叙述,史书的政治伦理兴原则也由此体现。比如,他反对王安石变法,《资治通鉴》便借古喻今,对商鞅变法颇多微词,而极力赞扬西汉曹参一遵萧何成法。《资治通鉴》在中国史学史上影响深远,在历史编纂学上衍生出诸多分支,司马光的史学思想与价值观也因此得到广泛认同。

⑩元祐党籍碑拓片
崇宁年间,宋徽宗、蔡京将元祐、元符年间反对新法和与他们意见不合的大臣合为一籍,由蔡京抄写,颁示州县,令各地刻于石碑上,即"元祐党籍碑"。"元祐党籍"名义上虽打着捍卫新法的旗号,但实际是蔡京等人攫取私利、排斥异己的工具。"元祐党籍碑"唯广西现存有两处刻石:一在桂林龙隐岩,为庆元四年(1198)梁律刻;另一在融水真仙岩,系嘉定四年(1211)沈昕重刻。此拓片原碑出自广西融水,长142厘米,宽79厘米,现藏于中国国家博物馆。

⑪《芙蓉锦鸡图》

宋徽宗绘。画作纵81.5厘米，横53.6厘米。绢本设色立轴，双勾重彩工笔花鸟画。该画是宋以后历代皇帝珍藏品，现藏于台北"故宫博物院"。宋徽宗是一个天才的艺术家，其艺术成就在中国古代帝王中出类拔萃。他迷恋书法、绘画，亲自掌管翰林图画院，极大地推动了书画艺术的发展。然而徽宗却不是一个合格的帝王，他信用蔡京、童贯等人，以"丰亨豫大"之名，纵情于声色，给社会带来极大混乱。面对金军铁骑，徽宗应对失措，终于在"靖康之难"中被俘，在屈辱中度过余生。元人脱脱说他"诸事皆能，独不能为君耳"。

⑫ 记述靖康之难的福建鼓山石刻

此为福建鼓山石刻之一，潘正夫题。潘正夫之妻系宋哲宗第三女，靖康末以先朝女而留于开封，建炎初复公主号，改封吴国。绍兴二年（1132），潘正夫携子赴临安觐见高宗，途经鼓山留此题刻。文中反映了在南宋初的混乱形势下，潘正夫与吴国长公主辗转各地并觐见高宗的情况。宋高宗自即位后，在金军追击下一路南逃，甚至一度不得不避敌于海上。直至绍兴初年，局势才逐渐趋于稳定。

⑪

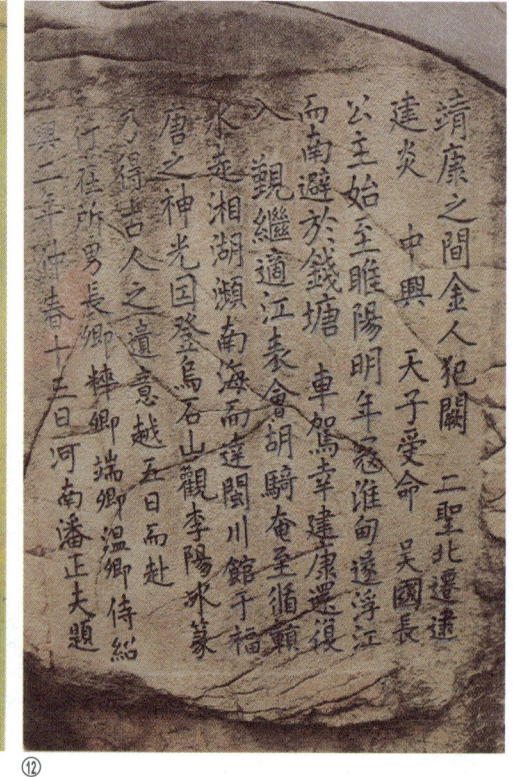

⑫

⑬钓鱼城遗址
钓鱼城位于今重庆市合川区嘉陵江南岸的钓鱼山上，是南宋为抗御蒙军而在四川地区构筑的山城防御体系的核心支点。开庆元年（1259）正月，蒙哥汗率军列阵于钓鱼城下，城中宋军在守将王坚的指挥下奋勇抵抗，多次击败蒙军进攻，蒙哥汗也于当年七月阵亡。钓鱼城之战不仅延续了南宋国祚，而且促成了蒙古帝国的分裂，缓解了蒙军对欧、亚其他国家的军事压力，是一场具有世界性意义的战役。

⑭宋理宗画像
宋理宗出身低微，在史弥远扶持下登上帝位，在位初期，朝政掌握在史弥远手中。史弥远死后，理宗意图有所作为，一方面推行所谓"端平更化"，改革朝政，却成效不大；另一方面力主展开以恢复三京为目标的"端平入洛"，结果招衅纳侮，开启了宋蒙之间的战端。理宗晚年嗜欲怠政，信用贾似道为相，使南宋统治濒于崩溃边缘。

⑮史弥远母周氏墓道石刻
史氏家族在南宋政治史上具有举足轻重的地位，史浩、史弥远、史嵩之，他们的政治生涯遍布南宋高宗、孝宗、光宗、宁宗、理宗五朝。史家的墓园位于今宁波东钱湖周边地区，现被开辟为南宋石刻公园，其墓道石刻填补了南宋美术史、文物考古史、雕刻艺术史的研究空白。史弥远墓原有宋理宗御制神道碑，碑额云"公忠翊运定策元勋之碑"。现存大量残破石构件，其中的瓦当纹饰和宋代门、窗及卷帘样式精美。

⑯

⑯《西湖清趣图》（局部）

《西湖清趣图》卷可能绘制于元明时期，作者未知。画卷宽32.9厘米，长度为1581.1厘米，现藏于美国弗瑞尔美术馆。建炎三年（1129），南宋置行宫于杭州，升为临安府，称为行在，以示不忘恢复中原之意。然而高宗坚持与金朝保持和好的关系，孝宗虽有志于北伐，但在高宗的压力之下，终于不得不放弃恢复中原的想法。临安是当时世界上最繁华的都市之一，被意大利旅行家马可·波罗赞为"世界上最美丽华贵的天城"。南宋统治阶层沉迷于临安的奢靡生活，不思振作，士人林升作《题临安邸》讽刺道："山外青山楼外楼，西湖歌舞几时休。暖风熏得游人醉，直把杭州作汴州。"

⑰

⑰宋王台

今香港启德机场以西有宋王台公园，园中有刻有"宋王台"三个大字的巨石，落款为"清嘉庆丁卯重修"。德祐二年（1276）临安陷落，陆秀夫等人保护赵昰、赵昺二王出逃。五月一日，拥立赵昰即位为端宗，建立起流亡小朝廷。小朝廷辗转各地，赵昰病死，众人又拥立赵昺继位。祥兴二年（1279），小朝廷与元军在崖山（今广东新会南）海域展开决战，宋军大败，陆秀夫背负赵昺投海自尽，南宋正式灭亡。据说赵昰一行为躲避元军追击，曾抵达香港官富场（启德旧机场一带），建立行宫。后人为纪念二王，在巨石上刻"宋王台"三字。

识宋

他们的宋朝

孙 健 著

华文出版社
SINO-CULTURE PRESS

图书在版编目（CIP）数据

识宋：他们的宋朝 / 孙健著 . -- 北京：华文出版社，2019.5
（华文通史）
ISBN 978-7-5075-5115-0

Ⅰ. ①识… Ⅱ. ①孙… Ⅲ. ①中国历史—宋代—通俗读物 Ⅳ. ①K244.09

中国版本图书馆 CIP 数据核字（2019）第 088907 号

识宋：他们的宋朝
SHISONG：TAMEN DE SONGCHAO

著　　者：	孙　健
策　　划：	宋志军
责任编辑：	刘超平　邹镇明
封面题字：	苏　刚
出版发行：	华文出版社
地　　址：	北京市西城区广外大街 305 号 8 区 2 号楼
邮政编码：	100055
网　　址：	http：//www.hwcbs.com.cn
投稿邮箱：	hwcbs@126.com
电　　话：	总编室 010 - 58336239　责任编辑 010 - 58336222
	发行部 010 - 58336270
经　　销：	新华书店
印　　刷：	三河市祥宏印务有限公司
开　　本：	710mm×1000mm　1/16
印　　张：	18
字　　数：	210 千字
版　　次：	2019 年 5 月第 1 版
印　　次：	2019 年 5 月第 1 次印刷
标准书号：	ISBN 978-7-5075-5115-0
定　　价：	48.80 元

版权所有　侵权必究

序 一

中国历史源远流长，在数千年的演进过程中，既出现过林林总总的糟粕，也涌现出了万世流芳的精华。这些都是不争的事实，更是任何人都无法磨灭的历史真实。然而，自清朝以后，由于受到西方列强的入侵，更因为中国内部不断累积起来的尖锐的社会矛盾，中国作为"天朝大国"的地位逐渐衰落下去了。有人认为这是中国人的宿命，也有仁人志士不断探索救国救民之路。于是知识界提出了各式各样的理论，尤其是不断翻译介绍西方国家的各种立国政策和治国方略，所有这些新理念对中国传统社会产生了巨大冲击。

事实上，中国传统社会一直是在不断变化的。举例来说，先秦时期，治理国家的官员几乎都是世代交替的，即世卿世禄，这种政治体制以血缘关系为中心而展开，其弊端不言而喻。意识到世袭制度的巨大危害，汉代开始以察举的方式遴选治国官员，打破了血缘关系的垄断地位。这种推荐性质的选举尽管要大大优于世卿世禄，其危害性仍相当严重。隋唐时期，朝廷开始以科举考试的方式选拔官员，至宋朝，科举制度日臻完善，一直持续实行到了清朝末年。选官制度的演进告诉我们，中国传统社会以及历朝历代的制度设计是逐渐进步的，即不断淘汰落后于时代的东西，在此基础上执行更为先进、更为有效的社会治理机制。

然而，近代以来，中国人普遍出现了妄自菲薄的鸵鸟心态，很多中国人以为西方的月亮比东方要明亮，中国人不够聪明，甚至是劣等民族。这种想法当然是错谬的。究其原因，除了中国人对自己过往的历史丧失了自信心，更不可否认的是，近代以来的世界文明是在西方主导下建构起来的。在西方的话语体系中，西方世界的政治、经济政策，以及管理社会的各种制度设计，都有着无比的优越性。而亚洲社会封闭，其人民缺乏创新能力，不具备类似欧美人那样的价值观和世界观。毫无疑问，这些都是西方世界和西方人的傲慢与偏见。在笔者看来，世界各地的文明是多元而各有千秋的，"尺有所短，寸有所长"，这应该是颠扑不破的真理。

中华文明无疑是世界文明的重要组成部分，有文字记载的历史就长达数千年。中国人创造文明的历史源远流长，中国是传承有序的文明古国。可以说，中国人的老祖宗太早就已经过上领先世界的文明日子。很多西方人都以为中国自古以来就是专制的中央集权体制，这种认识显然存在误区。中国历代统治者绝大多数时间都居住在京城的宫殿中，真正统治和管理普罗大众与基层社会的不是帝王本人，而是中央任命的各级官吏们。尽管这些官员都听命于以帝王为首的中央朝廷，但在中国古代，由于疆域幅员辽阔，限于交通等各种条件，人数有限的官员们无疑很难实现专制。

孙健以通俗易懂的文字写就了《识宋：他们的宋朝》一书，该书从宋朝开国皇帝赵匡胤开篇，按照时间先后顺序，以严谨的态度娓娓道来发生在两宋时期的重大史实，以点式书写的方式解析了人们耳熟能详且在中国历史上产生过重要影响的人，其中包括了佐国遭忧的政治家寇准、威震边疆的名将狄青、被列宁称为中国11世纪改革家的王安石、南宋大儒朱熹等,透过他们观察宋朝历史的结构,这是需要相当功底的。

正值学生毕业答辩之季,拉拉杂杂写了一些所思所想,姑且算作是序。

游 彪

于北京师范大学

2019年5月21日23时40分

序 二

谈及中国古代历史上的盛世,有人推崇汉唐,有人主张明清,"积贫积弱"的宋朝显然不在候选榜单之内。不唯如此,在很多人心目中,宋朝两次亡于异族之手,简直就是屈辱的代名词。然而与国人的苛责形成鲜明对比的是,如白乐日(Etienne Balazs)、谢和耐(Jacques Gernet)等西方汉学家,却对宋代历史给予了很高评价。谢和耐注意到11—13世纪的中国在经济和学识方面的惊人发展,坦承在贸易、技术水平、政治组织、科学知识、文学艺术等诸多方面,欧洲都大大落后于中国。这种认识上的巨大反差,更使人们对如何看待宋代历史感到无所适从。

从长时段的视角看,宋代是中国历史演进过程中的重要转折时期,它是中央集权发展的里程碑,六朝隋唐以来的贵族政治被君主专制所取代。君主独裁政治下,皇位的传递是国家最重大的政治事件,对于接续五代而立的宋朝而言,这一问题更有其特殊的敏感性和紧迫性。五代乱世,功利主义的盛行和"君权神授"观念的转淡,催生出"无人不思为天子"的社会心理;皇位传递观念也因客观环境的逼迫而发生改变,"国家多事,议立长君"成为时人的共识。宋太祖以"陈桥兵变"登上帝位,宋太宗继统也有篡位之疑,归根结底,它们都是五代传统的延续。但另一方面,随着国家步入长治久安的轨道,无论是源远流长的家天下的传统,还是现实的政治环境,都在要求皇位传递从五代的"异常"回归"正常"。武功王之自杀、涪陵县公之贬死,是后人指摘太宗的两大失德之处,然而在道德批判的同时,不应忽略这两个举措背后的必要性,宋太宗在新的历史关口,以一种决绝的态度扭转了五代皇位传递的"乱象",推动了历史的转折。从宋太祖、宋太宗身上,折射出当事人走出五代、迈向治平的挣扎与艰难。

北宋末到南宋初,皇位传递出现另一个引人注意的现象,即由于禅位而形成的太上皇-今上的二元结构。正如杨万里所说,皇权"非可共理之物",这一结构带来的不是权力的转移,而是皇权的分裂。它给现实政治造成巨大影响。徽、钦二帝间爆发尖锐冲突,错失出幸避敌的时机,父子双双沦为阶下囚。高宗的干预极大地削弱了孝宗的权威,孝宗不时感受到来自臣下的轻忽,在潜意识的作用下也偶尔流露出对皇权受到侵夺的不满。太上皇和臣子从两个方向挤压着孝宗的帝王心理,他既要突显自己的存在,又对大臣充满不信任,因此宁愿事必躬亲,也不以责任臣下。当孝宗想把类似的权力结构再移植到他与光宗的关系中时,再次导致悲剧性的结局。光宗拥有更强烈的独占皇权的意识,在他心中,来自孝宗的压力,他自己要求独尊的意志,李后的挑唆,儒家伦理规范,数种力量一直处于激烈交锋中,给他带来毁灭性的结果。孝宗与光宗的父子关系,终因太上皇-今上的权力结构而被撕扯得四分五裂。

五代乱世的根源之一是文武关系的失衡,武夫悍将左右政局,文教大衰。宋太祖奠定"文治"的政策导向,宋太宗进一步"兴文教、抑武事",大量通过科举出身的文臣进入仕途,形成文臣治国的局面。寇准是宋朝培养起来的第一代士大夫的代表,他敢于挑战皇权,"左右天子",其担当意识为后人树立了一个典范。正因有类似寇准这样的榜样作为先驱,宋朝士大夫才理直气壮地说出皇帝是"与士大夫治天下"的豪言。王安石把宋代士大夫政治推向高峰,但他所主持的变法也使士大夫集团分裂为针锋相对的两个阵营,彼此间的争论愈演愈烈,终致互相倾轧。哲宗、徽宗两朝政治为朋党之争所充斥,数十年间没有任何实质有效的治国之政付诸实施。及至南宋,秦桧、韩侂胄、史弥远、贾似道相继秉政,权相政治几乎贯穿南宋政权的始终,南宋的政治生态日趋恶化,其统治濒临崩溃的边缘。

若以士大夫的自由度而言,宋代不但远超之前的汉、唐,也为其后的元、明、清三代所不及。思想的自由带来学术的发展,宋代士大夫不满汉唐学术章句训诂的刻板僵硬,认定能超越汉唐注疏,直接把握古代圣贤的"文"与"道",他们向经典寻求治世和思想精髓,义理之学应运而起。宋代学术纷繁瑰丽,北宋的荆公新学、温公学派、洛学、蜀学、关学,乃至南宋的湖湘、金华、永康、永嘉学派等,相互辩难,推动中国学术走向另一个巅峰。诸多学派中,仅就对后世的影响而言,以朱熹为代表的道学显然超出同侪。道学群体并非完全专注于学术,而是有着明确的政治和社会使命,朱熹及其同道积极地参与国家政治,其个人命运随政局变化而起伏。经历了诸多动荡挫折,道学由边缘走向学术中心,朱熹也成为道学的象征,曾经歧出多元的道学转变为程朱理学,不但奠定了尔后六七百年中国学术思想的走向,而且在整个东亚、东南亚地区的现代经济和社会建设中都产生了重要作用。

与士大夫政治伴生的是对武将群体的压制。"以防弊之政,作立国之法",是宋朝"祖宗家法"的核心原则,其中凝聚着宋朝统治者于五代乱世汲取的教训。以"杯酒释兵权"为代表的一系列政策措施,在人事和制度两个方面,扭转了武人干政、兴亡以兵之势,消除了困扰中原王朝近百年的重大隐患。经过宋初几代帝王"兴文抑武"的努力,社会价值评判标准发生根本性转变,军功战绩不再是衡量人才高下、功业声望的准绳,取而代之的是文学成就。

狄青的际遇折射出武人在崇尚文治的宋代的生存空间和生存状态,也反映出宋朝立国体制的某些深层次弊端。终于从唐末五代的窘境中脱身而出的文化精英们,不断强化着文学至上的理念,巩固其得来不易的领导地位。他们希望永久性地消弭军权对政权的威胁,继宋初实现统兵权与调兵权分离、兵将分离之后,继续在制度上进行探索,至北宋中期形成以文臣为主帅、武将为部将的统兵体制。文臣为武将的活动范围划定了清晰的界限,并经由制度的强化上升为国家意志,武将的生存空间日趋逼仄。五代时期颐指气使的武人们不复其猛悍之气,不得不在文臣的轻蔑乃至侮辱下退缩避让,小心翼翼地仰人鼻息。久而久之,武将的心态发生变化,处处表现出谦恭无能的姿态,宁愿有过,但求无功,以"释天子之猜疑,消相臣之倾妒",这无疑是一种病态的政治氛围。宋室南渡,也带去了有关"祖宗家法"的集体记忆。苗刘之变、淮西兵变使高宗意识到将军事力量收归中央的紧迫性和必要性,岳飞之死则宣告南宋重回北宋以文制武的老路。

宋朝所处的环境与汉唐时期相比已经大不相同,相对于中原王朝而言,辽、夏、金都不再是附属性的民族政权,而已经成长为足以与中原政权分庭抗礼的少数民族王朝,因此与前朝相比,宋朝的内政和外交有着更紧密的联系。宋太宗两次北伐失败,北宋的国策随即转向消极防御、守内虚外。澶渊之盟虽开创了宋辽间百余年的和平局面,却在宋朝国内引发了"天书降神""东封西祀"等一幕幕闹剧，"一国君臣如病狂然"。及至南宋，国家的对外政策更明显地受国内政局波动的影响。韩侂胄为求自固，打着收复中原失地的旗号发动北伐，却丧生于杨皇后和史弥远借机发动的政变。对韩侂胄的政治谋杀，是以正其开边之罪的名义进行的，也意味着新的领导集体必须在政策上与韩侂胄反向而行，宋金"嘉定和议"由此达成。宋理宗之立和济王之死使史弥远与道学群体决裂，道学集团力主灭金、拒绝联蒙，史弥远愤恨之余，遂在外交政策上反其道而行之，一面与金维持不战不和的态势，一面与蒙古保持和好的关系。史弥远意图采用以夷制夷的传统策略，使金、蒙互相牵制，可当金朝灭亡已成定局后，南宋再想置身事外已不可能，除了与蒙古联合灭金外，已没有其他选择。

联蒙灭金申雪了赵宋百年之耻，就在金朝灭亡的前夕，史弥远也走到人生的尽头。史弥远之死并不意味着其政治影响力的终结，在后史弥远时代，渊默十年终于亲政的理宗急欲在南宋政治中打下自己的印记，备受史弥远压制的政治势力也要一展抱负，南宋遂展开以恢复中原为目标的"端平入洛"。"端平入洛"招衅纳侮，不但使南宋国力大损，而且带来一个比金朝更难缠的对手——蒙古。宋蒙间开始了长达半个多世纪的战争，南宋也走上覆亡之路。

究竟是时势造英雄还是英雄创造了历史，是人们争论不休的话题。早年间的历史研究重视个体，中国传统史书中记载的多是重要人物的事迹，在西方影响深远的兰克史学也将政治人物视为改变历史的最重要力量。然而进入20世纪以后，史学发展的一个显著特点就是人的消失。布罗代尔（Fernand Braudel）提出"人只是历史的泡沫"；福柯（Michel Foucault）则在《知识考古学》中宣称"人的死亡"，历史学家更加强调历史发展中非个人性的、结构性的因素。在笔者看来，两种倾向都不免有极端之处，人和结构性因素之间不应该是相互否定的关系，历史的发展有其长时段的、结构性的因素，但并不否定人可以在其中自由、积极地发挥作用，两方面的结合才促使历史以那样的方式发生。因此这本书试图将人与结构性因素结合起来，观察个体在结构当中所扮演的角色和发挥的作用。

本书以宋代政治史为叙述的主线，所选取的大多是两宋时期的政治人物，这是因为政治史是历史研究的基础和主干，能够为人们了解一个时段提供最直观的印象。通过对这些政治人物的考察，本书尝试呈现出宋代政治运作过程中的一些关键环节，如皇权的结构、士大夫政治、兴文抑武的国策、内政与外交间的互动等，进而能够对宋代的政治结构有进一步的了解，对宋朝呈现出来的特点以及这一时期的历史走向有更深切的体认。历史研究并不是非此即彼，解析历史理应也必须有多种不同的角度，"横看成岭侧成峰，远近高低各不同"，本书呈现的线索只是笔者从特定视角出发对这段历史的理解和认识，是否有其合理性，仍有待于读者诸君的检阅。

孙　健
于北京外国语大学
2019年2月19日

目录 Contents

走出五代、底定帝国：宋太祖与宋太宗

一、皇位传递的"异常"与"正常"：陈桥兵变与烛影斧声 / 004

（一）陈桥兵变 / 004

（二）烛影斧声 / 008

（三）德昭与廷美之死：皇位传递回归"正常" / 011

二、统一战争：由开疆辟土到守内虚外 / 014

（一）"先南后北"的策略 / 014

（二）底定帝国 / 015

（三）由开拓进取转向守内虚外 / 017

三、政权的稳固 / 021

（一）杯酒释兵权 / 021

（二）废罢藩镇 / 023

四、文治之风的确立 / 025

（一）"欲武臣尽读书"与"宰相须用读书人" / 026

（二）文治政策的确立 / 028

结　语 / 030

宋代士大夫的先驱：时代转折中的寇准

一、十九中高第，弱冠司国章 / 036

（一）少年登科，得君眷顾 / 036

（二）任性凌人，难处同僚 / 037

（三）未终其事的定策之功 / 039

二、左右天子为大忠：澶州建功 / 041

（一）北敌跳梁未服，若准者，正宜用也 / 042

（二）左右天子，有澶州之幸 / 043

（三）定盟澶渊，开百年太平 / 045

三、专制自矜，宦海浮沉 / 046

（一）"过求虚誉，无大臣体，罢其重柄，庶保终吉也" / 046

（二）率性而行，到处树敌 / 048

四、危身奉上，佐国遭忧 / 050

（一）迎难而上，再回中枢 / 051

（二）行事粗疏，功亏一篑 / 052

结　语 / 055

兴文抑武体制的牺牲者：狄青

一、以文驭武统兵体制下的功业与界限 / 060

　　（一）投身西北，声名鹊起 / 060

　　（二）殃及池鱼：水洛城事件 / 061

　　（三）"奖用太过，群心未服"：以文驭武统兵体制的反弹与弊端 / 062

二、木秀于林，风必摧之：兴文抑武国策下的武将们 / 065

　　（一）"虽古之名将何以加此"：平定侬智高之战 / 065

　　（二）"朝廷疑尔"：狄青的罢任 / 069

结　语 / 072

扫俗学之凡陋、振弊法之因循：王安石及其时代

一、富国强兵：新法的实施及成效 / 079

　　（一）"相业之权舆"：鄞县施政与《上仁宗皇帝言事书》/ 079

　　（二）"以择术为先"：熙宁初变法"国是"的议定 / 081

　　（三）"于百姓何所不便？"：新法推出及受到抵制 / 082

　　（四）"宋几振矣"：新法的成效 / 084

二、"非常相权":王安石的权力和去位 / 086

　　(一)大权独揽:王安石的"非常相权"与宋代权相政治 / 086

　　(二)"陛下已不能无惑矣":王安石的去位 / 090

三、朋党之争的恶性发展:北宋中后期政治的主旋律 / 093

　　(一)"为异论之人立赤帜":"异论相搅"的祖训与朋党之争的兴起 / 093

　　(二)元祐更化:以母改子之政 / 095

　　(三)"反元祐而实效之":新党的报复性倾轧 / 098

结　语 / 100

独不能为君耳:宋徽宗与"靖康之难"

一、才智过人的少年天子 / 107

　　(一)"轻佻"端王君临天下 / 107

　　(二)帝、后共政带来的"建中之政" / 108

　　(三)举重若轻:向太后被迫撤帘 / 110

二、步入歧途的"绍述"政治 / 112

　　(一)"朕岂不能主张神宗":蔡京的复起 / 112

　　(二)朋党政治的变异:"元祐党籍碑" / 113

　　(三)重在敛财的经济改革 / 115

　　(四)以"丰亨豫大"为名的放纵享乐 / 116

三、靖康之难 / 118

 （一）宋金"海上之盟" / 118

 （二）唇亡齿寒，金人渝盟 / 120

 （三）临阵避敌，骤然禅位 / 122

 （四）父子反目与"靖康之难" / 124

结　语 / 127

从恢复到偏安：宋高宗的南宋气象

一、再造王室："嗣我朝之大统" / 133

 （一）"天人之心未厌赵氏"：康王即位 / 133

 （二）神道设教："泥马渡康王" / 135

 （三）巡幸东南：江南政权规模初现 / 136

二、"堂堂中国，一旦遂为敌人屈己" / 138

 （一）"早遂休兵""不惮屈己"：绍兴八年和议 / 138

 （二）"南北无事矣"：绍兴十一年和议 / 142

三、重回以文治武的老路：宋朝第二次收兵权 / 145

 （一）五代乱象重现：苗刘之变 / 145

 （二）"朝廷无意恢复"：淮西兵变的影响 / 147

 （三）"兵权不可假人"：名将岳飞之死 / 149

结　语 / 153

太上皇–今上的政治格局：宋孝宗及其时代

一、父尧子舜：太上皇–今上格局的形成 / 159

（一）太上倦勤，皇子可付社稷 / 159

（二）"凡今者发政施仁之目，皆得之问安视膳之余" / 162

二、上皇与今上的权力划分：隆兴北伐与宋金和议 / 165

（一）从采石大捷到符离之败 / 165

（二）屈于孝养，达成和议 / 167

三、"有恢复之君，而无恢复之臣"——皇权受损的结果 / 170

（一）"勤于论相，数置而亟免" / 170

（二）"躬揽朝纲，不以责任臣下" / 172

四、皇权"非可共理之物"：太上皇–今上结构的悲剧结局 / 174

（一）越次建储 / 174

（二）"放下与儿曹" / 177

（三）"责善则离，离则不祥莫大焉" / 179

结　语 / 183

走向学术中心：朱熹与道学在南宋的崛起

一、从论学师友到自居正统：向道学权威迈进 / 189

（一）弃佛从儒：道学性格的造就 / 189

（二）从游诸友，开益为多 / 191

(三)鹅湖之会 / 193

(四)道学将谁使之振?——向道学领袖迈进 / 194

二、国家政治中的道学群体 / 197

(一)迭遭挫折,投迹山林 / 197

(二)权出于二,绍熙内禅 / 199

(三)韩、赵之争与朱熹政治生命的终结 / 200

(四)庆元党禁,道学之厄 / 203

三、走向正统:朱熹与道学地位的提升 / 204

(一)从三足鼎立到一枝独秀:浙学、陆学的衰落 / 204

(二)"正学遂明于天下后世" / 205

结 语 / 207

"天下之势,自安以趋于危":史弥远及其时代

一、权力的交割:从韩侂胄到史弥远 / 212

(一)出身名门,追随父亲的足迹 / 212

(二)玉津园之变:围绕皇权的生死之争 / 214

(三)独居相位,走上专权之路 / 216

二、嘉定和议及其反复 / 219

(一)"奸凶已毙之首"不足惜:宋金和议的达成 / 219

(二)"用力寡而成功倍":借助外力的抗金策略 / 221

三、"舍昏立明":皇权之争波澜再起 / 223

  (一)理宗之立 / 223

  (二)济王之死 / 226

四、从联合到交恶:宋蒙战争的开始 / 227

  (一)联蒙灭金:申雪百年之耻 / 227

  (二)端平入洛:宋蒙之间遂无宁日 / 229

结 语 / 232

亡身危国:贾似道擅权与南宋的灭亡

一、"不事操行"的实务型官员 / 238

二、虚构的"鄂州大捷"与登上权力巅峰 / 239

  (一)"鄂州大捷" / 239

  (二)"正位鼎轴"与整肃朝政 / 241

  (三)南宋军事力量的独占 / 243

  (四)权相政治的顶峰与"福华"迷梦 / 247

三、襄樊之战:南宋存亡的关键 / 249

  (一)从川蜀到襄樊:蒙古战略重点的转移 / 249

  (二)战略的错位:襄樊失守与防御体系的缺口 / 251

  (三)蒙元灭宋:南宋防御体系的崩溃 / 254

结 语 / 256

走出五代、底定帝国

宋太祖与宋太宗

赵匡胤履历表

姓名	赵匡胤
字号	字元朗
庙号	太祖
籍贯与出生地	祖籍涿州（今河北涿州），生于洛阳
家庭出身	军人家庭，父为后周护圣都指挥使赵弘殷，母杜氏
生卒年及所处时代	927—976，五代后唐至宋初人，宋朝创建者
生平履历	后唐天成二年（927）二月十六日，生于洛阳夹马营（今河南省洛阳市瀍河回族区东关）
	后周显德元年（954），随后周世宗柴荣参加高平之战，率军反败为胜，升任殿前都虞候，受命整顿禁军
	后周显德六年（959），后周世宗病逝，柴宗训继位，赵匡胤升任殿前都点检，成为殿前司禁军最高统帅
	后周显德七年（960），率军在陈桥驿发动兵变，回师开封称帝，定国号为宋，改元建隆。同年，率军征灭后周大将李筠、李重进叛乱
	建隆二年（961）七月，杯酒释兵权，罢石守信、王审琦等典兵宿将
	乾德元年（963）二月，灭南平；三月，灭武平
	乾德三年（965）正月，灭后蜀
	开宝四年（971）二月，灭南汉
	开宝八年（975）十一月，灭南唐
	开宝九年（976）十月，去世，享年50岁，谥曰"英武圣文神德皇帝"，庙号"太祖"
	太平兴国二年（977）四月，葬于洛阳永昌陵（在今河南巩义）

赵光义履历表

姓名	原名赵匡义,后避太祖讳改名赵光义,即位后改名赵炅
字号	字廷宜
庙号	太宗
籍贯与出生地	出生于开封府浚义县(今河南祥符)
家庭出身	军人家庭,父为后周护圣都指挥使赵弘殷,母杜氏,兄宋太祖赵匡胤
生卒年及所处时代	939—997,宋朝第二位皇帝
生平履历	后周显德七年正月,参与"陈桥兵变"。太祖即位后,改名光义,出任殿前都虞候
	建隆二年七月,为开封尹、同平章事
	开宝六年(973)九月,封晋王
	开宝九年十月二十日,即帝位,是为太宗。二十七日,以弟廷美为开封尹兼中书令,封齐王;侄德昭为永兴军节度使兼侍中,封武功郡王;侄德芳为山南西道节度使、兴元尹、同平章事。十二月二十二日,改元太平兴国
	太平兴国二年正月,亲试礼部举人,取进士、诸科等五百人。二月,改名为炅
	太平兴国三年(978)四月,平海节度使陈洪进上表献所管漳、泉二州;五月,钱俶上表献两浙十三州一军
	太平兴国四年(979)五月,攻灭北汉。七月六日,与辽军在高梁河(今北京西直门外)激战,溃败。八月,赵德昭被逼自杀,年29岁,追封魏王
	太平兴国六年(981)三月,赵德芳暴卒,年23岁,赠中书令,追封岐王。九月,赵普密奏"金匮之盟"
	太平兴国七年(982)三月,罢赵廷美开封尹,授西京留守。五月,降封赵廷美为涪陵县公,房州(今湖北房县)安置
	雍熙元年(984)正月,赵廷美死于房州,赐谥曰悼,追封涪王
	雍熙三年(986)正月,再次北伐幽州(今北京)。五月,宋、辽军战于岐沟关(今河北省涿州城西南20公里松林店镇岐沟关村),宋军溃败。十二月,宋白等人上《文苑英华》一千卷

续表

生平履历	淳化三年（992）三月，亲试礼部举人，得进士353人、诸科964人。从本次殿试，开始糊名考校合格进士。八月，新秘阁修成，赐近臣宴，以飞白书"秘阁"二字赐之。九月，至秘阁观书，召禁军武将同观书，欲武将知文儒之盛
	淳化五年（994）九月，以襄王元侃为开封尹，改封寿王
	至道元年（995）八月，诏立寿王元侃为皇太子，改名恒。九月，在朝元殿举行册立皇太子典礼
	至道三年（997）三月二十九日，崩于万岁殿，享年59岁，在位22年。六月，翰林学士承旨宋白上谥号为"神功圣德文武"，庙号"太宗"。十月，葬于永熙陵

自中唐以后，中国陷入混乱，而极于五代时期的黑暗。短短五十四年之间，政权五次更迭，凡易八姓十四帝，平均每四年便要更换一个皇帝。这样一个不断上演着杀伐篡夺闹剧的乱世，最终走出赵匡胤、赵匡义两兄弟，他们是五代培育出来的最后一代精英，正是他们结束了晚唐五代以来分裂割据的局面，底定了一个三代以降无让汉、唐的新帝国。从他们身上，折射出五代乱世向治平时期过渡的挣扎与艰难；透过他们，可以近距离地触摸到历史转折的脉搏；读懂了他们，才能对这个时代有深切的了解。

一、皇位传递的"异常"与"正常"：陈桥兵变与烛影斧声

（一）陈桥兵变

后周世宗显德七年（960）元旦，镇、定二州报告，契丹军队会合北汉大举入侵。此时后周世宗去世不久，继位的小皇帝柴宗

训只有七岁，孤儿寡母当国，朝野上下一片混乱。宰相王溥、范质未经核实警情的真实性，就仓促下令殿前都点检赵匡胤率军北上抗敌。赵匡胤已在禁军任职多年，屡立战功，"人望固已归之"。当此"主少国疑"的敏感时刻，京城传言"出军之日，策点检为天子"，一时满城风雨，人心浮动。百姓见惯了五代时期皇位更迭伴随的残酷杀戮，争相逃匿以避祸，只有内廷尚晏然不知。

正月初二，赵匡胤率大军浩浩荡荡开出京城，行至开封东北40里的陈桥驿，安营休息。当晚，随军将校发生哗变，欲拥立赵匡胤为天子。赵匡胤的弟弟赵匡义和掌书记赵普派人连夜回京，通知赵匡胤的把兄弟殿前都指挥使石守信和殿前都虞候王审琦，令其在京策应。次日黎明，全副武装的将士将象征皇权的黄袍披在佯装宿醉未醒的赵匡胤身上，赵匡胤与众将约法三章：不得加害后周少帝和太后；不得凌暴朝中大臣；不得劫掠府库，随后率军返回开封。

赵匡胤入城后并没有直接到朝堂，而是回到殿前司署衙，由诸将士簇拥着宰相王溥等人前来相见。在诸将威逼下，王溥、范质率百官向赵匡胤行礼，高呼"万岁"。赵匡胤这才赶到崇元殿，准备举行禅代之礼。接近黄昏时分，百官已各就各位，却发现慌乱之中，还没有撰写禅位制书。殿下侍立的翰林学士陶榖从衣袖中拿出一张纸，高呼"制书成矣"，于是赵匡胤正式登基成为皇帝。由于赵匡胤曾经担任过归德军节度使，而归德军的治所在宋州（今河南睢阳），因此定国号为"宋"，赵匡胤就是宋太祖。

赵匡胤以一介武夫，而能崛起于乱世之中，轻取天下，得益于其时代背景。唐末五代纯粹是一个武人的世界，政权的得失率由兵权决定。"天子，兵强马壮者当为之，宁有种耶！"军阀安重荣道出了时人的心声。梁太祖朱温以兵篡唐自立，后唐明宗李嗣源、废帝李从珂，也都是利用兵变而登上帝位，即便是后周太祖郭威，也曾上演"裂黄旗以被帝体"的剧目。宋太祖生长于五代，郭威兵变时他正在军中，对于这一时期的游戏规则当然了如指掌，远者不提，陈桥兵变黄袍加身这出闹剧，便完全是郭威澶州（今河南濮阳西）兵变的翻版，依样画葫芦而已。

政权的频繁易手，改变了臣民的处世原则。传统史家经常批评五代士人君臣之道的沦丧，称这一时期是"君君、臣臣、父父、子子之道乖"的时代，是"宗庙、朝廷、人鬼皆失其序"的乱世，但却忽视了价值原则的塑造，必然要受到社会环境的影响，既然皇位的传承已唯力是从，剥去了"受命于天"的神圣外衣，作为臣子，又何必执着于忠贞不贰？"五季为国，不四三传辄易姓，其臣子视事君犹佣者焉。主易则他役，习以为常。故唐方灭，即北面于晋；汉甫称禅，已相率下拜于周矣。"帝王如"春雨之蒸菌，不择地而发"，臣子也只能不断地对着新主人拜舞于庭而已。正因为君纲不振，名分颓坠，我们才看到赵匡胤兵变时，王溥作为前朝宰相而降阶先拜，本应为清贵之职的"翰林学士承旨"陶谷居然事先备好禅让制书以奉迎阿谀，而腼然不以为羞。五代士大夫忠君观念的淡薄，显露无遗。

当然，赵匡胤能够成功地发动兵变，根本原因还是事先掌握了军权。赵匡胤很早就注意在军中培植自己的势力，周世宗时与北汉的高平之战，为他提供了契机。高平之战使周世宗痛感军纪涣散，意识到必须对军队进行全面整顿，这一任务就交到赵匡胤手中。通过这次整军，赵匡胤拉拢了一批志同道合的将领，结拜为"义社十兄弟"，其中包括石守信、李继勋、王审琦、韩重赟、杨光义等人。这些人都是禁军的中高级将领，他们的拥戴是兵变成功的基础。此外，其他军中大将，如韩令坤、慕容延钊、高怀德、张令铎等，虽然不像义社兄弟那样唯赵匡胤马首是瞻，但也与赵匡胤往来密切。经过多年的经营，赵匡胤在军中结成了一张广泛的关系网，打下了深厚的基础。

后周禁军分殿前司和侍卫司两个系统，侍卫司的兵力、地位都高于殿前司。周世宗病逝时，殿前司已经完全控制在赵匡胤手中。侍卫司中，虽然也有韩令坤、高怀德、张令铎等与赵匡胤交往密切，但最高统帅马步军都指挥使李重进、副都指挥使韩通都与赵匡胤不睦。赵匡胤说服太后符氏，将李重进改任淮南节度使，调离京城，去除了心头大患。留在京城的韩通虽忠于周室，在赵匡胤兵变后奋力抵抗，但终究力寡难支，最终几乎满门被害。

如上所述，五代诸国"兴亡以兵"的政治氛围，对当时的社会心理产生了强烈的冲击，一方面"君权神授"的观念转淡，"无人不思为天子"；另一方面君臣之伦丧失殆尽，"臣子视事君犹佣者"。赵匡胤生长于五代，自幼受上述价值观念的引导，一旦手握重兵，便不满足于位居人臣，形成了一个怀有极强野心的军人集团，又恰逢"主少国疑"的良机，遂演出了"黄袍加身"的一幕。

清人查慎行有一首著名的咏古诗，其中写道：

> 梁宋遗墟指汴京，纷纷禅代事何轻。
> 也知光义难为弟，不及朱三尚有兄。
> 将帅权倾皆易姓，英雄时至忽成名。
> 千秋疑案陈桥驿，一着黄袍遂罢兵。

"纷纷禅代事何轻""将帅权倾皆易姓"，五代帝王多由军士所拥立，"陈桥兵变"也只不过为这一传统又增添一个注脚而已。但从另一个角度看，"一着黄袍遂罢兵"，寓示着这次兵变又蕴含某些不同于以往的新因素。由于计划周密、实施得当，陈桥兵变基本是一次和平兵变，没有喋血宫门、伏尸遍野，更没有狼烟四起、兵连祸结，几乎是于无声息中便完成了改朝换代，创造了"不流血而建立一个大王朝的奇迹"（黄仁宇《赫逊河畔谈中国历史》）。

赵匡胤率军入城时，"市井不动，略无骚扰"，城中百姓相贺曰:"五代天子皆以兵威强制天下,未有德洽黎庶者。今上践祚未终日,而有爱民之心。吾辈老矣,何幸见真天子之御世乎!"赵匡胤以实际行动,向世人昭示自己并不想成为另一个短命王朝,而要"长保富贵"。远在四川的后蜀宰相李昊奏报蜀主:"臣观宋氏启运,不类汉、周。天厌乱久矣,一统海内,其在此乎?"由赵匡胤发动的兵变,虽也秉承五代传统,"以兵威强制天下",但于其中蕴含着一种宽仁之风。王夫之说,宋太祖虽以兵起家,但"惧以生慎,慎以生俭,俭以生慈,慈以生和,和以生文",以其理性、人道之风,荡涤了晚唐以来百余年的嚣陵噬搏之气,奠定了赵宋一朝"郁郁乎文哉"的宽仁和开明政治。

(二)烛影斧声

宋太祖在位十七年,暴卒,没有传位给儿子,而是由弟弟赵光义(太祖登基后,赵匡义改名为赵光义,以避太祖之讳)继承了大统。宋太祖之死是不是被谋杀?太宗继统是不是篡位?由于史料记载的模糊,给后人留下了猜疑的空间,"烛影斧声""金匮之盟"遂成为宋初宫闱的悬案。

开国之君去世,嗣君继统,毫无疑问是天崩地坼的大事,然而吊诡的是,在当时的国史、实录、日历、时政记等官修史书中,对于此事的具体情形却都语焉不详,反而是在百余年后,才在一部"野史"中找到些许踪迹。成书于宋神宗末年的释文莹《续湘山野录》记载:

> (太祖)召开封王,即太宗也。延入大寝,酌酒对饮,宦官宫妾悉屏之。但遥见烛影下,太宗时或避席,有不可胜之状。饮讫,禁漏三鼓,殿雪已数寸。帝引柱斧戳雪,顾太宗曰:"好做!好做!"遂解带就寝,鼻息如雷霆。是夕,太宗留宿禁内。将五鼓,周庐者寂无所闻,帝已崩矣。

释文莹的这段记载就是千百年来盛传的"烛影斧声"之谜的由来。南宋时期,李焘在撰写北宋编年史《续资治通鉴长编》时,将之收入其中。《续资治通鉴长编》作为公认的"信史"影响很大,以之为基础改编的彭百川《太平治迹统类》、陈均《九朝编年备要》以及宋末元初的《宋史全文》,都转引了这段内容。元、明、清三代,释文莹笔下闪烁其词的"烛影斧声",遂被坐实为一段宫廷血案。

太宗谋杀亲兄的传说之所以出现,在某种程度上源于对太宗即位合法性的质疑。根据司马光在《涑水记闻》中对太宗即位经过的记载,太祖去世非常突然,没有留下遗命指定继承人。孝章宋皇后与太祖四子德芳感情深厚,命宦官王继隆去召德芳,没想到王继隆自作主张,将时为晋王的赵光义召进宫来。宋皇后见到赵光义大惊,意识到情况不妙,乃至哀求"吾母子之命,皆托官家"。由此,宋太宗入继大统,显然是一种非正常情况下的仓促即位,甚至可以说是篡位。这一点宋朝史书虽不便明言,但《辽史》却并不避讳,直言"宋主匡胤殂,其弟炅自立","自立"二字足以说明一切。

关于太宗的即位,嗣后又有"金匮之盟"的说法。相传太祖的母亲杜太后去世前,把太祖召到面前说:"你之所以能够得天下,正因为后周柴氏以幼儿为君,群心不附。倘若周室有长君,你怎么会有今天?你和光义都是我的儿子,你以后应该将皇位传给你的弟弟,四海至广,能立长君,才是社稷之福。"太祖于是召赵普在太后床前写下誓书,藏于金匮之中,史称"金匮之盟"。

"金匮之盟"是继"烛影斧声"之后的另一宋初宫闱疑案,其真实性一直饱受质疑。很多学者认为,"金匮之盟"是太宗与赵普合伙伪造的,目的是为太宗继统提供合法性。他们指出,杜太后命太祖传弟不传子,这不符合常理。此外,草诏的理由是不重蹈周世宗传位幼子以致失国的覆辙,但当时太祖只有35岁,正当壮年,次子德昭也已11岁(太祖长子早夭),杜太后怎能预料太祖死时德昭仍是幼童呢?这是"金匮之盟"的致命破绽。

但这种全盘否定的看法,又多少有些过于武断。回到五代时期,后人所说的"不合常理""不合逻辑",恐怕恰恰是当时最合情合理的举措。五代是一个生命无常的乱世,即便贵如帝王,也常罹遭不测。考五代14位君主,没有任何一人在位超过十年,却有半数死于非命。太祖即位时,杜太后就表达过她的担忧:天子固然可尊,可一旦国家失驭,便求为匹夫而不可得。在这种社会现实下,杜太后以后周失国为前车之鉴,提醒太祖早为之谋,正是合理的举措。至于太祖最后享国17年,赵宋王朝绵延300余年,恐怕是历经五代丧乱的杜太后不敢想象的。

此外,由于客观环境的逼迫,五代时期的皇位传立观念也已发生改变,"国家多事,议立长君"成为一大共识,统治者往往能突破血缘关系的限制,更多考虑继任者的经验和阅历、才干和功业。虽有亲子却传位他人,这种现象在五代十国屡见不鲜:后晋石敬瑭立成年之侄而不立幼子;楚马殷"遗命诸子,兄弟相继";吴越国主钱佐因儿子年幼,而令其弟继位;南平高保融三子俱已成年,却以弟高保勖继位,保勖又传位保融之子;南汉刘隐传弟不传子;等等。总之,由于五代时期纷乱的环境,舍亲子而传位他人并不是悖理的事情,宋朝接续五代而起,自然无法摆脱这种政治传统的影响。杜太后所说的"长君",其实并不仅指年龄而言,更多是一个人的经验阅历、资历威望和政治成熟程度,以这一标准来衡量,最适合在太祖之后继承皇位的,只有赵光义。

抛却主观上的推断,从当时的政治安排来看,赵光义明显是太祖认定的第一顺位继承人。太祖即位第二年七月,亦即杜太后去世的次月,便公布了一道重要的人事安排:以皇弟泰宁节度使兼殿前都虞候光义兼开封尹、同平章事。按五代时期的惯例，宗室成员被任命为开封尹，就意味着具有了皇位继承人的地位。此后，由于宰相赵普的反对，赵光义始终未能封王，这也意味着他继承人的地位尚未稳固。直至太祖去世前三年，封赵光义为晋王，位在宰相之上，同时任命23岁的次子德昭为兴元尹、山南西道节度使，离开京城，最终确定了赵光义的继承人身份。离开历史文献中的各种喧嚣，纯粹从实际发生的史实来看，由太宗来继承太祖创下的基业，是被当事人所认可的选择。

从"烛影斧声"到"金匮之盟"，在后人看来，宋太宗的继位充满着太多的疑问。史书中的记载不足以支持我们深入历史细节中，而只能停留于种种推论。但无论事实真相如何，只有回归到五代宋初的历史场域中，才能设身处地体验当事人的心境，也才会发现两桩谜案的发生，恰恰是历史的长河在从动乱到承平的又一个拐点处所激起的浪花，后人的种种猜测与议论，也正是拐点前后的观潮人的隔空喊话。

（三）德昭与廷美之死：皇位传递回归"正常"

杜太后临终前交代，太祖百年之后传位于太宗，太宗传位于三弟廷美，廷美再传位于太祖次子德昭。太宗即位后，遵循杜太后的指示，将廷美、德昭视为接班人。但此后不久，事情就发生了急剧变化。太平兴国四年（979），太宗率军攻灭北汉，紧接着移师攻辽，企图一举收复幽云之地，结果在高梁河之战中大败。

相对于军事上的失利，更令太宗心悸的，还是政治上的颠覆。此次北征，德昭、廷美和宰相薛居正、卢多逊以下大臣，包括已被罢官的赵普均随军出行，混战中太宗一度下落不明，于是众人商议拥立德昭为帝，找到太宗后才不了了之。这一事件令太宗悚然警惕，自身统治基础并不稳固，而身边的德昭兄弟及廷美就是最大的威胁。

回到开封后，太宗迟迟不行太原之赏，显然仍对政变心存芥蒂。德昭却冒失上奏，要求对从征太原的官兵予以嘉奖，这更加重了太宗的猜忌，他愤怒地训斥道："待汝自为之，赏未晚也。"德昭忧惧之间，退而自刎。两年以后，德芳也去世。史书中并未提及德芳死因，但德芳去世时年仅23岁，又并无大病，其死因不能不令人生疑。一些史家因此猜测，德芳之死或许也与太宗有关。

德昭、德芳兄弟去世后，能够对皇位构成威胁的只剩下廷美。太平兴国七年（982）三月，金明池水心殿落成，太宗准备泛舟游玩。这时有人告发廷美阴谋趁太宗出游时发动叛乱，太宗乘势罢免了廷美开封尹之职，等于取消了其皇位继承人的资格，责授西京（今河南洛阳）留守，朝中大批官员都因受到牵连而遭贬黜。几天以后，赵普揭发卢多逊与廷美私相交通，卢多逊将宰相政事堂的机密告知廷美，表示"愿宫车（指太宗）早晏驾，尽心事大王"，廷美则回报给卢多逊各种礼物。太宗下诏，卢多逊流放崖州（今海南崖州），廷美勒归私第，其他涉案官员多被处斩，廷美的势力被一扫而净。两年以后，被贬为涪陵县公、房州（今湖北房县）安置的廷美忧愤而死，太宗终于扫清了传位于子的障碍。

太宗共有九个儿子，与皇位继承有关的是前三子。长子元佐长相酷似太宗，聪明机警又武艺过人，最得太宗钟爱。但元佐与廷美感情颇深，听闻廷美死讯，遂感心疾而发狂，就此退出了皇位继承人的行列。元佐之后，次子元僖成为皇储的首选。元僖有意识地交结大臣，与宰相吕蒙正往来密切。吕蒙正指使亲信大臣上书，请立元僖为皇太子，这立刻引发了太宗猜疑。太宗随即以"援引亲昵，窃禄偷安"的罪名，罢免了吕蒙正的职务，并将相关大臣全部贬到岭外。不久，元僖也由于侍妾下毒而去世。

淳化五年（994），太宗已经56岁，又饱受高梁河之战所受箭伤的折磨，立储之事再度为朝野所关注。九月，太宗将一向信任有加的寇准自青州召还，与寇准商议后，按五代政治传统，以襄王元侃为开封尹，改封寿王，确立为皇位继承人。至道元年（995）八月，太宗正式下诏立元侃为皇太子，改名恒，举办册立典礼。

太宗已按五代传统确立元侃为皇位继承人，后又举办册立典礼，表面看来是重复的政治举措，细究起来却有着重大的政治意义。五代时期，迫于皇位的频繁更迭，不得不因陋就简，以官开封尹、封王的形式来确立继承人，册立皇子的典礼已近百年未曾举行。这种形式对于一个以超越汉唐、比隆三代为目标的大王朝而言，显然难登大雅之堂。册皇子典礼的举行是一个政治信号，象征着动乱时代的结束和承平时代的到来，宣告国家已经跻身为与汉唐并列的正统王朝，也标志着五代以来混乱的皇位传递回归正轨。册立太子的消息使"中外胥悦"，京城百姓见到太子都欢欣鼓舞，称赞"真社稷之主也"。

宋太祖与宋太宗是五代培养起来的最后一代精英，他们的思维方式，根源于五代乱世的训练。"五代为国，兴亡以兵"，政权之取得，大率由于军士拥立，相沿以为故事。正因为这种政治文化的存在，才使得太祖兄弟有前车之鉴，一旦军权在握，便抓住时机发动兵变。然而太祖虽也以兵起家，但终究与五代诸君不同，他一扫五代以来杀伐之气，底定了赵宋一朝三百年文治江山。太宗之继统出于篡位似可定论，但太祖有意传位于太宗，也是不容否认的事实。归根结底，两者都是五代形塑的皇位传立观念的延续。后世史臣对太宗盖棺论定时不乏微词，其中就包括"涪陵县公之贬死"和"武功王（德昭）之自杀"二事，直指太宗在个人品德方面的过失。然而在道德批判的同时，人们往往忽视了这两个举措背后的必要性。"国家多事，议立长君"，这是五代乱世给人们带来的经验，也是顺应当时的政治环境而确立的政治传统，然而当动乱的势头已被遏制、长治久安的趋势业已显现之后，这样的皇位传递方式显然已不合时宜。丧乱时期的稳定因素，由于政治环境的改变，很可能会转变为动乱之源，北伐期间发生的拥立德昭事件便是明证。因此，无论是源远流长的家天下的政治传统，还是现实的政治环境，都在要求皇位传立回归"正常"。从这个角度来说，太宗在新的历史关口，推动了历史的转折，实现了古代中国最重要的政治活动——皇位传立——回归"传统"，这是涪陵县公和武功王之死的历史意义所在。

二、统一战争：由开疆辟土到守内虚外

（一）"先南后北"的策略

宋太祖受禅登基后，面临的是一个四分五裂的割据局面，宋朝能实际控制的领土非常有限，只有以汴京为中心的大部中原地区，南部有南平、武平、后蜀、南汉、南唐、吴越等政权伺机而动，北面则有北汉和辽虎视眈眈。

有关宋朝统一策略的制定，史书中的记载非常有戏剧性。隆冬时节的一个晚上，大雪纷飞，宋太祖和弟弟赵光义相约至赵普宅第，围坐火炉商讨统一方略。宋太祖假意声称先攻打北汉，赵普反对说："太原当西、北二边，使一举而下，则边患我独当之。何不姑留，以俟削平诸国。彼弹丸黑子之地，将何所逃？"太祖听后大笑，说："吾意正尔，姑试卿耳。"

这就是后世所说的"雪夜定策"，宋朝就此确定了"先南后北"的统一战略。事实上，事关千秋大业的重大国策，不可能像上面说的那样谈笑之间就仓促决定，必然经过长时间的反复论证。宋太祖本人对"先南后北"的策略解释说：中原自五代以来，兵连祸

结，帑藏空虚。一定要先攻下巴蜀，次及广南、江南。这些地区比较富庶，攻下它们可保国用富饶。北汉与契丹接境，若取之，则契丹之患将由宋朝独自承担，姑且留下它以为屏障，等到国家富实再取未晚。这一策略把南方作为战略突破点，取得南方雄厚的人力物力资源后，再集中力量对付北面的强敌。

财政方面的考虑，显然是太祖确定"先南后北"策略的重要依据。五代宋初，经济重心南移的趋势开始显现，但还并不明显，并非每一个人都可以感受到这样的变化并加以利用。以南唐为例，其地跨江淮，是南方头号大国。南唐烈祖李昪和中宗李璟时期，正值国力鼎盛，而北方则经历着政权更迭的动荡，形势对南唐极为有利。但南唐国主仍把关中、河洛看作"风气聚会"之所，恪守汉高祖刘邦和唐高祖李渊率先占据关中进而夺取天下的经验，不合时宜地把"西取关中""直趋河洛"作为事业的开端，反对"游兵江南"，结果一事无成。一代英主后周世宗曾三征南唐，夺取了淮南十六州的"财富之区"，但却未能乘势而下，反而很快转头北上。作为五代时期的杰出政治家，柴荣、李昪等人都没有觉察到世易时移的微妙变化，没有意识到江南地区的重要战略意义。而宋太祖则不然，他的"先南后北"策略因应了"经济重心南移"这一客观趋势，因而得以事半功倍，最终完成统一大业。从这个角度来说，宋太祖的战略眼光远远超越了与他同时代的其他政治精英。

（二）底定帝国

赵宋王朝的统一战争从荆湖地区的武平和南平政权开始。乾德元年（963）正月，宋军在慕容延钊、李处耘的率领下出征，南平国主高继冲投降，武平政权也很快灭亡。宋军初战告捷，极大地提振了士气。荆湖地区"南通长沙，东距建康，西迫巴蜀"，具有重要的战略地位。宋朝吞并荆湖后，将势力扩展到长江以南，占领了长江中游战略要地，切断了后蜀和南唐之间的联系。从此，宋朝可以左顾南唐，右瞰后蜀，南通南汉，为以后攻灭这些地区奠定了良好的基础。

宋军占领荆湖，后蜀东、北两面均处在宋朝威胁下。乾德二年（964）十一月，宋太祖下令攻蜀，仅用时66天，后蜀孟昶就奉表请降，后蜀所辖45州、198县归入宋朝版图。宋朝继而以四川、湖南为基地，形成进攻南汉的有利形势。南汉辖区包括今广东全省及广西东部，国主刘𬬮在诸割据政权中最为昏庸残暴。开宝二年（969）九月，宋太祖命潘美、尹崇珂、王继勋等率军进攻南汉。刘𬬮走投无路，身着素服到宋军阵前投降，南汉灭亡。

随着南汉的灭亡，宋朝不仅拥有长江上游、中游和下游江北地区，又占领了珠江下游，对立国于金陵（今江苏南京）的南唐形成三面包围之势。开宝七年（974）九月，大将曹彬统兵讨伐江南。临行前宋太祖告诫曹彬："切勿暴掠生民，务广威信，使自归顺，不烦急击也。"宋军一路攻城拔寨，于开宝八年（975）二月陈兵金陵城下。南唐国主李煜派学士承旨徐铉至汴京，请求宋太祖缓兵。宋太祖按剑斥责："不须多言。江南亦有何罪？但天下一家，卧榻之侧，岂容他人鼾睡？"当年年底，宋军攻破南唐都城，李煜率群臣投降，南唐灭亡。

经过十余年的征讨，宋太祖依次削平荆湖、后蜀、南汉、南唐等割据政权，只有北汉、吴越和割据漳、泉的陈洪进尚未纳款。开宝九年（976），太祖壮年而逝，接下来的统一大任，便有待继位的太宗来完成。太平兴国二年（977）和三年（978），太宗先后将割据漳、泉的陈洪进和吴越国主钱俶召至开封，二人上表献土，福建漳、泉二州和吴越十三州并入宋朝版图。太宗不费一兵一卒，剪灭吴越国和陈洪进，紧接着将目光投向北汉。太平兴国四年二月，太宗御驾亲征讨伐北汉。五月，北汉主刘继元出降，北汉灭亡。

北汉灭亡后，宋朝的统一事业基本完成，五代时期分崩离析的局面基本结束。回顾宋朝的统一战争，首先离不开宋太祖个人超凡的政治军事才能。太祖继位之初，面临复杂的政治环境，能够敏锐地因应时势，确立"先南后北"的战略方针，取得事半功倍之效。取荆湖、下西蜀，储积充羡，为统一战争奠定了坚实的物质基础。战争过程中，太祖的个人才能更展现得淋漓尽致，战略应用灵活，战术变化多端，知己知彼，指挥得当，因此所向克捷。

宋朝能够再造一统，也是因应历史发展趋势的结果。王夫之说："宋承五代之余，人厌干戈，枭雄之气衰矣！江南、蜀、粤之君臣，弄文墨，恣嬉游，其甚者淫虐逞而人心解体。"五代时期兵连祸结，造成严重的社会动荡，饱受战争之害的广大民众渴求社会安定，经历着杀伐混战的诸割据政权也气势日颓。后蜀孟昶穷奢极欲；南汉刘鋹与波斯女嬉戏宫中；李煜沉湎酒色，不理政事。他们的昏庸腐朽致使军心涣散，士民不附，与赵宋政权的蒸蒸日上形成鲜明的对比，使赵宋王朝成为一时人心之所寄。荆南孙光宪、蜀相李昊都曾预言宋朝将混一天下，南汉内常侍邵廷琄也称："天下乱久矣，乱久必治，今闻'真主'（指太祖）已出，将尽有海内，其势非一天下不能已！"来自不同政权的政治精英不约而同地产生同一种认识，充分说明宋朝的统一战争，诚为势所必至。

（三）由开拓进取转向守内虚外

燕云十六州包括幽（今北京）、蓟（今天津蓟州）、瀛（今河北河间）、莫（今河北任丘）、涿（今河北涿州）等十六个州，西起山西、内蒙古交界处，沿河北北部向东，达渤海之滨，沿线山岭蜿蜒，形势险要，有不少控扼南北交通要道的关隘。这一地区是中国古代游牧民族与农耕文明的一条分界线，以南便是一望无际的华北平原。中原王朝一直依赖燕云地区的燕山山脉和长城作为屏障，抵御北方游牧民族的铁骑,因此这一地区对于中原王朝具有攸关生死存亡的重要地位。五代时期,后晋石敬瑭为换取辽的支持,将燕云十六州拱手相让,使辽朝不战而获得这一战略要地。中原王朝失去燕云地区后,河北方面无险可守,完全暴露于契丹铁骑蹂躏下;而辽军以燕云为基础,动辄可以扬鞭南下,很快就可饮马黄河,直逼中原腹地。

燕云地区关系到赵宋王朝的兴亡盛衰,有着无比的重要性,因此宋太祖赵匡胤一直心存收复之念。他设置了封桩库,从统一荆湖地区开始,就把缴获的财物和国家财政收入的盈余部分藏于其中,准备作为收复燕云地区的经费。可惜的是,他还没来得及展开行动就过早去世。太宗即位之初,面临着外界对他继位合法性的怀疑,急欲建功立业,树立自己的威望。在这种心理的刺激下,他贸然发动了对辽朝的战争。

太平兴国四年五月,平定北汉之后,宋太宗并未下令班师,而是欲挟战胜之势,一举收复燕云地区,建不世之功业。宋太宗亲率大军从太原出发,很快收复了涿州,直逼幽州城下。宋军围攻幽州半月之久,却始终未能攻破城池,士卒疲顿,粮草接济也开始紧张,形势逐渐向不利的方向转化。辽景宗以耶律休哥为帅,率军救援幽州,与宋军在高梁河(今北京西直门外)发生激战。辽军从三面对宋军发动进攻,幽州城内辽军也乘势杀出,宋军阵脚大乱,宋太宗身中两箭,逃回开封。

高梁河之战时,双方军力的对比,宋军占据一定上风,但最终却大败而归,究其原因是多方面的。首先,太宗北征幽云地区系临时起意,如此重大的战略改变,而没有事先周密的计划和准备,难免由于仓促而有失周到。其次,宋军伐灭北汉以后,缺乏必要的休整。军士攻克太原后都希望能获得奖赏,然而不但盼望中的赏赐未至,反而马上又要开始意料之外的新一轮军事行动,因此已经滋生出不满情绪,"诸将皆不愿行"。强弩之末,势不能穿鲁缟,这样一支疲惫之师,自然难以攻城克敌。再次,军中的轻敌麻痹思想也不容忽视。太宗以为可以轻而易举地收复幽云,低估了战争的困难;北伐军士也志骄意满,甚至掠夺北汉妇女随军。最后,宋军在战术指挥方面也存在诸多错误。太宗不善军事指挥,却又不肯委诸将帅,围攻幽州之际,既没有对辽军后援有所准备,后又轻易调动围城军队而不作相应防备,以至腹背受敌、四面楚歌。

高梁河之役,宋军元气大伤,经过数年休整,至雍熙三年,宋太宗再次决意北伐。宋军分三路出兵:东路军是北征主力,由曹彬、崔彦进、米信率领,兵力将近二十万;中路军由田重进率领;西路军由潘美、杨业率领。宋太宗的作战意图是以曹彬的主力吸引辽国兵力,使其集结于幽州,无暇西顾,潘美、杨业的西路军则乘机攻占代北诸州,完成第一步作战方案。接下来潘美和田重进的西、中两路军与东路军会合,共同夺取幽州。

辽朝方面,萧太后和辽圣宗亲率兵力增援,由耶律休哥统一指挥。辽军与曹彬率领的东路军在岐沟关发生激战,宋军大败,曹彬、米信趁夜带数骑逃走,渡过巨马河,扎营于易水之南。辽军击溃东路军后,又调集兵力进攻宋军中、西两路军队。中路田重进军迅速撤回定州,西路潘美则受命率军掩护云、朔、寰、应四州居民南迁,孤悬敌后。西路军副帅杨业与主帅潘美对于具体的战术意见不一致,杨业在潘美强迫下勉强出战,结果被辽军活捉,绝食而死,宋西路军也告失利。雍熙北伐再次以宋军彻底失败而告终。

两次大规模北伐的失败,使宋太宗受到沉重打击。宋太宗召来枢密使王显,副使张齐贤、王沔等人,起誓说:"卿等共视朕,自今复作如此事否。"端拱二年(989)正月,太宗诏令文武群臣各陈备边御戎之策,温仲舒、张洎、王禹偁、田锡、寇准等先后上奏,重复谨守防御和与辽通好的观点。知制诰田锡提出"欲理外,必理内，内既理则外自安"，建议太宗在处理对外事务之前，应集中精力把内部问题解决好，内部问题才是根本。

或许是高梁河之战时发生的政变令太宗心生警惕，也或许是田锡的话对他有所触动，淳化二年（991），太宗对亲近大臣说了这样一段话："国家若无外忧，必有内患，外忧不过边事，皆可预防。惟奸邪无状，若为内患，深可惧也。帝王用心，常须谨此。"在他此时的观念里，四夷边患不过是癣疥之疾，唯有"奸邪无状"的内患才是最可怕的腹心之忧，也是帝王应该用心的所在。

到了晚年，太宗再次与吕蒙正谈论起往岁用兵征伐之事。太宗说道："治国在乎修德尔，四夷当置之度外"，"但常修德以怀远，此则清静致治之道也"。也就是说，治国最重要的是修明道德，讨伐四夷不应该在考虑的范围之内，国内的道德达到了一定的水准，远夷自然也来臣服，这才是达到天下大治的正途。这段话是太宗对此前向外扩张的国家政策的深刻反省，标志着北宋国家政策走向的一个重要转变，意味着宋初以来积极对外开拓进取的态势已告结束，接下来统治者会将注意力转移到国内，将稳定国内局势作为首要任务。这一转变对此后北宋的国势产生了深远的影响，奠定了北宋消极防御政策的基础。

太宗两次北伐失利，使宋初以来几十年休养生息和选练教阅积累下来的精锐之师丧失殆尽，为了抵抗辽军不断的侵袭，宋朝不得不大规模招募新军，致使军队数量惊人增长。据统计，太祖初年，军队总数约22万；此后平定诸割据政权，收编各国军队，使军队总数达到37.8万人；而到了太宗末年，军队总数猛增到66.6万人。宋朝实行募兵制，军饷完全由国家供给，维持这样一支庞大的雇佣军，成为宋朝财政的巨大负担。新补充的军队虽然人数众多，但既未能严格拣选教阅，也没有经过战阵历练，战斗力与宋初军队不可同日而语。自此以后，宋辽战争的形势发生改变，宋军完全处于守势，再也无力发起进攻，宋朝积弱之势萌生。

三、政权的稳固

（一）杯酒释兵权

宋朝开国之初，基本留用了后周的人员班底，这是换取后周旧臣支持的一种政治手段，对于招揽人心、稳固局势有重要意义。留用的人员之中，便包括禁军的高级将领。建隆元年（960）正月，太祖陆续任命慕容延钊等九人担任殿前、侍卫两司统帅，组成了北宋禁军首任领导班子。

姓名	后周时职务	建隆元年职务
慕容延钊	殿前副都点检	殿前都点检
高怀德	侍卫马军都指挥使	殿前副都点检
王审琦	殿前都虞候	殿前都指挥使
赵光义	内殿祗候供奉官都知	殿前都虞候
韩令坤	侍卫马步军都虞候	侍卫马步军指挥使
石守信	殿前都指挥使	侍卫马步军副都指挥使
张令铎	侍卫步军都指挥使	侍卫马步军都虞候
张光翰	虎捷左厢都指挥使	侍卫马军都指挥使
赵彦徽	虎捷右厢都指挥使	侍卫步军都指挥使

这些将领大多功高权重，如慕容延钊、高怀德、韩令坤等人，资历甚至比宋太祖还要深，地位也长期在宋太祖之上，他们靠真刀真枪在战场上拼杀而致身通显，在军中有极高的威望和号召力。这样一批典兵宿将环伺身侧，隐含的危险性是不言而喻的，因此宋太祖已在寻找时机预为防备。借平定后周大将李筠、李重进叛乱之机，宋太祖以论功行赏为名，先后将张光翰、赵彦徽、韩令坤、慕

容延钊调离禁军，外放为地方节度使，留任的八位后周旧将已有半数被撤换。

此后不久，宋太祖召石守信等人至宫中赴宴。太祖在席间劝说众将："人生如白驹之过隙，所为好富贵者，不过欲多积金钱，厚自娱乐，使子孙无贫乏耳。尔曹何不释去兵权，出守大藩，择便好田宅市之，为子孙立永远不可动之业，多置歌儿舞女，日饮酒相欢，以终其天年。我且与尔曹约为婚姻，君臣之间，两无猜疑，上下相安，不亦善乎？"次日，石守信、高怀德、张令铎、王审琦都称病请辞，这就是历史上著名的"杯酒释兵权"。

涉及军队高级将领的调整，是极为敏感的大事，其背后必然有许多严肃、正规、细致的操作，不会是席间一杯酒的事，但最终恰恰在杯酒一席间，营造出一种举重若轻、缓和温厚的政治氛围。"杯酒释兵权"以后，为了安抚失去军权的将领们，太祖兑现了他的诺言，他的妹妹燕国长公主嫁给了高怀德，两个女儿分别嫁给了石守信、王审琦之子。这种婚姻显然有着强烈的政治色彩，但将帅们在失去兵权的同时，获得了某种心理平衡，消除了他们"兔死狗烹"的疑惧，能够以愉快而又积极的心态来面对角色调整。这些将帅虽然被解除了军权，但在后来的统一战争中，很多人又被临时调回军队，立下大功。

统兵大将手握重兵，足以对皇权构成直接威胁，是五代长期混乱的根源之一。"杯酒释兵权"以一种戏剧性的方式，去除了困扰中原王朝近百年的重大隐患，使宋朝避免重蹈五代短命王朝的覆辙。明太祖朱元璋便说："使诸将不早解兵柄，宋之天下，必不五代若也。"从长远来看，"杯酒释兵权"开启了宋朝偃武兴文的契机。手握重兵、功高震主的大将纷纷被解除兵权，代之而起的新一代将领在能力、功业、威望、地位等各个方面，都不能望其项背，也无法与赵普等开国文臣相抗衡，因此文武消长之势已然萌生。元代史学家袁桷敏锐地捕捉到了这一历史信息:"杯酒释兵柄,此启运立极之基也。然文盛武衰,亦自此始。"元人修《宋史》也称:"艺祖革命,首用文吏而夺武臣之权,宋之尚文,端本乎此。"

(二)废罢藩镇

五代之际,政治上的大患有二:禁兵为腹心之患,藩镇为肢体之疾。宋太祖在医治腹心之患的同时,也没有忘记肢体之疾。他召来赵普问:"天下自唐季以来,数十年间,帝王凡易八姓,战斗不息,生民涂地,其故何也?吾欲息天下之兵,为国家长久计,其道何如?"赵普回答:"此非他故,方镇太重,君弱臣强而已。今所以治之,亦无他奇巧,惟稍夺其权,制其钱谷,收其精兵,则天下自安矣。"赵普的建议,是从权、财、兵三个方面来削夺地方权力,这也成为太祖削弱地方势力的纲领。

"稍夺其权"中的权,主要指行政权。就整体而言,宋初呈现地方权力向中央集中、中央权力向皇帝集中的趋势。如宋人范祖禹所说:"收乡长、镇将之权悉归于县,收县之权悉归于州,收州之权悉归于监司,收监司之权悉归于朝廷。"各州直接隶属中央,由中央政府直接派文臣担任知州、县令,统领地方政事。在地方层级,又设计了权力分散和制衡的相关制度。如增设通判之职,一方面分知州之权,另一方面监督包括知州在内的辖区内官员,以避免专权现象的产生。地方权力的分散,最终的目的还是有利于皇帝最后的集权,扭转此前君弱臣强的局面。

"制其钱谷",是指采取有力措施,断绝藩镇财路,使其没有经济力量与中央对抗。宋初财政收入主要有赋税、商税两种。乾德二年,宋太祖下令诸州,今后每年征收的租税和商税等财政收入,除必要的经费开支外,全部都要送到京师。又于各路设置转运使,负责转输地方财物。这样就有效地把财政大权集中到中央,从根本上切断了地方藩镇赖以自存的经济命脉。

不过太祖时期集中财权并不是绝对的，并不意味着地方没有丝毫的经济力量。正如宋末元初史学家马端临的评价，宋太祖想要矫正地方擅财的宿弊，因此不得不诏令地方财物悉送京师，然而当国家纲纪已然确立以后，官吏已经树立起中央意识，则地方余财不妨就地储藏，以备不时之需，不需要全部送到京城才算是皇帝的财物了。

宋太祖以兵起家，在解决军事体制的弊病及其对皇权的威胁时，自然更能有的放矢。为了防止地方军队过强对中央形成威胁，太祖设计出内外相制、强干弱枝的军事部署方案。所谓"内外相制"，简单说就是使京师和地方兵力达到一个平衡，互相牵制。太祖时兵力约22万，其中一半驻守于京师，另一半分驻各地，使京师之兵足以制御诸道，避免地方发生叛乱；各地之兵合起来又能抗御京城禁军，以防京师有警。所谓"强干弱枝"，是与内外相制配合的战略部署，核心原则是无论军队的数量还是质量，京城都要优于地方。太祖把天下的精锐士卒都集中于京城，兵力配置超出任何一个地方，保持中央相对于地方的优势。

宋太祖加强中央集权措施的积极作用是显而易见的，他从根本上消除了藩镇割据赖以存在的政治、经济、军事基础，稳固了国家政权，自唐末以来的分裂割据局面至此终结。南宋吕中说：

> 天下之所以四分五裂者，方镇之专地也；干戈之所以交争互战者，方镇之专兵也；民之所以苦于赋繁役重者，方镇之专利也；民之所以苦于刑苛法峻者，方镇之专杀也；朝廷命令不得行于天下者，方镇之继袭也。太祖与赵普长虑却顾，知天下之弊源在乎此，于是以文臣知州，以朝官知县，以京朝官监临财赋，又置转运使，置通判，置县尉，皆所以渐收其权。朝廷以一纸下郡县，如身使臂，如臂使指，叱咤变化，无有留难，

而天下之势一矣。

经过宋初一番整顿，延至明、清两代，地方再也没有能力与中央对抗。但另一方面，宋太祖以防弊之政为立国之法，也引发了一些意料之外的消极后果。南宋朱熹便评价："本朝鉴五代藩镇之弊，遂尽夺藩镇之权。兵也收了，财也收了，赏罚刑政一切收了，州郡遂日就困弱。靖康之祸，虏骑所过，莫不溃散。"意思是说太祖虽然扭转了五代藩镇尾大不掉之弊，却不免矫枉过正，使得地方丧失了自立、自保的能力，面对金军铁骑大举入侵，遂望风溃散，酿成大祸。但也有人有不同看法，与朱熹同时的陈亮就曾对宋孝宗说："五代之际，兵财之柄倒持于下，艺祖皇帝束之于上，以定祸乱。后世不原其意，束之不已，故郡县空虚，而本末俱弱。"在陈亮看来，问题不在于太祖，而在于后世的继任者们没有领会太祖设法立制的本意，不知变通，才最终导致了"郡县空虚""本末俱弱"的恶果。

四、文治之风的确立

五代时期，武夫悍将左右政局，文教大衰。薛居正《旧五代史》记载，后汉史弘肇一贯轻视文人，一次酒宴上，他举杯高声言曰："安朝廷，定祸乱，直须长枪大剑，至如毛锥子，焉足用哉！"文士在乱世中的窘迫跃然纸上。宋太祖深知可马上得天下，不可马上治天下的道理，面对长期失衡的文武关系，以及由此产生的社会动乱，他欲求拨乱反正，非注重"文治"不可。至宋太宗即位，继续推行右文政策，优礼文臣，终于确立起"崇文"的社会风尚。

（一）"欲武臣尽读书"与"宰相须用读书人"

宋代的士大夫们在提到"本朝"读书人地位的超然时，不约而同地将根源追溯到宋太祖，南宋大儒魏了翁说："艺祖造宋，首崇经术，加重儒生，列圣相承，后先一揆，感召之至，七八十年间，豪杰并出。"在宋人笔下，似乎宋朝自诞生之日起便一扫前代重武轻文之弊，确立起崇文抑武之风，常被他们引以为据的，便是宋太祖"欲武臣尽读书"与"宰相须用读书人"两句名言。

建隆三年（962）二月，宋太祖对近臣说，"今之武臣，欲尽令读书，贵知为治之道"，结果"近臣皆莫对"。大臣不知如何回答的尴尬，显示出太祖问话的突兀，说明这一话题与当时的政治氛围格格不入。朝堂上话题的转换，令人觉察到时代变迁的迹象，太祖"欲武臣尽读书"究竟意味着什么，每个人有不同的理解。宋人程大昌认为，宋初诸将大多出身低微，"率奋自草野，出身戎行，虽盗贼无赖，亦厕其间"，与"屠狗贩缯者"无异，因此太祖的目的是提高武将素质。

但从更深层次看，太祖的用意显然不止于此。读书的关键在于"知为治之道"，而所谓"为治之道"，并不是治国理政之术，而是明悉君臣大义。《宋史》记载："太祖事汉、周，同时将校多联事兵间；及分藩立朝，位或相亚。宋国建，皆折其猛悍不可屈之气，俯首改事，且为尽力焉。"五代时期君臣之道的沦丧已如前所述，太祖提倡武将读书，正是希望消磨他们的猛悍之气，将这些出身戎行的武夫悍将，改造成明尊卑名分、自觉维护君臣秩序的将佐官僚。

"官家"提倡读书，在武将心中的导向作用不可低估，史书中记载了这样一个故事。骁将党进本来一字不识，朝廷派他去高阳防秋，临行前照例应准备辞章向皇帝辞行。当值文吏将言辞写到笏上，并教党进背诵熟练，可党进拜见太祖时却忘得一干二净。正在大家都感到不知所措的时候，党进忽然抬头盯着太祖，厉声说道："臣闻上古其风朴略，愿官家好将息。"旁边的仪仗卫士掩口而笑，几乎失仪。党进下殿后，有人问他："太尉何故忽念此二句？"党进回答："我常见措大们（指读书人）爱掉书袋，我亦掉一两句，也要官家知道我读书来。"党进的举止令人忍俊不禁，可是仔细想来，这也正表明太祖"欲武臣尽读书"的口号影响之大。"上古其风朴略"语出儒家十三经之一的《孝经》，党进竟能脱口而出，反映出太祖提倡武臣读书的努力取得了一定的效果。

与"欲武臣尽读书"同样为人所津津乐道的是宋太祖"宰相须用读书人"的感叹。建隆末年，太祖令宰相检寻前代没有使用过的年号，准备改元，宰相最终选定了"乾德"。乾德三年讨平后蜀，在后蜀宫人奁具中发现一面旧铜镜，背面刻有"乾德四年铸"的字样。太祖大惊，将铜镜拿给宰相询问，众人都不能回答。太祖召学士陶穀、窦仪追问，窦仪回答："此必蜀物。昔伪蜀王衍有此号，当是其岁所铸也。"太祖因此感叹："宰相须用读书人！"

宋太祖这句话常被用来论证宋初的"文臣治国"，然而事实上，太祖的意向并未被付诸实施。自乾德二年范质、王溥、魏仁浦三相离任后，就形成赵普为相、李崇矩为枢密使的格局，一直延续到太祖去世前几年。赵普"少习吏事"，精吏干而"寡学问"，但恰恰是他独居相位十年之久，是太祖最为倚重的左膀右臂。由此可见，"宰相须用读书人"恐怕只是太祖一时的感慨，至多可称为一种导向，在宋初百废待兴的政治实践中，最为太祖重视的还是"吏干"，也就是实际处理政务的能力。

就一个时代的导向而言，北宋初年文臣的作用越来越重要，军阀出身的宋太祖也逐渐改变着军人意识和作风。但毋庸讳言，太祖对所谓"儒臣"的评价其实并不高。太祖曾与赵普一同路过朱雀门,他指着门额问道,为什么要写"朱雀之门",而不直接写"朱雀门"?"之"字有什么用?赵普回答,"之"字是语助词。太祖笑道:"之乎者也,助得甚事。"对读书人的轻视脱口而出。太祖对文臣的宽和,更多来自他对控御书生的自信。史书中记载着这样一件事:

> 太祖时,赵韩王普为相,车驾因出,忽幸其第。时两浙钱俶方遣使致书及海物十瓶于韩王,置在左庑下。会车驾至,仓卒出迎,不及屏也。上顾见,问何物,韩王以实对。上曰:"此海物必佳。"即命启之,皆满贮瓜子金也。韩王惶恐,顿首谢曰:"臣未发书,实不知;若知之,当奏闻而却之。"上笑曰:"但取之,无虑。彼谓国家事皆由汝书生耳。"因命韩王谢而受之。

"彼谓国家事皆由汝书生耳",淡淡一句话,显现出"书生"与"国家事"之间的疏离,太祖既用他们执掌政务,又不使国家事皆出其手。

从五代到宋初的情形来看,文臣群体的地位有了显著提高,他们也在现实的磨砺中有所成长,在国家事务中争取着更大的发言权。但应该注意的是,宋太祖对文士的任用,更多着意于扭转五代时期失衡的文武关系,端正尊卑名分、君臣之道。重用文臣,并不意味着轻视武将。太祖在位时"正当尚武之世",他不可能制定"轻武"的政策,而只能是抑制武将权势膨胀的趋势,消弭军权对皇权的威胁。

(二)文治政策的确立

南宋周必大在《文苑英华序》中说:"太宗皇帝,丁时太平,以文化成天下。"如果说太祖"正当尚武之世"的话,则太宗即位后已"丁时太平",客观环境的转变使太宗有条件进一步讲求致治，宋朝"右文"政策的确立，也始于太宗在位期间。

太宗勤于读书，每天都安排固定的时间阅读，"辰巳间视事既罢，即看书，深夜乃寝"。大型丛书《太平御览》编成前夕，太宗令日进三卷，供其亲览。宰相宋琪担心太宗过于疲倦，太宗却回答："朕性喜读书，开卷有益，不为劳也。此书千卷，朕欲一年读遍，因思学者读万卷书，亦不为劳耳。"最终果然在一年之内，把这部卷帙浩繁的大书通读一遍。由于爱好读书，太宗对于书籍的搜求、整理也非常重视，他曾说过："夫教化之本，治乱之源，苟无书籍，何以取法？"因此他多次下诏全国搜求书籍，至太平兴国三年，皇家藏书已达八万余卷。后世流传的《太平御览》《文苑英华》《太平广记》三大部书，都是在太宗时期编成的。

宋太宗读书固然不乏个人爱好的因素，但政治目的也很明确。他说："人君当澹然无欲，勿使嗜好形见于外，则奸佞无自入焉。朕年长，他无所爱，但喜读书，多见古今成败，善者从之，不善者改之，斯已矣。"帝王的好尚对社会有极大的影响，"楚王好细腰，宫中多饿死"，太宗正是希望通过向外界展示嗜书的爱好，杜绝奸佞钻营奉承，混乱纲纪。北宋末年，宋徽宗喜好奇花异石，结果致使全国大兴"花石纲"，给社会带来巨大混乱。对比之下，太宗的先见之明更令人感佩。

太宗即位后，把选拔人才视为最紧迫的任务，科举制因此得到空前发展。他即位三个月后就举行了第一次贡举，录取500余人，而太祖一朝取进士不过188人。太宗又对科考中第者超等授官，以至宰相薛居正都认为录取太多、任官太快。此后，大批孤寒子弟通过科举进入官僚队伍。据统计，太宗朝科举取士共计5800余人，平均每州约14.5个，每县约5人。科举取人太多，甚至招致了读书人的批评，同样是科举出身的王禹偁就提出"艰难选举，抑儒臣而激武臣"的主张。至太宗末年，宋朝通过科举培养的士大夫遍布朝野，取代了此前的五代人才,占据了自中枢到州县的各级官职,完成了一代人才的转换,宋朝的文官政治真正确立起来。

宋太祖注意到文治的重要意义,他提倡武臣读书、感叹宰相须用读书人,其主要目的虽然是引导臣下明君臣之义、尊卑之分,重建儒家伦理道德,但在客观上仍然对唐末五代以后失衡的文武关系进行了调整,奠定了"文治"的政策导向。太祖在位时正当"尚武之世",客观环境使他虽然注意拔擢文臣,但又不能不倚重武将,给予他们超过文臣的优厚待遇。直至太宗即位后,时局的稳定使他得以放手实施"兴文教、抑武事"的政策,完成国家统治人才的换血,确立起"崇文抑武"的方针。太宗以后,科举出身的文臣成为执政的主体力量,至北宋中叶,终于完全形成文臣治国的局面,几乎各个方面的重要职务都由文官担任。宋人蔡襄言:"今世用人,大率以文词进。大臣,文士也;近侍之臣,文士也;钱谷之司,文士也;边防大帅,文士也;天下转运使,文士也;知州郡,文士也。虽有武臣,盖仅有也。"宋朝的文治路线彻底固定下来,成就了宋代文化的高峰。

结　语

"五季为国,不四三传辄易姓",君纲不振、名分隳坠;赵宋王朝则享国三百余年,其声教文明、典章制度、道德仁义之风,于汉、唐之盛世"盖无让焉",文质彬彬,成就中国古代又一文化高峰。前后相沿的两个历史时期,却呈现出如此巨大的反差,其转折的关键,便在于宋太祖、宋太宗两朝。

宋太祖、宋太宗都生长于五代,在乱世中汲取经验和教训,他们是五代培育出来的最后一代精英,其思维方式、行事作为不可避免地带有五代的印记。回到五代的历史背景，二人获得帝位的方式其实都是乱世形成的政治传统的延续。五代为国，兴亡以兵，唯力是上的功利主义的盛行与"君权神授"观念的转淡，催生出"无人不思为天子"的社会心理，"纷纷禅代事何轻""将帅权倾皆易姓"，"陈桥兵变"不过是为这一传统又增添了一个注脚而已。客观环境的逼迫，使得五代时期的皇位传递观念发生改变，"国家多事，议立长君"成为时人的共识，最高统治者往往能够突破血缘关系的限制，更多考虑继任者的经验和阅历、才干和功业。太宗之继统出于篡位似已无疑，但不可否认的是，由太宗来继承太祖创立的基业，是被当事人所认可的一种选择。之所以这一过程引起众多争议，恰恰是因为它发生于历史长河从动乱走向承平的又一拐点，人们观察的立场不同而导致。

宋太宗以后，宋朝的皇位传递回归"正常化"，这样的转折如何发生，是一个值得深究的问题。传统史家对太宗盖棺定论时不乏微词，涪陵县公之贬死、武功王之自杀是人们指摘的两大失德之处。但在道德批判的同时，人们往往忽略了这两个举措背后的必要性。"国家多事，议立长君"是五代乱世留给人们的经验，君位易置的变幻无常、强敌环伺的险恶环境，使在位君主不得不扶植一个兼具经验阅历和资历威望的"长君"，以备不虞之时延续国祚。然而当国家已经步入长治久安的轨道之后，这样一个实力雄厚的"长君"时刻在旁虎视眈眈，就已经不再是国家之福，而很可能转化为动乱之源。北伐期间发生的拥立德昭事件，廷美倒台后牵涉出来的众多大臣，都在昭示着这一道理。无论是源远流长的家天下的政治传统，还是现实的政治环境，都在要求皇位传递从五代的"异常"回归"正常"，从这个角度来说，太宗在新的历史关口，推动了历史的转折。

自"安史之乱"起，中央政府对地方的控制力就开始下降，藩镇势力逐渐上升，终于演变为五代十国的乱世，经过宋太祖、宋太宗数十年的征讨，才再次实现中原地区的统一。宋朝能够再造一统，是因应历史发展趋势的结果。长时期的兵连祸结，造成严重的社会动荡，饱受战争之害的百姓渴求社会安定。忙碌于杀伐混战的诸割据政权也气势日颓，与赵宋政权的蒸蒸日上形成鲜明的反差，使赵宋王朝成为一时人心之所寄。统一局面的形成，离不开太祖个人超凡的政治军事才能，"先南后北"战略方针的确定，取得了事半功倍的效果，战略战术的变化多端，更使统一战争势如破竹。相比之下，太宗的功业则要逊色得多。统一大业虽由太宗最后完成，但更多是延续太祖确立的势头而已，少有开创之举。两次大规模的北伐俱以惨败收场，伤动宋朝元气，使宋朝开拓进取的势头自此戛然而止，士气一蹶不振，转而走向消极防御、守内虚外，积贫积弱之势开始萌生。宋朝在对外战争中的颓势，肇端于宋太宗时期。

宋人遇事喜言"祖宗"，尽管已有学者指出，所谓的"祖宗之法"，其实是一个不断层垒的过程，并不单指宋太祖、宋太宗所确立的法度而言，但二人对于宋朝特质的形成，无疑有着后世诸君无法比拟的重要作用。"以防弊之政，作立国之法"，是宋朝"祖宗家法"的核心原则，这一原则凝聚着宋初二帝于五代乱世吸取的教训与经验。五代之乱，究其原因大致有二：禁军为腹心之患，藩镇为肢体之疾。以"杯酒释兵权"为代表的禁军系统人事调整，在人事和制度两个方面，一举扭转了武人干政、兴亡以兵之势，消除了困扰中原王朝近百年的重大隐患，开启了偃武兴文之机。"稍夺其权、制其钱谷、收其精兵"则从根本上割断了藩镇赖以称雄的政治、经济和军事命脉，摧毁了地方的离心倾向，彻底终结了唐末以来的分裂割据局面，建立了一个空前集权的中央政权。经过宋初的一番整顿，延至明、清两代，地方再也没有能力与中央对抗，这样一种趋势，是从宋初就开始奠定的。

五代乱世的形成，根源在于文武关系的失衡，武夫悍将左右政局，文教大衰。宋太祖欲求拨乱反正，遂倡导武臣读书，感叹"宰相须用读书人"，其用意虽然更多地在于引导人们明尊卑之分、谨君臣大义，调整失序的文武关系，但终究树立起"文治"的政策导向，使读书人在五代黑暗之后看到一丝希望。从五代到宋初，文臣群体的地位有了显著提升，他们也在磨砺中有所成长，在国家事务中争取着更大的发言权。至太宗即位，时局的稳定太平使他有条件进一步"兴文教、抑武事"，大量通过科举出身的文臣士大夫进入仕途，取代了此前的五代人才，完成了一代人才的转换。至北宋中叶，几乎各个方面的重要职务都由文官担任，终于完全形成文臣治国的局面，成就了宋朝"与士大夫治天下"的特质。

　　陈寅恪先生曾论："华夏民族之文化，历数千载之演进，造极于赵宋之世。"赵宋王朝承五代之乱世，终于免于成为第六个短命王朝，扫除了动乱的根源，建立起一个延续三百余年的大帝国。而作为一个以军人为首脑建立起来的国家，又偏偏在军事上无所作为，而在文化上达到中国古代的巅峰。历史的发展如何从动乱走向承平，武夫悍将的猛悍之气如何被消弭殆尽而臻于文化高峰，都要从太祖、太宗之世寻找端倪。

参考文献

1. 毛元佑、雷家宏：《宋太祖》，长春：吉林文史出版社，2004年。

2. 张其凡：《宋太宗》，长春：吉林文史出版社，2004年。

宋代士大夫的先驱

时代转折中的寇准

寇准履历表

姓名	寇准
字号	字平仲
籍贯与出生地	华州下邽（今陕西渭南北）
家庭出身	下层读书人家庭，父寇相，后晋开运年间应辟为魏王府记室参军
生卒年及所处时代	962—1023，历仕宋太宗、宋真宗两朝
生平履历	太平兴国五年（980），登进士第。授官大理评事，归州巴东县（今湖北巴东）知县
	端拱元年（988），召试学士院，授右正言、直史馆，为三司度支推官，转盐铁判官
	端拱二年（989）七月，上书极言北边利害，擢为虞部郎中、枢密直学士
	淳化二年（991）三月，揭发参知政事王沔包庇母弟王淮。四月，寇准为枢密副使，后改同知枢密院事
	淳化四年（993）六月，与知枢密院事张逊忿争，罢同知枢密院事；十月，以左谏议大夫出知青州（今山东青州）
	淳化五年（994）九月，召为左谏议大夫、参知政事，建议立襄王元侃为储君
	至道二年（996）七月，被冯拯控诉专权擅政，参政张洎揭发私下诽谤太宗，罢参知政事，出知邓州（今河南邓州）
	景德元年（1004），为集贤殿大学士，拜同中书门下平章事，位在毕士安下。十一月，从真宗亲征澶州（今河南濮阳西）
	景德三年（1006），被王钦若诋毁，以刑部尚书出知陕州（今河南陕州）
	大中祥符七年（1014）六月，在王旦举荐下，为枢密使、同平章事
	大中祥符八年（1015），与林特忿争，罢为武胜军节度使、同平章事、判河南府（今河南洛阳）。后徙永兴军（治所在今陕西西安）
	天禧三年（1019），上天书，拜中书侍郎兼吏部尚书、同平章事，再次拜相
	天禧四年（1020），请以太子监国，谋泄，罢为太子太傅，封莱国公。因周怀政事变，降为太常卿、知相州（治所在今河南安阳），徙安州（今湖北安陆），贬道州（今湖南道县）司马
	乾兴元年（1022）二月，贬雷州（今广东雷州半岛一带）司户参军
	天圣元年（1023）闰九月，卒于雷州，享年62岁

在宋代历史上，真宗朝是一个具有特殊意义的时代，主要表现在两个方面。首先，它是宋朝由创立期向承平期过渡的阶段，经过太祖、太宗两位创业之主的拨乱反正，各项制度走向完备和定型，宋朝自己培养出来的士大夫阶层取代五代精英，成为政治舞台的主角，具有宋代特色的新型士大夫政治揭开了序幕。其次，贯穿于宋朝政治的一个突出特点，即内政始终处于外交的压力之下，在真宗朝表现得尤为突出和典型，澶渊之盟的达成，在当时和其后都给宋朝内政带来了巨大和深远的影响。在这样一个历史的转折期，出现了一位具有传奇色彩的大臣——寇准，其政治活动跨越了太宗、真宗两朝，参与了诸多重大的政治事件，对宋朝君臣关系的定型，乃至宋朝国运的走向，都发挥了关键作用。通过考察他的活动，可以透视新旧交替时期历史发展的脉络。

一、十九中高第，弱冠司国章

（一）少年登科，得君眷顾

寇准于太宗太平兴国五年（980）登进士第，这一榜中，寇准、李沆、向敏中、苏易简、宋湜、王旦等相继位列宰辅，此外还有张咏、晁迥等众多名臣，因此被称为"龙虎榜"。寇准中进士时刚刚19岁，他后来写诗自矜，"十九中高第，弱冠司国章"。如此年少便高中进士，在有宋一代都不多见，同榜的李沆此时已经34岁，张咏35岁，相比之下，寇准可谓年少成名，的确有理由骄傲。

寇准的仕宦生涯从基层起步，及第后就被派往归州巴东县任知县，五年后又被调任大名府成安知县。寇准在两处知县任内颇有政绩，不久迁郓州通判，在此期间得到太宗召见，开始了与太宗的君臣际会。太宗召见寇准,事关一个重大的政治难题。太宗苦于"东宫"行为不端、颇有僭越之举,想要废掉他,又担心太子府中亦有甲兵,因此询问寇准如何妥善地解决,不致引发动乱。寇准回答:"请某月日令东宫至某处摄行礼,其左右侍卫皆令从之。陛下搜其宫中,果有不法之事,俟还而示之,隔左右勿令入而废之,一黄门力尔。"

太宗时期,立储是一个敏感的问题,各方势力明争暗斗。太宗为何以如此重大私密的问题向名不见经传的寇准咨询,原因已很难确言,但寇准的回答显然令太宗非常满意,自此以后,太宗对寇准始终有着一种异乎寻常的信任与眷顾。这次召见以后,寇准进入仕宦生涯的快车道,"给札试禁中,授右正言",既而充三司度支推官,不久转盐铁巤司判官公事。恰逢朝廷下诏令百官上书言边事,寇准论述与契丹关系的利弊,再次得到太宗的器重。

通过这两次交往,太宗对寇准极为赏识,他问宰相:"朕欲擢用准,当授何官?"宰相建议任命寇准为开封府推官。开封府推官隶属于开封府,以开封地区的狱讼刑罚、户口租赋为职掌,位置虽然不低,却是一个职事繁剧的办事官,与当时文人看重的"清贵"官职有很大差距。这一官职显然与太宗对寇准的期许不相符合,太宗因此很不高兴,反问道:"此官岂所以待准者耶?"宰相于是复请用寇准为枢密直学士。枢密直学士隶属于枢密院,是皇帝的顾问官员,班位仅次于翰林学士,为诸阁直学士之冠,属于职事轻简、地位尊贵的"清贵"侍从官职,是宰执的晋身之阶。太宗沉思很久,勉强答道:"且使为此官可也。"从太宗的表现看,他对这一任命还是不太满意,只是考虑到寇准此时资历尚浅,不便任命他担任更高的官职。

(二)任性凌人,难处同僚

寇准在入朝后就表现出性格中偏执、使气的特点。一次奏事殿中，寇准与太宗意见不合，太宗愤然起身欲走，寇准竟然动手拉住太宗的衣服，强迫太宗再次坐下来听从自己的意见，"事决乃退"。犯颜直谏，在中国古代历史上屡见不鲜，但真正到了动手拉皇帝衣服的程度，却并不多见，特别是对象还是手段强硬的宋太宗。太宗对寇准的行为居然也未生气，反而赞叹寇准"真宰相也"，又对左右说："朕得寇准，犹唐太宗之得魏郑公（魏征）也。"或许正是太宗对寇准的"纵容"，鼓励了寇准性格中任性凌人的一面，为他此后的仕宦生涯埋下了隐患。

有了太宗的欣赏，寇准的仕途一帆风顺。淳化二年，是太宗后期政争最激烈的一年。宰相吕蒙正的妻舅宋沆上书请立元僖为太子，引起太宗对吕蒙正的猜疑；寇准揭发同年王淮盗用财物，借以打击王淮兄长、当时专权任事的参政王沔；王沔又与刚刚升任参政的同年张齐贤和陈恕互相攻击。结果，宰相吕蒙正，参政王沔、陈恕等人分别被罢职，寇准则成为政争的最大胜利者，于当年四月升任枢密副使，成为同榜进士中首位进入中央领导集体的人，此时他还不到30岁。

年少成名，又得到皇帝的赏识，使寇准不免有些骄矜之气，与自己的上司、知枢密院事张逊发生了矛盾，屡次于太宗前争论。一天退朝后，寇准与同为枢密副使的温仲舒一起骑马回家，途中一个狂人突然拦住马首，高呼万岁。这对敏感的太宗是极忌讳的事，张逊于是唆使街使王宾上奏。寇准与张逊在太宗面前各执一词，甚至互相揭发阴私，惹得太宗大怒，将两人分别罢职，寇准以左谏议大夫出知青州（今山东青州）。

寇准走后，太宗时常想起他，郁郁不乐。他问左右侍从："寇准在青州乐否？"左右回答："准得善藩，当以为乐也。"过了几天，太宗又问，左右仍回答如初。几次以后，有人揣测太宗准备再次召用寇准，于是说："陛下思准不少忘，闻准日置酒纵饮，未知亦念陛下否？"太宗听后默然不语。尽管如此，太宗也没有改变对寇准的赏识，出守地方不到一年，寇准就被召回，担任参知政事，再次进入执政集团。太宗特地对宰相解释："寇准临事明敏，今再擢用，想益尽心。朕尝谕之协心同德，事皆从长而行，则上下鲜不济矣。"

（三）未终其事的定策之功

太宗这次召回寇准，是有一件大事要借寇准之力来决断。太宗早年征辽时身被箭创，此时复发，不得不考虑皇位继承人的问题。而太宗对寇准始终信任有加，立储之事，其他人提起会引起太宗的猜疑，但太宗却心甘情愿与寇准商议。寇准自青州回到京城后，入见太宗。太宗解衣给寇准看他的箭伤，并问寇准："卿来何缓耶？"寇准答以非召不得入京师。太宗又问："朕诸子孰可以付神器者？"寇准回答："陛下为天下择君，谋及妇人、中官，不可也；谋及近臣，不可也。唯陛下择所以副天下望者。"太宗思索良久，屏退左右问："襄王可乎？"寇准回答："知子莫若父，圣虑既以为可，愿即决定。"太宗遂以襄王为开封尹，改封寿王，确立其储君的地位。此处史料的记载颇为委婉，另有证据表明，襄王元侃被立为太子，实系出于寇准的直接提名。寇准对太宗说："臣观诸皇子，惟寿王得人心。"太宗才下定决心。

太宗晚年，围绕立储一事，朝廷内外结成了多股势力集团。后宫李皇后是开国功臣李处耘的女儿，她外倚掌管侍卫马军司的长兄李继隆，内恃执掌皇城司、控制皇城保安的宦官王继恩，同时结交朝中胡旦等大臣，一意要复立被废的长子元佐；而寇准和参政吕端则是拥立元侃的旗手，两派的明争暗斗异常激烈。寇准在回答太宗问询时提到的"妇人"、"中官"和"近臣"，其实并非泛指，而是影射李皇后、王继恩和胡旦等人。对于太宗来说，虽然李皇后等人为元佐说了很多好话，但由于元佐此前的表现，他优先考虑的还是三子元侃，寇准的回答更坚定了他的决心。

寇准官拜参知政事后，得君之专，信任之隆，众所瞩目。太宗下诏，命参知政事与宰相分日知印、押班，赋予寇准等同于宰相的权力。这一举动完全是因人设制，目的就是让寇准合法地当权，寇准后来下台后，太宗立刻取消了这一制度。到神宗时期，为了让同样为参知政事的王安石名正言顺地实行变法，神宗才又援引了寇准的例子。

有寇准的支持，元侃储君的位置不易动摇，李皇后等人想要拥立元佐上位，首先要除掉寇准。率先发难的是胡旦同榜进士冯拯，但最终坏事的还是寇准偏执的性格。至道二年（996），行郊祀大礼，百官依例要加官进秩。寇准刻意压制冯拯，冯拯乘机弹劾寇准弄权。太宗本想压下此事，但寇准却觉得受到冤枉而不依不饶，太宗气极而叹曰："雀鼠尚知人意，况人乎？"次日，寇准抱了一堆中书档案到太宗面前，非要辩个是非曲直。此时，参知政事张洎忽然揭发寇准私下曾多次诽谤太宗，结果太宗"大恶准"，遂罢免了寇准的职务。

寇准倒台后，继任参知政事的温仲舒和王化基只求自保，并不像寇准那样维护元侃，吕端则年迈力衰，看起来"糊涂"怕事。李后等人遂明里暗地攻击元侃，谋立元佐。太宗至此似乎也有所动摇，甚至一度想要罢免维护元侃的吕端，只是因病重而没有实施。不过元佐本人早已看破功名，始终都没有介入李皇后要扶立他的活动中，太宗也在改变主意之前，便于至道三年（997）三月病逝。

太宗病笃时，李皇后和王继恩联合参知政事李昌龄、殿前都指挥使李继勋、知制诰胡旦等人欲有所图谋。吕端预先警惕，先将前来传信的王继恩监禁起来，方才入宫。没有了王继恩的宫廷武力支持，李皇后对吕端无可奈何；李皇后束手，外廷的李昌龄、胡旦等人也就无计可施。真宗既立,垂帘见群臣,被太宗誉为"大事不糊涂"的吕端此时异常谨慎,犹且立而不拜,命人将帘子卷起,上殿看清楚确系元侃后,才率群臣拜呼万岁。在吕端的尽心扶助下,元侃得以顺利即位。

寇准在被罢免参知政事后,出为邓州(今河南邓州)知州,不到一年,太宗便去世了,此次罢政也就成了寇准与太宗的永诀。太宗对于寇准,始终存有一种异乎寻常的眷顾,即便是对他人讳莫如深的立储之事,也愿意听从寇准的意见。以太宗后期围绕立储问题的复杂的政治斗争和李皇后一派强大的势力而言,如果没有寇准的支持,真宗能否被立为太子,又能否顺利即位,都将是一个疑问。从这个角度来看,一定程度上是寇准"引导"了宋王朝历史的走向。

寇准在太宗朝达到了个人政治生涯的第一次巅峰,也第一次经历了由巅峰跌落的痛苦,此时他才36岁。这一过程中,已经充分暴露出寇准性格中的缺点和作为政治家的不成熟。与寇准同榜的北宋名臣张咏对寇准曾有过评价,"寇准真宰相也","人千言而不尽者,准一言而尽。然仕太早,用太速,不及学耳"。年少成名又遽得擢用,致身通显又得君之专,使得寇准个性中褊狭、任性、使气的特点无限扩大,也使他失去了学习政治经验、提升自身修养、磨炼自身性格的时机和动力。这种性格中的锐气推动他领袖群伦,也使他容易成为他人攻击的对象,寇准一生的际遇,在太宗朝其实已经注定了。

二、左右天子为大忠:澶州建功

太宗晚年,外有契丹虎视眈眈,内部也矛盾重重。他逼死德芳、德昭和弟弟廷美,拒绝按皇后礼仪为太祖宋皇后发丧,引发皇室成员和太祖旧臣的不满；他任用亲信，架空政府，侵夺中书事权，也致使一般士大夫颇有异议；兼之水旱蝗灾接踵而至，连岁民饥，"群盗"蜂起。因此，太宗晚年的局势十分危险。真宗即位后的数年间，统治集团都以化解内外矛盾、稳定人心为要。经过七八年的休养生息，国家呈现稳定状态，民力渐苏。

（一）北敌跳梁未服，若准者，正宜用也

在这样一个以守静为要旨的大环境中，任性使气的寇准显得格格不入，真宗对他的性格心知肚明，并未急于把他召回中枢。但真宗没有忘记寇准，从他即位后寇准的仕履看，"真宗即位，迁尚书工部侍郎。咸平初，徙河阳，改同州。三年，朝京师，行次阌乡，又徙凤翔府。帝幸大名，诏赴行在所，迁刑部，权知开封府。六年，迁兵部，为三司使。"三司使在宋代号称"计相"，掌管财政大权，寇准正一步步地返回权力中枢。

寇准重返权力核心，有赖于时代的推动，契机就是北部契丹的威胁。真宗即位后，整军经武，宋朝军队展现出焕然一新的面貌。这一变化给边境对面的契丹带来巨大压力，据当时从契丹投奔宋朝的人说，"国中（契丹）畏陛下（真宗）神武，本朝雄富，常惧一旦举兵复幽州，故深入为寇"。契丹方面担心宋朝再次举兵进攻幽云地区，因此计划先发制人，掌握主动。咸平六年（1003），宋朝北部边境的形势已经是"山雨欲来风满楼"，辽军即将大举南下的消息不断传来，宋朝也加紧战备御敌。当此多事之秋，首相李沆偏偏又于景德元年（1004）七月病逝。外有强敌，内无宰相，真宗面对日益紧急的边奏，甚至连吃饭的时间都没有，在这种情况下，他想起"临事明敏"的寇准。

真宗对寇准刚强任性的性格心存疑虑，因此在任用寇准之前，他首先任命翰林侍读学士、兵部侍郎毕士安为参知政事。毕士安是

真宗的潜邸旧臣，为人宽厚，深得真宗信任，任命他为执政，意在对寇准进行一定的制衡，以毕士安的宽厚，化解寇准的偏执。毕士安得到任命后入谢，真宗对他说，不久就将任命你为宰相，紧跟着又问："谁可与卿同进者？"毕士安当然明白真宗的用意，马上推荐了寇准："准天资忠义，能断大事，臣所不如。"真宗把他的顾虑和盘托出："闻准刚，使气，奈何？"毕士安开解真宗说："准忘身徇国，秉道疾邪，故不为流俗所喜。今天下之民，虽蒙休德，涵养安佚，而北敌跳梁未服，若准者，正宜用也。"毕士安的话打消了真宗的顾虑，不久，毕士安与寇准同时拜相，寇准在时隔八年之后，再次登上权力巅峰。

（二）左右天子，有澶州之幸

寇准拜相后，真宗的压力终于得到缓解，每得边奏，必令先送中书。寇准也积极备战，他的同年好友张咏、向敏中、马亮、边肃、张秉等人，分别扼守成都、长安、金陵、邢州（今河北邢台）和澶州等要地，做好了应对契丹入侵的准备。

景德元年九月，契丹纠集兵马，大举南下，绕过河北边境诸城，长驱深入，"围瀛州，直犯贝、魏，中外震骇"。面对来势汹汹的契丹军队，北宋朝堂议论纷纷。胆小怕事的参知政事王钦若和签书枢密院事陈尧叟主张迁都，王钦若是江南人，倡议迁都金陵；陈尧叟是四川人，主张迁都成都。真宗以之询问寇准，王钦若、陈尧叟也都在场，寇准明知是二人的建议，但假作不知，回答说："谁为陛下画此策者，罪可斩也！今天子神武，而将帅协和。若车驾亲征，则敌自当遁去。不然，则出奇以挠其谋，坚守以老其众。劳逸之势，我得胜算矣。奈何欲委弃宗社，远之楚、蜀耶？"

有寇准的力主和毕士安的支持，真宗于当年十一月御驾亲征。亲征途中，边情日急，而宋朝调动的大军久久不至，真宗再度动摇。真宗身边的宦官劝他速还京师，真宗召来寇准问道："南巡何如？"寇准坚定地说："群臣怯懦无知，不异于乡老妇人之言。今寇已迫近，四方危心。陛下惟可进尺，不可退寸。河北诸军，日夜望銮舆至，士气当百倍。若回辇数步，则万众瓦解。敌乘其势，金陵亦不可得而至矣。"

虽有寇准鼓励，但真宗意犹未决。寇准又找到殿前都指挥使高琼一同面见真宗，对真宗说："陛下不以臣言为然，盍试问琼等？"高琼支持寇准，说道："随驾军士父母妻子尽在京师，必不肯弃而南行，中道即亡去耳。愿陛下亟幸澶州，臣等效死，敌不难破。"寇准又上言："机会不可失，宜趋驾。"真宗内心仍未能决断，扭头看向侍立于侧的带御器械王应昌，王应昌遂说："陛下奉将天讨，所向必克。若逗留不进，恐敌势益张。或且驻跸河南，发诏督王超等进军，寇当自退矣。"真宗这才下定决心进军澶州。

澶州地跨黄河两岸，分南北两部分。契丹陈兵北城之下，所以真宗到达南城后，不愿过河到北城去。当时宋朝驻守军队都在北城，真宗如果不到北城去，士兵见不到他，也就失去了亲征的意义，寇准再次找来高琼帮忙。寇准说："今渡河，则河北不劳力而定；不渡则虏日益炽，人心不敢自固。虽有智者，不能善其后矣。"高琼在旁大呼："陛下听寇准语，准所言是也。""陛下若不幸北城，百姓如丧考妣。"侍立于侧的签书枢密院事冯拯附和真宗，开口斥责高琼无礼，高琼当即反驳："君以文章致位两府，今敌骑充斥如此，犹责琼无礼，君何不赋一诗咏退敌骑耶？"

在寇准和高琼推动下，真宗渡河来到北城，登上城楼检阅诸军。宋朝将士望到真宗的黄罗伞盖，群情振奋，"皆呼万岁，声震原野，勇气百倍"。此后，真宗把所有事都推给了寇准，这也正符合寇准独断专权的作风，他临阵掌兵，"号令明肃，士卒喜悦"。可真宗终究还是放心不下，常派人窥探寇准的动静，寇准每日饮酒谈笑，就寝则鼾声如雷，真宗得知以后也放松下来。

（三）定盟澶渊，开百年太平

随着战争的进行，势头逐渐倒向宋军。宋军以逸待劳，兵精粮足，真宗御驾亲征，使军队士气大振；而辽军长途跋涉，沿途并未取得什么战果，甚至可以说是到处碰壁，已成疲惫之师。真宗抵达澶州后不久，辽军统军萧挞览外出督战，被宋军以床子弩发矢，正中额头，伤重不治。辽军临阵折将，士气大落，于是与宋朝商议求和。寇准本欲借此时机，逼迫辽朝归还幽云地区，长久地解决北部边境的防御问题，但消极的真宗只想早日结束战事，又有人诬陷寇准拥兵自重，无奈之下，寇准只得同意讲和。

辽朝虽然在战场上不占优势，却提出了非常苛刻的议和条件，要求宋朝割让战略意义重大的关南之地①。可以给钱但不可割地，这是宋真宗坚守的原则。几番往复之后，辽朝不再坚持索要关南，真宗对议和使者曹利用交代了岁币的底线："百万以下皆可许也。"曹利用出使前，寇准把他叫去说："虽有敕旨，汝往所许，毋得过三十万。过三十万，勿来见准，准将斩汝。"曹利用至辽营后，果然以银、绢三十万两、匹达成和议，即历史上著名的"澶渊之盟"。

从北宋历史的发展来看，澶渊之盟是一个非常重要的关键节点。经过太祖、太宗两位创业之主的南征北战，宋朝基本恢复了唐朝中原地区的版图，唯有幽云地区孤悬契丹；辽朝方面，同样对后周时期丢掉的关南地区耿耿于怀。由于这些领土争端的存在，宋、辽两国一直征伐不断。澶渊之盟规定了宋、辽的边界，两国约为兄弟之国，宋朝不再提收复幽云，辽朝也不再索要关南之地。它结

---

① 关南之地，北宋时指瓦桥、益津、淤口三关以南的地区，约相当于今河北省白洋淀以东的大清河流域以南至河间市一带。后周显德六年（959），从契丹手中收复。

束了两国之间长期的征战，使宋朝可以无后顾之忧地进入王朝的承平期，是一个具有标志性意义的大事。正因如此，真宗才在盟约达成之后，将两国誓书诏谕各地百姓，同时举行一系列祭天、祭祖典礼，告慰祖先。

盟约的达成，自然不是轻而易举的，寇准继协助太宗"定策"后，再一次在历史转折的关键节点发挥了关键作用。寇准的后辈范仲淹赞叹说："寇莱公当国，真宗有澶渊之幸，而能左右天子，如山不动，却戎狄，保宗社，天下谓之大忠。"王安石也写诗叹曰："欢盟从此至今日，丞相莱公功第一。"寇准临危受命，不负"中外以太平责焉"的期望，写下了从政生涯中最辉煌的一页，也为大宋王朝开创了一百多年的和平局面，将近一百年后，北宋官员陈瓘评价："当时若无寇准，天下分为南北矣。"

三、专制自矜，宦海浮沉

历史人物在历史演进过程中的作用，与他作为"当事人"在现实生活中的表现，往往存在偏差。澶渊之役使寇准的权力与威望达到了巅峰，不但寇准本人颇以其功自矜，真宗也因此而"待准极厚"。可在表面上的荣耀背后，回到冰冷的政治生活中，寇准性格上的缺点再次显露无遗。

（一）"过求虚誉，无大臣体，罢其重柄，庶保终吉也"

寇准为人专制自矜，危难时刻固然可以力挽狂澜，承平时期也易授人口实。他做宰相大权独揽，本来不应由宰相插手的御史的任用，他也要过问。"准在中书，喜用寒俊，每御史阙，辄取敢言之士。"他以"进贤退不肖"为己任，不愿遵守惯例论资排辈，对吏人送上的例簿不屑一顾。寇准本人认为这是不拘一格为国家选用贤才，可在其他人看来，却难免有擅权之嫌。

导致寇准再次从权力巅峰跌落的，是与寇准屡有龃龉的王钦若。王钦若在真宗为太子时帮助他澄清了太宗的猜疑，是真宗极为信任的宠臣。史书中说："钦若善迎人主意，上望见辄喜。每拜一官，中谢日辄问曰：'除此官且可意否？'其宠遇如此。"寇准向来不喜欢王钦若，澶渊之役中把他调到形势凶险的前线天雄军（今河北大名）。王钦若到任后，只见契丹军兵漫山遍野，无以为计，只好屯塞四门，终日危坐，心中把寇准恨到极致。后来兵罢还朝，王钦若识时务地自请辞去参知政事的职务。寇准却还要羞辱一下王钦若，真宗特意为王钦若设置了资政殿学士一职，但职务的高低要由宰执们商定，寇准"定其班在翰林学士之下"。王钦若此前以翰林学士升任参知政事，解职后却被排班在以前的官职之下，等于被降级了，这令他心中备感羞耻，与寇准的矛盾又加深一层。

借助与真宗超乎常人的密切关系，王钦若开始诋毁寇准在真宗心目中的形象。一天朝会，寇准先行告退，真宗目送他离开。王钦若趁机问道："陛下敬畏寇准，为其有社稷功耶？"真宗点头称是，王钦若接着说："臣不意陛下出此言。澶渊之役，陛下不以为耻，而谓准有社稷功，何也？"真宗愕然，忙问其故。王钦若答道："城下之盟，虽春秋时小国犹耻之。今以万乘之贵，而为澶渊之举，是盟于城下也，其何耻如之！"真宗于是愀然不悦。寇准危难之时"左右天子"之举，被世人视为"大忠"，却被王钦若攻击为"无爱君之心"，他说："陛下闻博乎？博者输钱欲尽，乃罄所有出之，谓之孤注。陛下，寇准之孤注也。斯亦危矣。"

王钦若的话句句像针一样刺到真宗心上，从根本上瓦解了寇准倚以为傲的政治资本，破坏了真宗对寇准的印象。寇准平素专权自任的做派，已经使"同列忌之"，又失去了真宗的信任，他的罢相已近在眼前。景德三年（1006）二月，寇准罢相，随后出知陕州。真宗对继任的王旦说："寇准以国家爵赏过求虚誉，无大臣体，罢其重柄，庶保终吉也。"半年之后，真宗还对人说及寇准的种种不是，"寇准之居相位，多致人言"。曾被寇准压制的冯拯落井下石，附和道："吕蒙正尝云，准轻脱，好取声誉，不可不察。"

（二）率性而行，到处树敌

寇准在陕西，不理政事，终日宴游。这一方面是沿袭下来的传统，"旧相出镇者，多不以吏事为意"，另一方面也与寇准政治失意后的精神状态有关。他在《醉题》诗中写道："榴花满瓮拨寒醅，痛饮能令百恨开。大抵天真有高趣，腾腾须入醉乡来。"仕宦生涯的挫折使他深受打击，只能以醉酒来排遣。他的内心应该是矛盾的，一方面似乎有看破名利、退居山林之心，"自古名高众毁归，又应身退是知机"；另一方面却又不甘就此老于山林，"魂梦不知关塞外，有时犹得到金銮"。

寇准蛰伏陕西，庙堂之上并没有就此安静下来，反而纷纷然掀起了"天书封祀"的闹剧。宋朝政治的一大特点，就是内政始终处于外交的压力之下，这一点在真宗朝表现得极为明显，"天书封祀"的直接诱因就是"澶渊之盟"。王钦若以"城下之盟"来诋毁寇准，也连带毁掉了真宗建不世之功的美梦，真宗因此怏怏不乐。王钦若倡导只有至泰山行封禅大典，才能"振服四海，夸示戎狄"。自古只有真命天子才能到泰山封禅，在真宗看来，这一举动足以证明自己是上承天命的正统。因此数年之间，陆续上演了"天书降神""东封泰山""建玉清昭应宫""西祀汾阴"等一幕幕闹剧，举朝上下皆知是自欺欺人，却又不能自已，"一国君臣如病狂然"。

寇准并不相信所谓天书之类的把戏，可他却利用庆典的机会，提醒人们他的存在。真宗东封泰山、西祀汾阴，寇准都上表请求同行，目的就是借机接近皇帝，探听朝中虚实。果然，中央政府内部日益激烈的政争，给寇准重返中央提供了机会。大中祥符五年（1012），宰相王旦与王钦若之间的斗争走向白热化，王旦想方设法阻止王钦若拜相，王钦若则借助真宗的信任中伤王旦。王旦健康欠佳，身边又乏人相助，想起同年寇准。大中祥符六年（1013）十二月，真宗出幸亳州，寇准受命为权东京留守，回到天子脚下。次年六月，王旦借王钦若与枢密副使马知节的争执，一举打垮王钦若。真宗将枢密院三位长官王钦若、陈尧叟、马知节尽行罢免，在王旦的力荐下，任命寇准为枢密使、同平章事。寇准成为与宰相分庭抗礼的"枢相"，再次返回中央政坛。

寇准与王旦既有同年之谊，又有引荐之义，本应同心协力，可寇准却率性而行，给王旦平添了许多麻烦。一次，中书送往枢密院的文件不合规矩，寇准得知以后，立即到真宗处告了一状。真宗把王旦召来责问："中书行事如此，施之四方，奚所取则？"王旦只得拜谢："此实臣等过也。"看到一件小事引起如此严重的后果，枢密院吏人非常惶恐，对寇准说："中书、枢密院日有相干，旧例只令诸房改易，不期奏白，而使宰相谢罪。"不久，枢密院送中书文件也违反了体例，中书吏人高兴地把文书呈递给王旦，希望王旦以其人之道还治其人之身。王旦却令吏人直接将文书退还枢密院改写，没有奏报真宗。寇准惭愧不已，次日见到王旦后谢罪道："王同年大度如此耶！"

寇准不甘居人下，可能也有取代王旦的想法，他屡次在真宗面前说王旦的坏话，而王旦一味地称赞他。真宗对王旦说："卿虽称其美，彼专谈卿恶。"王旦回答："理固当然。臣在相位久，政事阙失必多。准对陛下无所隐，益见其忠直，此臣所以重准也。"在才华和魄力上，王旦或许不如寇准，但说到胸怀和气度，寇准却远远比不上王旦。

与王旦的摩擦毕竟是小事,与王钦若一伙的斗争才是真正的敌我之争。王钦若虽已被罢免,其党羽却仍遍布朝内,三司使林特便是其中之一。寇准数次与林特发生忿争,因为河北纳绢之事而弹劾林特。林特正得宠于真宗,碍于寇准面子,真宗勉强同意了寇准的弹劾,但随即便赦免了林特。寇准见状,又以三司未能及时发放军士置装费用而再次发难。真宗大怒,对王旦说:"准年高,屡更事,朕意其必能改前非,今观所为,似更甚于畴昔。"事已至此,王旦也保不住他的老同年,只得安抚真宗:"准好人怀惠,又欲人畏威,皆大臣所当避。而准乃以为己任,此其所短也。非至仁之主,孰能全之?"

寇准本人得知将被罢任,希望能成为地位较高的使相,便托人把这个意思转达给王旦。王旦拒绝说,使相怎么可以自己要求呢,并表示不接受私下请托。寇准得到回信后"深恨之"。虽然回绝了寇准,可当真宗问起应该授寇准何官时,王旦却说:"准未三十,已蒙先帝擢置二府,且有才望,若与使相,令处方面,其风采亦足为朝廷之光也。"寇准得偿所愿,入谢时痛哭流涕:"非陛下知臣,何以至是!"真宗告诉他,都是因为王旦的举荐。寇准既惭愧又感叹,对人说:"王同年器识,非准所可测也。"寇准这次重返中枢,只坚持了不到一年。

四、危身奉上,佐国遭忧

寇准被罢免的同时,王钦若又被召回,再任枢密使。王旦倾尽余生的力量,阻止王钦若势力的进一步膨胀。以王钦若的资历,本来早已可以拜相,真宗也有此意,可由于王旦的反对而迟迟未能实现。不过，到了天禧元年（1017），王旦已经心力交瘁。当年八月，王钦若终于登上相位，九月，王旦病逝。

（一）迎难而上，再回中枢

王旦病重时，真宗问以后事："卿万一有不讳，使朕以天下事付之谁乎？"王旦并未贸然举荐，答以"知臣莫若君"。真宗一一列举大臣的名字，但王旦都没有表态。真宗最后说："试以卿意言之。"王旦这才坦言："以臣之愚，莫如寇准。"真宗对寇准仍心怀芥蒂："准性刚褊，卿更思其次。"王旦固执地坚持："他人，臣所不知也。"王旦对寇准的节操和能力应该是真心推许的，他或许希望寇准能够在他之后继续与王钦若一伙斗争，可是身后的政局，已经不是他能预料和掌控的了，寇准也只能继续"终年深隐养天机"，等待机会。

天禧三年（1019），寇准所在的永兴军（治所在今陕西西安）内有个叫朱能的巡检，与内侍周怀政暗中联系，诈称发现了天书。寇准的女婿王曙与周怀政相善，多次劝寇准向真宗上奏。寇准既不甘寂寞，也有点清除"朝中奸佞"的使命感，于是依言而行。此前的天书封禅劳民伤财，人心已倦，所以这次天书一降，"中外咸识其诈"，可唯独真宗对天书事件深信不疑。当年四月，真宗迎导天书入禁中，寇准随后也回到京城。

寇准靠伪造天书而还朝，被后人视为其政治生涯的一个污点，欧阳修就讥讽他"老不知退"。但从种种迹象来看，寇准此次还朝，很可能是由真宗一手策划的。整个天书事件过程中，有着诸多疑点。此前的天书或降于京城，或降于泰山，为什么此次"恰好"在寇准所在的永兴军出现？朱能只是一个地位卑微的地方巡检，如何能攀附上远在京城且"权任尤盛"的入内副都知周怀政？天书事件没有给周怀政带来任何好处，他为什么要参与其中？大中祥符年间，真宗已明知天书实为"人道设教"，此次天书人人都明知为骗局，为什么"上独不疑"？他的目的是什么？这诸多疑问，都指向同一个解释，即此次"天书事件"是由真宗背后主持、周怀政居中联络实施的，事件的最终目的就是把寇准调回朝廷。

真宗之所以如此大费周折，是由于当时政治局势的复杂，他已不能再随心所欲地行使手中的皇权。王旦去世后，真宗的身体健康也每况愈下，后宫刘皇后越来越多地参预朝堂政事，联络大臣，培植安排势力。甚至真宗素所倚信的王钦若，也与刘皇后勾结。真宗仅有一子，尚未成年，他一方面眼看着皇权逐渐旁落，日益不满且心有不甘；另一方面也忧虑自己百年之后，幼子能否顺利即位，为患唐室的"武韦之祸"是否会再度上演。寇准为人虽褊狭，但忠心公亮、明敏善断却是众所公认的，因此真宗想把寇准召回朝廷，阻止刘后专权，辅佐儿子顺利即位。可是刘后对寇准心存忌恨。刘氏出身寒微，当年被册封为后时，寇准等一干大臣坚决反对，王钦若也与寇准有宿怨，二人当然不愿让寇准再回中央。由于二人的阻挠，真宗才绕了如此大的一个圈子。

鉴于朝中政治斗争的复杂，寇准此次还朝，其前路之凶险可想而知。寇准启程赴京前，已有门生劝他不要去蹚浑水，给他设计了上、中、下三策：上策是在途中称病，不要进京，请求外放为地方官，远离朝中是非；中策是入朝以后，主动承认天书为诈妄之事，犹可保全一生名节；下策才是入朝为相。可是寇准已预知此行的政治使命，当然不会半途而废。

（二）行事粗疏，功亏一篑

寇准五月抵达京城，六月王钦若就因贪赃而被罢免，寇准取而代之成为宰相。与寇准拜相同一天，丁谓被任命为参知政事，后转任枢密使。丁谓早年颇得寇准赏识，寇准还专门向时为宰相的李沉推荐他，可后来丁谓投向王钦若，大造天书，寇准即与丁谓决裂。丁谓为人阴险，表面上刻意讨好寇准，甚至在一次聚会时替寇准拂拭被菜羹弄脏的胡须，可寇准却当众奚落他说："参政，国之大臣，乃为官长拂须耶？"丁谓于是彻底倒向刘后一方，一意对付寇准。

这样，朝中权力结构渐趋明朗，一方以寇准为首、以真宗为后盾，包括同为宰相的向敏中、参知政事李迪、同知枢密院事周起、签书枢密院事曹玮和翰林学士杨亿；另一方则是以丁谓为首、以刘皇后为倚靠的后党，包括枢密使曹利用、同知枢密院事任中正和翰林学士钱惟演。以实力对比而言，尽管刘皇后权势增大，但寇准、向敏中二人占据相位，力量上亦足以抗衡。不幸的是，向敏中于天禧四年（1020）三月病逝，寇准一方实力大损，一些大臣见风使舵，倒向丁谓阵营，胜利的天平开始向丁谓一方倾斜。

天禧四年仲春，真宗病势加重，寇准单独面奏，请求让太子监国。寇准的计划是，太子监国，必定由他和身兼太子宾客的李迪辅政，他就可以借助太子的名义来制衡刘皇后一党。在得到真宗首肯之后，寇准令杨亿起草诏命。可这样一件隐秘之事，却由于寇准的大意而功亏一篑。寇准酒后忘情，失言泄露了机密，被丁谓的党羽听到，丁谓慌慌忙忙地半夜乘牛车前往曹利用家中商量对策。此后，丁谓等人入见真宗，揭发寇准密谋政变，力请罢免寇准。史书中称真宗"病昏"，不记得曾与寇准有过约定，因此答应了丁谓等人的要求。所谓"病昏"，恐怕只是史家为真宗找的借口。真宗以病重之躯，独处深宫，面对着刘皇后、丁谓一伙的包围，身边无人相助，实已无力抵抗。

丁谓当场召来钱惟演，撰写罢免寇准的诏书。真宗尽管已无力回天，还是尽可能地维护寇准，把他留在了朝廷。钱惟演提出，寇准罢任后中书只有李迪一人，应该再任命一位宰相，想要乘机将丁谓推上相位，可是真宗并没有同意。真宗的态度模棱两可，寇准又在旁伺机而动，这些都令丁谓集团不安，加强了对寇准的攻势。然而真宗虽被迫任命丁谓为首相、曹利用为枢相，但始终"待寇准者犹如故"，不同意将寇准外放。

最终导致寇准被远贬的是周怀政。寇准罢相后，周怀政忧惧不已，竟然制定了一个政变的阴谋。他计划刺杀丁谓等人，复以寇准为相，奉真宗为太上皇，传位太子，并废掉刘皇后。这样复杂的一项计划，显然并不是一个内臣所能实施的，他只能和几个宦官商量，并召客省使杨崇勋相助。结果，杨崇勋向丁谓告发了周怀政的阴谋。周怀政被杀，寇准虽然并不知情，也不免受到牵连，终于被贬出朝廷，降授太常卿、知相州（今河南安阳）。寇准一派的周起、曹玮等人也相继被罢政。

寇准的垮台，使刘皇后为首的后党占据了优势，朝中虽仍有人不依附于他们，但已很难动摇刘皇后的地位。乾兴元年（1022）二月十九日，久病的真宗驾崩于延庆殿。他的儿子，年仅13岁的赵祯继承了皇位，是为仁宗。只不过他虽然继承了皇位，皇权却仍然掌握在垂帘听政的刘后手中。史书记载，仁宗一举一动，都由刘后亲自调护。即便只是暂时离开左右，刘后也必遣人询问仁宗的状况。仁宗身边的服侍之人，都由刘后精心挑选，日夜教导仁宗恭恪之道。这既可以说是关爱，也未尝不是控制。

作为失败者的寇准，被贬到相州后，又徙往安州，再贬道州司马。寇准的这些遭遇，都非真宗本意。相传，寇准被贬岁余，真宗忽然问左右："吾目中久不见寇准，何也？"左右皆不知如何应对。真宗去世后，寇准又被贬为远在岭南烟瘴之地的雷州司户。第二年，寇准在雷州溘然长逝，享年62岁。

随着仁宗逐渐长大，他对贪恋权位、不思归政的刘太后的不满情绪也日渐增加。刘太后终于在明道二年（1033）去世，仁宗即位十年以后才得以真正掌握了皇权。他没有忘记寇准当年推动自己亲政的努力，为寇准赐谥为"忠愍"，又亲笔为寇准墓碑撰写了"旌忠"二字。根据宋朝谥法，"危身奉上曰忠"，"佐国遭忧曰愍"。寇准的功绩和冤屈，终于得到认可和洗雪。

结　　语

中国古代史书中的人物，往往让人感觉千篇一律，或为正襟危坐、行为世范的谦谦君子，或为蝇营狗苟、寡廉鲜耻的小人，缺乏个性和生气。可是在这些脸谱化的人物之中，寇准却是一个敢言敢做、有血有肉、个性鲜明的异类。寇准是一个长处与缺点同样明显、不加掩饰的率真之人，在每个人都努力以各种各样的面具将自己的真面目遮掩起来的名利场，这样的个性尤其让人觉得可贵。

寇准异于常人的才能是得到时人认可的，他19岁登进士第，不到30岁便置身二府，这是很多同时代的人不敢想象的。寇准的才能表现在"临事"方面，无论多么错综复杂的乱象，他都能迅速理清头绪，同榜的张咏称赞他"人千言而不尽者，准一言而尽"；宋太宗夸奖他"临事明敏"；毕士安也推许他"能断大事"。正因如此，每当面对重大难题，人们都会想起寇准，寇准也总不会让人失望。对他来说，最理想的角色，就是如同在澶渊之役中一样，坐镇帐中，指挥若定。

可现实总是比理想情势要复杂得多，个中原因就在于人的复杂性，偏偏寇准最大的短处就在于"临人"。寇准的性格中有一种锐气，做事时这种锐气驱使他全力以赴，临人时则使他率性恣肆，忽视他人感受，招致了很多麻烦。宋代庙论主于安静，同时有鉴于唐代士人的浮薄奔竞之风，对官员的品格更是以温和、持重相尚。

寇准的同年李沆和王旦，都是这方面的典范，李沆被宋人称为"圣相"，王旦是"平世之良相"。相比之下，寇准充满棱角的性格更显得与环境格格不入，在政坛屡遭挫折。

抛却寇准的个人际遇，他的政治活动跨越太宗、真宗两朝，太宗为创业之主，真宗是守成之君，实际上是两个不同的时代。寇准作为宋朝培养起来的第一代士大夫的代表，其行为为后世提供了一个准则。他敢于拉住太宗的衣角，强令其复坐，也敢于挑战皇权，"左右天子"。其过激的行为固然存有争议，但其中蕴含的担当意识，却是为当时乃至其后的士大夫们所公认的。毕士安赞他"天资忠义"，"忘身徇国，秉道疾邪"；张咏赞叹"面折廷争，素有风采，无如寇公"。寇准给后人树立了一个典范，在他以后，包拯与仁宗因用人而发生争执，"音吐愤激，唾溅帝面"，仁宗也只得忍让；王安石与神宗论事"辞色皆厉"，一定要神宗服软才罢休，神宗"辄改容为之欣纳"。正因为有类似寇准这样的榜样为先驱，后代士大夫才能够理直气壮地说出"（皇帝）为与士大夫治天下"的豪言，也才能够产生"以天下为己任"的担当。从这个角度来说，寇准的行为，对宋代独具特色的士大夫政治的形成产生了极大影响。

寇准突出的政治才能，总能够使帝王在遇到难题时想起他。因为寇准的坚持和维护，真宗才得以顺利地继承皇位。真宗时期，在刚刚稳定的国家因为契丹的入侵而面临生死存亡时，又是寇准指挥若定，使国家渡过了危机，推动宋朝平安地度过历史的拐点。试想如果没有寇准，真宗在王钦若、陈尧叟等人的劝说下南逃，宋朝的命运，乃至整个中国历史的发展，可能都不是现在看到的样子。到真宗末年，面临着"武韦之祸"的潜在威胁，真宗又想起寇准曾经对自己的保佑之功，利用又一次"天书事件"，他成功地把寇准召回朝廷，却没想到也把寇准推向了万劫不复的深渊。寇准此前的仕宦生涯已经清楚地表明，错综复杂的人际关系，周密慎重的政治规划，正是行事粗疏的寇准最不擅长的。太宗末年他就因此而被人设计排挤出朝廷，未及看到真宗亲政；澶渊之盟后也很快就挥霍掉巨大的政治资本，出守外藩。这次也不例外，寇准很快败下阵来，身后留下宋朝第一次女主临朝的政治格局。如果寇准的行事再细密一些，真宗末年、仁宗初年的政局恐怕就会完全不同，幼主即位、强臣秉政的局面恐怕会再次出现，只是它对于宋朝历史的发展究竟是福是祸，已不是今天能够想象的了。从太宗晚年到真宗末年这一宋朝历史上重要的转折时期，几次重大的历史转折关口，都有寇准置身其间，他的才能甚至缺点都深刻地影响着历史的走向，使个人与国家的命运紧密地联系在一起。从他身上，可以透视出时代发展的脉络。

参考文献

1.王瑞来：《宰相故事：士大夫政治下的权力场》，北京：中华书局，2010年。

2.何冠环：《宋初朋党与太平兴国三年进士》，北京：中华书局，1994年。

3.刘静贞：《皇帝和他们的权力：北宋前期》，台北：稻乡出版社，1996年。

兴文抑武体制的牺牲者

狄青

狄青履历表

姓名	狄青
字号	字汉臣
籍贯与出生地	汾州西河（今山西汾阳）
家庭出身	普通农民家庭
生卒年及所处时代	1008—1057，仕仁宗朝，参与宋夏战争、平定侬智高之叛
生平履历	宝元元年（1038），以散直为延州指使，赴西北参加宋夏战事。累迁至秦州刺史、泾原路副都部署、经略招讨副使
	庆历三年（1043），水洛城事件中受牵连
	庆历四年（1044），徙真定府路部署。累迁至彰化军节度使、知延州（治所在今陕西延安）
	皇祐四年（1052），为枢密副使。五月，广南侬智高反，以宣徽南院使、荆湖北路宣抚使、提举广南东路经制贼盗事，率军出征
	皇祐五年（1053）二月，平定侬智高叛乱。迁为枢密使
	嘉祐元年（1056）八月，罢枢密使，出判陈州（今河南淮阳）
	嘉祐二年（1057）三月，卒于陈州，赠中书令，谥武襄

宋太祖建国后，对唐末五代以后失衡的文武关系进行调整，奠定了"文治"的政策导向，至太宗即位，"兴文教、抑武事"，终于形成文臣治国的局面。后人谈及宋朝，往往把它作为读书人的天堂，但矫枉过正的兴文抑武策略，也的确给国家带来了诸多不利影响，武功不竞的根源之一也就在于此。仁宗朝是兴文抑武方针落于实处的重要时期，通过名将狄青的境遇，我们尝试观察在一个由文臣主导的社会中，武将的生存空间和生存状况究竟如何。

一、以文驭武统兵体制下的功业与界限

（一）投身西北，声名鹊起

狄青，字汉臣，大中祥符元年（1008）出生于汾州西河（今山西汾阳）。当地民风犷悍，狄青自幼就崇侠尚武，王珪说他"生而风骨奇伟，善骑射，少好将帅之节，里间侠少多从之"。宋人笔记中记载狄青从军的事迹颇具传奇色彩，狄青16岁时，兄长狄素与里中恶霸打斗，将之推入水中淹死。狄青挺身而出，代兄顶罪，被逮捕黥面。宋朝军队常从罪犯中招募军士，狄青便通过这一渠道入伍从军，并因为武艺出众被抽调至中央禁军。

仁宗宝元初年，西夏元昊称帝建国，入侵宋朝西北边境，由此爆发了大规模的宋夏战争。宋廷为应付战事，选拔人才出征，狄青以低级军官的身份来到西北战场。这次战争给狄青提供了施展军事才能的机会，他在战场身先士卒，英勇杀敌，焚烧西夏积聚数万、庐舍数千，俘虏丁壮五千余人，又在战略要地修筑招安、丰林、新寨、大郎等堡寨。《宋史》记载，狄青与西夏军前后大小共二十五战，八次被流矢射中。他出征前总是在脸上戴一副铜面具，出入敌阵所向披靡，骁勇善战之名威震边塞，西夏军称之为"狄天使"。

狄青为人缜密慎重，虽武勇却不鲁莽。沈括《梦溪笔谈》记载，狄青在泾原与西夏军作战，乘胜追击数里，西夏军忽然壅遏不前，宋军推测前方必是天险，正要奋起直击，狄青却忽然鸣钲收兵。事后宋军前去查验，果然发现前面是一个深涧。将佐们都后悔没有把握机会，狄青却道，敌军逃亡途中突然掉头与我军对抗，怎知不是他们的阴谋呢？我军已经大胜，区区残兵不足为利，得之无所加重，万一中了敌人计谋，则我军存亡不可预料。沈括评价说："青之用兵，主胜而已。不求奇功，故未尝大败。计功最多，卒为名将。……临利而能戒，乃青之过人处也。"

狄青的优异表现得到了被称为河南先生的尹洙的欣赏，尹洙将之推荐给经略使韩琦、范仲淹。韩、范二人"一见奇之，待遇甚厚"，范仲淹还送给狄青一部《左氏春秋》，勉励他要文武兼备、博通古今。狄青由于屡立战功，累迁西上阁门副使、秦州刺史、泾原路副都部署、经略招讨副使，加官捧日天武四厢都指挥使、惠州团练使等。庆历二年（1042），仁宗听闻狄青之名，想要亲自召见他一睹风采，但因战事紧张，只好命人给狄青画像送到京城，由此狄青声名更盛。

（二）殃及池鱼：水洛城事件

狄青声名鹊起，得益于文臣群体如尹洙、韩琦、范仲淹等人的推荐，但也恰恰是在西北期间，他第一次与文臣群体发生了摩擦。庆历三年（1043），德顺军生户王氏家族献水洛城，陕西四路经略安抚招讨使郑戬上奏，请求在当地筑城，集聚蕃兵捍御西夏，朝廷从之。郑戬令刘沪兴工，又派著作佐郎董士廉带兵相助。然而时任陕西宣抚使的韩琦却上书要求罢修水洛城，也得到朝廷的认可。这样，围绕是否修城就存在相互矛盾的两道旨令，郑戬和韩琦之间也产生了意见分歧。庆历四年（1044）正月，韩琦还朝为枢密副使，郑戬改知永兴军，就是为了将之调离。但郑戬坚持己见，仍令刘沪、董士廉二人督役如故。知魏州尹洙和泾原路副都部署狄青都站在韩琦一边，认为修城有害无利。尹洙数次召刘沪、董士廉还城，都被二人拒绝，尹洙大怒，命狄青带兵收捕二人送至德顺军狱，欲以违抗军令的罪名斩之。已经投靠宋朝的蕃部受到惊扰，烧积聚、杀吏民为乱。朝廷派盐铁副使鱼周询前来调查，鱼周询了解情况后，支持郑戬修城的主张，朝廷遂下诏释放刘沪和董士廉，迁尹洙知庆州，水洛城继续修筑。

在此期间，朝中大臣议论纷纷，但争论的焦点却不是是否应该修城，也不是针锋相对的韩、郑等人，而是奉命行事的狄青。参知政事范仲淹认为，刘沪在边境多有战功，董士廉是京官，不能任由狄青斩杀，批评狄青是粗人，不知朝廷事理。大臣孙抗弹劾狄青不当沮败刘沪修水洛城。谏官余靖也抨击狄青公报私仇，囚禁大臣，如果刘、董二人因冒犯大将而受罚，朝廷又不能保全，则今后边臣谁肯效力？他建议朝廷诫敕狄青，如果两人中必须调离一人，则宁可调离狄青，不可调离刘沪。

事件发展到最后，已经完全偏离了最初引发争议的主题，韩琦、郑戬、尹洙等人毫发无伤，罪责完全被推到奉命而行的狄青身上。究其原因，还是因为狄青与其他诸人身份不同，韩琦、郑戬、尹洙都属文臣集团，虽有过错，也只能由狄青这个"粗人"来承担，这在一定程度上昭示了文官集团对武将的排斥。尽管如此，由于朝廷确实有停止修城的命令，狄青也只是奉命而行，加之刘、董二人确有抗命之实，因此并未继续深究狄青的责任。

（三）"奖用太过，群心未服"：以文驭武统兵体制的反弹与弊端

水洛城事件只是一个突发事件，且狄青只是被殃及，接下来围绕狄青知渭州所产生的争议，才真正触及深层的体制问题。庆历四年六月，朝廷任命狄青知渭州，引起朝中文臣的群起反对。时任右正言的余靖连上四章，述及泾原一路在整个陕西边防中的重要性，必须选才望卓著之人守御，而狄青拔自行伍，是一个粗率武人，性格"率暴鄙吝"，令其与统领西北军政的庞籍等人为伍，等

于是对庞籍等人的侮辱。余靖甚至否定狄青此前的战功，公然称狄青"名为拳勇，从未逢大敌，未立奇功，朝廷奖用太过，群心未服"，必致败事，乃至以"匹夫"称之。

余靖与狄青此前从未谋面，也不存在利益冲突，他对狄青的攻击并不是出于私人恩怨，纯粹是为了维护刚刚确立下来的"以文驭武"的统兵制度。宋太祖、宋太宗时期，一般由武臣承担统军征战或驻守地方的职责，都部署、部署、都钤辖、钤辖等统军官职由各级武将出任，文臣对驻军和军事行动无干预权，在军事行动中只能扮演辅助性角色，如供应粮饷、安抚百姓等。在"以文驭武"国策的背景下，真宗朝开始出现文臣参与指挥军队的端倪。咸平二年（999），一些文官对高级武官以都部署之职统领大军的旧制提出异议，孙何建议由文臣取代武臣统军，表明武将的军队指挥权受到执掌国政的文臣集团的抵制。"澶渊之盟"以后，随着战事的平息，武将都部署的职权开始下降，文臣以地方长吏身份兼任都部署而管辖本地驻军的现象增加，但总体来看，高级将领仍在各地统军系统中居主导地位，尤其是在河北、河东和陕西缘边地区。到仁宗朝，特别是对西夏大规模作战后，北宋地方统兵体制发生根本性变化，确定了以文臣为经略安抚使兼都部署，以武将为副职的基本原则，文臣控制了前线军队的绝对指挥权，武将沦为文臣主帅的部将。庆历二年，以韩琦、王沿、范仲淹、庞籍四人分领陕西四路都部署、经略安抚使，主持对西夏战事，狄青投身西北战线时就处于这种体制之下。

新的地方统兵体制是以确保文臣对军队的绝对控制权为核心的，这也是狄青知渭州的任命遭到文臣群体抵制的原因，事件背后反映出狄青个人官职的提升与国家体制之间爆发的冲突。仁宗时代出任方面统帅的文臣，绝大多数系科举出身，既没有沙场经历，也不熟悉兵法。宋夏战争开始前夕，通晓兵略的武将王德用主动请战,却被排挤出朝廷,正是出于文臣对他的猜忌:王德用长相酷似宋太祖,"状貌雄毅,面黑而颈以下白皙,人皆异之";同时王氏宅第位于皇宫北角外的泰宁坊,正枕在都城的乾冈①上,显然是对皇权的潜在威胁。"以文驭武"的统兵体制,将不知兵机的文臣推上军队统帅的位置,而富于战争经验的武将们却只能听命行事。文官王素知渭州兼本路经略安抚使时,武将蒋偕因遭夏军攻击前来请罪,王素"责偕使毕力自效"。部署狄青认为不妥,王素冷言回答:"偕败则总管(部署)行。总管败,素即行矣。"狄青遂"不敢复言"。

代替武将出征的文臣们大多表现无能,导致宋军在战争中的被动。夏竦作为最初对夏用兵的主帅,畏缩自守,"但阅簿书、行文移而已"。范雍守延州,被元昊用计玩弄于股掌之上,盲目调动军队疲于奔命,结果宋军在三川口遭西夏军埋伏,全军覆没。受命统辖陕西四路的韩琦、范仲淹等"儒帅",也"久而未有成功"。韩琦自承"素昧兵机,不经边任","既不能亲冒矢石,应机制变,而但激励将卒,申明赏罚,以昼继夜,实忘寝食"。所谓"激励将卒,申明赏罚",究竟有何作为呢?宋人笔记载,狄青调任定州路总管时,旧部焦用押兵路过,狄青留其叙旧。焦用手下的士兵借机向韩琦状告焦用"请给不整",韩琦便下令斩杀焦用。狄青为焦用求情道:"焦用有军功,好儿。"韩琦嗤之以鼻,答道:"东华门外以状元唱出者乃好儿,此岂得为好儿耶?"当着狄青的面杀了焦用。只凭一名士卒越级上告,就不经核实、不顾军情武断地斩杀立有军功的大将,名义上是"申明赏罚",却给军队带来长久的不利影响。康定二年(1041)好水川之战,正是由于韩琦指挥失误,倡言"大凡用兵,当先置胜败于度外",导致宋军大败。面对"亡卒父兄妻子,号于马首者几千人",范仲淹叹道:"当是时,难置胜败于度外也。"

在这些"儒将"的指挥下,元昊"叛扰累年"而宋军频频失

---

① 乾冈,居于西北方位的山冈,旧时被视为宜于营建帝王宫殿之地。

败,"一战不如一战"。徒知高论的士大夫们,又不能直面现实中的无能与失败,不能正视体制的弊端而有所救补,只能编造谎言自我吹嘘、自我麻痹。范仲淹继任范雍守延州后,传言西夏军不敢再侵犯延州,因为"今小范老子(范仲淹)腹中有数万甲兵,不比大范老子(范雍)可欺也"。宋人流传"'军中有一韩,西贼闻之心骨寒;军中有一范,西贼闻之惊破胆。'元昊闻而惧之,遂称臣"。而事实上,夏人在好水川之战后作诗讽唱:"夏竦何曾耸,韩琦未是奇。满川龙虎輩,犹自说兵机。"对宋军的轻蔑溢于言表。

体制上的弊端长久得不到救治,致使积弊越来越深。熙宁三年(1070),西夏在宋境内修筑堡垒,环庆路经略安抚使、文臣李复圭授予本路钤辖李信及刘甫、种咏等武将"阵图、方略",命令出征。李信等根据李复圭的指示与西夏军作战,大败而归。李复圭急忙收回此前交付的阵图、方略,将李信等逮捕。最终,李信、刘甫以"违节制"之罪被杀,种咏死于狱中。北宋末年,文臣张孝纯以主帅身份守卫太原,面对金军手足无措,试图投降,守城职责只能由将官王禀承担。增援太原的军事行动中,坐镇京师的知枢密院事许翰既不了解前线军情,又随意督战,"数遣使督(种)师中出战,且责以逗挠"。大将种师中被逼无奈,贸然出战,结果被金人袭击,兵败战死。文质彬彬的宋朝,在盲目自信的士大夫们的指挥下节节败退,终于在"靖康之难"中轰然倒塌。

二、木秀于林,风必摧之:兴文抑武国策下的武将们

(一)"虽古之名将何以加此":平定侬智高之战

"庆历和议"后,宋夏战事告一段落。皇祐四年(1052),

狄青被任命为枢密副使。北宋中前期，枢密院与中书门下并称"二府"，执掌文、武大政。枢密院长官原本文臣、武将参用，但从太宗开始采用更多措施打压武将后，武将在枢密院中的地位和作用逐渐下降，至仁宗朝，武职出身者在枢密院完全处于被压制的局面，其人数和任职时间都远远低于文臣，行使职权时更是碌碌无为。狄青被任命为枢密副使，再次招致文臣集团的反对，御史中丞王举正言狄青出身兵伍，恐怕引起四方轻视朝廷。左司谏贾黯乃至提出"五不可"：四裔有轻中国之心；小人闻风倾动，翕然向之，撼摇人心；朝廷大臣耻与为伍；不守祖宗成规，而自比五季衰乱之政；狄青未闻有破敌功，失驾御之术、乖劝赏之法。但仁宗已对只知夸夸其谈的文臣们在宋夏战争中的拙劣表现失望之极，仍坚持己见。仁宗召见狄青，准许狄青用药除去脸上黥文，狄青回答："陛下擢臣以功，不问门地阀阅。臣所以有今日，由此涅尔，愿留此以劝军中，不敢奉诏。"然而狄青没有想到的是，他越是这样坚持自己的出身与身份，越是为文臣士大夫所不容。

皇祐四年五月，广南西路广源少数民族首领侬智高反宋，建立大南国，攻城略地，连破横、贵、浔、龚、藤、梧、封、康、端诸州，又兵围广州，两广几为其所有。宋朝命广西经略安抚使余靖和广南安抚使孙沔率军阻击，但二人不懂军事，宋军战事不利，侬智高势力日益坐大。仁宗向宰臣征询意见，庞籍推荐狄青，狄青也上表请行："臣起行伍，非战伐无以报国，愿得番落骑数百，益以禁兵，羁贼首致阙下。"文臣刘敞不甘心让狄青单独统兵，建议派文臣从军监督。庞籍进言，此前王师之所以屡遭败绩，就是因为主将处处受到掣肘，没有号令全军的权力，手下将校自行其是。现在如果再用文臣随军监督，则狄青的号令不能下行，等于重蹈此前失利的覆辙。仁宗听从庞籍的规劝，命狄青为宣徽南院使、荆湖北路宣抚使、提举广南东路经制贼盗事，岭南诸军皆由狄青节制。

狄青统军奔赴广南，行军途中就清楚地显出与文臣的不同。他并没有驱策军队倍道而行，而是规定每天行军不超过一驿，每到一州就休息一日。立军纪、明约束，行止皆成行列，挑运粮草、设岗守备都分工明确，有专人负责。住宿不准大声喧哗，行军不得交谈打闹。每到一地，四面派兵戒备，每门皆设司使二人，不许随便出入。狄青所居四周更是陈兵数重，所将精锐列布左右。

皇祐五年（1053）正月，狄青会合孙沔和余靖，到达宾州。狄青在行军途中听到前线宋军失利的消息，下令诸将不得擅自出战。广西钤辖陈曙受余靖驱使，在狄青到达前率军与侬智高战于昆仑关，结果殿直袁用等32人临阵逃脱，军士伤亡惨重。狄青到宾州后第三天早晨，召集诸将到帅府，命陈曙等立于庭下，历数其违抗号令致遭失败之罪，将陈曙与袁用等32名将校皆推出军门斩首。孙沔、余靖大惊失色，不敢仰视。余靖离席下拜道："陈曙失律，亦靖节制之罪。"狄青回答："舍人文臣，军旅之责，非所任也。"其余诸将皆股栗，提刑祖无择回到住所后"便溺俱下"。从此以后，军中纪律明肃，再无人敢违抗狄青军令。

侬智高反宋后，交趾王李德政几次表示愿出兵入宋，联合宋军讨伐侬智高。余靖信以为真，以为交趾是善意，请求接受李德政的提议。宋廷于是下诏给缗钱2万助兵费，等侬智高平定后再赏3万，余靖也备好了粮草。然而狄青深谋远虑，看出李德政目的并不单纯，上奏道："李德政声言将步兵五万，骑一千赴援，此非情实；且假兵于外以除内寇，非我利也。以一智高横蹂二广，力不能讨，乃假蛮夷兵。蛮夷贪得忘义，因而启乱，何以御之？愿罢交趾兵勿用，且檄靖无通交趾使。"事实上，正如狄青所言，交趾出兵的真实意图并不是帮助宋朝平叛，而是"欲因此乘势以邀利"，既可除掉侬智高，又可乘势侵略宋朝领土。如果依余靖之言准许交趾军入宋，等于引狼入室。

狄青在广南再次展现出超人的军事才能，他到达前线后并未急于与侬智高交战，而是施展缓兵之计。这时已近正月十五元宵节，狄青令军营中大张灯烛，设宴款待从军将士。第一天欢饮至天明，第二天到夜里二鼓时，狄青忽然称身体不适返回营寝，令手下代其劝酒。可是一直到天色放亮，狄青都没有出来，正当众人疑惑的时候，忽然有人传报：是夜三鼓，狄青已率军夺下天险昆仑关。

夺下昆仑关后，狄青军直取邕州城东北的归仁铺，与侬智高的标牌军正面对峙。早在出军之前，狄青就已经对前线军情了如指掌，制订了完备的作战计划。曾公亮曾问狄青，侬智高的标牌军勇不可当，应如何应对。狄青回答，标牌军是步兵，以骑兵来冲击，其标牌的威力就难以施展。为此，他特意调遣陕西缘边精锐骑兵五千人，一同赴广南作战。归仁铺地势平坦，正好为骑兵往来冲突提供了条件。布阵时，狄青令步兵居前，将骑兵藏匿于后；而引诱侬智高将骁勇的标牌军置于前阵，羸弱者殿后。双方交战，狄青手执五色旗站在高处，指挥骑兵从左右两翼冲击，来回奔突，标牌军阵脚大乱。同时，宋军先锋张玉，左将贾逵，后军孙沔、余靖也率军围攻，侬智高军大败。狄青令骑兵乘胜追击，生擒五百余人，死者万计，一举歼灭了侬智高的主力，收复了邕州城。宋军入城后，发现城内有尸体身着金龙衣，众人都以为是侬智高，要上报朝廷。狄青阻止道："安知其非诈？宁失智高，敢欺朝廷耶？"事后果然传来消息，侬智高乘乱逃到了云南，后为大理所杀。

广南之战中，狄青将其卓越的军事才能发挥得淋漓尽致。曾巩后来称赞他说："青先为公亮言立军制，明赏罚，贼不可得见，标牌不能当骑兵，皆如其所料。青坐堂户上，以论数千里之处，辞约而虑明，虽古之名将何以加此，岂特一时武人崛起者乎？"这次胜利从头到尾由狄青全权指挥，作为一个案例，清楚地反衬出"以文驭武"统兵制度的荒谬，宋代史家王称评论："为将之道有三：

曰智、曰威、曰权。……盖有智矣，必俟乎权，可以施其智；有威矣，亦必俟乎权，可以奋其威。观狄青之讨智高也，可谓能施其智而奋其威，以取胜于当世者矣。然青之所以能若是者，由仁宗专任而责成之也。"正如王称所言，没有了不通兵机的文臣的牵制，狄青才得以自由地发挥其军事天才，取得最后的大胜。作为文臣代表的余靖，近距离观察到狄青表现出来的职业将领的素质与才略，真切地感受到文人纸上谈兵与优秀的职业军人之间的巨大差距，感慨地说："智高之谋，十余年间招纳亡叛，共图举事。十余月间连破十二郡，所向无前。夫岂自知，破碎奔走在于顷刻之间。乃知名将攻取，真自有体哉！"战争结束后，余靖撰《大宋平蛮碑》，为狄青歌功颂德，狄青去世后，又应其子狄谘请求撰墓志铭，对狄青倍加推崇。

（二）"朝廷疑尔"：狄青的罢任

平定侬智高之战，将狄青的功业推到顶点，也使他与兴文抑武的传统国策以及由此引发的价值观之间的冲突越发激烈。狄青获胜的消息传至京城，仁宗对宰相说："速议赏，缓则不足以劝矣。"狄青出征前已经官至枢密副使，仁宗想要再擢升他为枢密使，这又招致文官群体的集体反对。庞籍提出，太祖时大将慕容延钊、曹彬立下大功，但都没有得到枢密使的官位，狄青的功劳不及二人，若用为枢密使，则"名位极矣"，万一今后更立大功，"欲以何官赏之"？他同时指出，狄青出身行伍，任命其为枢密副使已经招来很多人议论纷纷，现在狄青立了大功，刚刚平息了众人的非议，如果再提升为枢密使，又会招致人言，不如破格提拔狄青诸子官职以为补偿。仁宗对庞籍的建议赞赏有加，称其"深合事宜，可谓深远之虑矣"。然而不久，参知政事梁适为了排挤政敌枢密使高若讷，向仁宗密奏狄青功高赏薄，"无以劝后"，又暗结内侍制造舆论，抱怨南征将帅奖赏太薄。仁宗听闻这些传言，不能无动于衷，于是又召庞籍说："平南之功，前者赏之太薄"，仍要以狄青为枢密使，乃至"声色俱厉"。庞籍提出要"退至中书商议"，仁宗道："勿往中书，只于殿门阁内议之，朕坐于此以俟。"最终，在众议纷纷的舆论环境下，狄青被擢升为枢密使。

狄青在枢密使的位置上前后共四年时间，但史书中几乎没有留下其任何活动，一些迹象表明，在普遍的"兴文抑武"背景下，狄青也只能碌碌无为、平淡度日。嘉祐元年（1056），宰执集团讨论为仁宗立储之事，却没有与枢密院长官王德用和狄青商议，王德用听说后，合掌加额曰："置此一尊菩萨何地？"有人告诉翰林学士欧阳修，欧阳修鄙视地说："老衙官何所知？"诸如王德用、狄青这样的武将，虽然备位国家二府，看似地位尊崇，但实际上却不得不忍受来自文官集团的轻蔑乃至侮辱。狄青最初担任枢密副使时，京城鄙人蔑称军人为"赤老"，时人因此戏称狄青为"赤枢"。狄青一次宴请韩琦，一个名叫刘易的低级文臣也在座。酒宴中有伎人以儒者为戏，刘易大怒，指着狄青骂道："黥卒竟敢如此"，把酒杯摔在地上不辞而去。而狄青"笑语益温"，第二天亲自登门向刘易赔罪。史书称赞狄青有容人之量，但其背后也未必不是无可奈何的隐忍。

尽管要忍受来自文官集团的鄙视，但狄青在广大士兵和普通百姓中却有着极高的声望。士兵把狄青视为英雄，百姓也为其勇武所折服，每次狄青出门，总能吸引大批人观望，以致道路壅塞。狄青的战功和他受到的拥戴刺激了文臣集团脆弱的自尊，如果武人的军功业绩成为世人崇拜的对象，无疑会威胁到宋初以来辛苦营造的"重文轻武"的社会风尚，也会触及文人辛苦获得的独尊地位和附着其上的利益，因此关于狄青的种种流言很快在社会上风传起来。有人称看见狄青家的狗长出角来；知制诰刘敞说狄青宅第到夜晚常发出奇光，与当年梁太祖朱温称帝前情景类似；又有人称看见狄青在相国寺身穿黄袍起居行止。一时间讹言四起，朝野哗然，刘敞和御史中丞吕景初不断上奏，要求将狄青逐出京城。北宋名臣范镇在其《东斋纪事》中也记载，有人为了陷害狄青，夜间高唱："汉似胡儿胡似汉，改头换面总一般，只在汾河川子畔。"因为狄青姓狄而为汉人，面有刺字不肯除去，又故乡汾河，所以用此歌来影射狄青心怀异志。

在狄青被罢免的过程中出力最大的是翰林学士欧阳修。欧阳修早年曾对狄青评价颇高，称"伏见国家兵兴以来五六年，所得边将惟狄青、种世衡二人而已，其忠勇材武，不可与张亢、滕宗谅一例待之"。但到了至和三年（1056），欧阳修连上三道奏章，要求仁宗罢免狄青。第一篇《上仁宗乞罢狄青枢密之任》堪称宋代文臣论奏武将的代表作，欧阳修在文中危言耸听，把狄青视为对北宋政权的现实威胁，刻意夸大捕风捉影之谈对狄青进行诬陷，要求仁宗"戒前世祸乱之迹"，"销患于未萌，转祸而为福"。欧阳修在文中对狄青极尽贬损之能事，称狄青"出自行伍，号为武勇"，虽"比其辈流又粗有见识"，但"尚未得古之名将一二"；又言狄青本武人出身，"不知进退"。在第一封奏疏没有得到仁宗许可后，欧阳修又以当时水灾为名，套用天人感应之说，连上两道奏章劝说仁宗罢免狄青。

欧阳修的奏疏体现并进一步强化了文臣集团对武将的轻蔑意识，他的说法成为文臣集团的主导意见，宰相文彦博劝说仁宗将狄青以两镇节度使出知外藩。狄青闻讯面见仁宗，诉说"无功而受两镇节旄，无辜而出典外藩"的委屈，仁宗亦以为然。仁宗将狄青的话转告文彦博，并且称赞"狄青忠臣"。文彦博回答："太祖岂非周世宗忠臣？但得军情，所以有陈桥之变。"这与当年赵普劝宋太祖罢免石守信、王审琦等人兵权的话如出一辙，仁宗听后默然。狄青还未得知仁宗与文彦博的此次面谈,他亲自去见文彦博自辩,文彦博直视狄青道:"无他,朝廷疑尔。"狄青听到这一露骨的回答大惊失色,"却行数步"。嘉祐元年八月,狄青罢枢密使,出判陈州(今河南淮阳),他在离行前悲楚地对人说:"青此行必死。"尽管被贬离开封,但在文彦博等人看来,心腹大患仍未完全去除。文彦博派宦官每月两次至陈州"抚问",不停对狄青实施心理打击和精神迫害,狄青每次听说朝廷使臣到来就"惊疑终日",不过半年便抑郁而终。

结　语

狄青一生的际遇,折射出武人在崇尚文治的宋代的生存空间和生存状态,也反映出宋朝立国体制的某些深层次弊端。经过宋初几代帝王"兴文抑武"的努力,社会的价值评判标准发生了根本性的转变,军功战绩不再是衡量人才高下、功业、声望的准绳,取而代之的是文学成就。韩琦面对狄青为焦用的求情,轻蔑地脱口而出:"东华门外以状元唱出者乃好儿,此岂得为好儿耶?"曾任狄青上司的文官尹洙也自负地说:"状元登第,虽将兵数十万恢复幽蓟,逐强虏于穷漠,凯歌劳还,献捷太庙,其荣亦不可及也。"终于从唐末五代"动触罗网,不知何以全生"的窘迫境况中脱身而出的文化精英们,不断地强化着文学至上的理念,巩固他们得来不易的国家治理中的主导地位。

在这种局面下,五代时期颐指气使的"武夫悍将"们不复其猛悍之气,不得不在文臣的轻蔑甚至侮辱下退缩避让,小心翼翼地仰人鼻息。宋初功业过人的大将曹彬,"位兼将相,不以等威自异",甚至在街市上与官阶较低的士大夫相遇,也主动做出退避让路的姿态,其为人所称道的居然是"仁敬和厚,在朝廷未尝敢忤旨,亦未尝言人过失"。真宗时期在西陲和河北边境颇有战功的名将马知节,任职枢密院期间与文臣王钦若、陈尧叟议事不和,王旦之子王素追忆,王旦入朝时见王钦若正"喧哗不已",马知节则在旁"涕泣"。久而久之,武将的心态发生了变化,处处表现出谦恭无能的姿态,"以仁厚清廉、雍容退让,释天子之猜疑,消相臣之倾妒"。极端情况下,他们甚至宁愿有过,但求无功,以免有"功高震主"之嫌。武将为了逃避擅权的嫌疑而与士卒保持距离,大将知道"败无可咎,胜乃自危",不惜牺牲士卒生命来保全自己,这无疑是一种病态的政治氛围。因此,狄青的遭遇不过是当时武人所面临的困境的一个缩影,随着文官集团地位的稳固,武将的生存状态越发压抑。

看尽了五代时期武将们凭借兵强马壮而易置天下的闹剧,文官集团希望永久性地消弭军权对政权的威胁,继宋初实现统兵权与调兵权分离、兵将分离之后,他们继续在制度上进行探索,至北宋中期形成以文臣为主帅、武将为部将的统兵体制。狄青至西北参加宋夏战争时,就身处这样的体制下。大量不知兵机的文臣掌握了作战指挥权,武将的命运已经不由自己掌握,如果遇到范雍这样的无能之辈,覆军杀将就是等待他们的必然结局。类似李复圭之流的文官,尚且敢于充满自信地授予武将阵图、方略,失利之后又不惮于推诿塞责,无怪乎宋军对外作战屡遭挫折。饱含自尊的士大夫们面对着军事上的不断失利,又不甘心放弃已经到手的地位与特权,只能以自我吹嘘而自欺欺人,幻想着战场上的敌人在自己的智谋韬略下望风而降,但幻想终究难以弥补现实的残酷,体制上的积弊也一天天地丧失了救治的良机。

狄青的经历显示,远在前线的武将们想要获得升迁,必须经由文臣统帅的提携。然而与其说这是文臣对武将的认可,毋宁说是一种充满优越感的居高临下的施舍。施舍永远是有限的，文臣已经为武将的活动范围划定了清晰的界限，在文臣掌控的界限之内，甘心居于从属的武将可以加官晋爵；而一旦他们超越界限，与文臣分庭抗礼，立刻会招致文臣群起而攻之。这种界限经由国家制度的强化上升为国家意志，文官群体仍然在不断地收紧缰绳，武将的生存空间愈发逼仄。从枢密院的人选来看，经过太宗、真宗两朝，文臣逐渐掌握了枢密院的支配权，武官被弱化为陪位的角色，仁宗时期，武职出身者在枢密院已完全处于被压倒的局面。元昊自立，仁宗召枢密院长官询问边备，诸人竟然都无言以对，仁宗愤而将枢密院长官四人尽皆罢免。或许是出于对其他大臣的失望，仁宗对狄青的信任是发自内心的，但即便是他也难以扭转整个文官集团的意志，如狄青这样的良将，仍然难免沦为摆设。从仁宗嘉祐元年罢去狄青、王德用枢密使之职后，一直到北宋覆灭，枢密院几乎成为清一色的文臣衙门，在70余年的时间里，只有郭逵和种师道两位武将居中任过职。郭逵在英宗治平时任签书枢密院事一年多，大部分时间以陕西四路宣抚使的身份出镇在外；种师道在金军大举攻宋时，被授予同知枢密院事的官职，率军解围，显然也是挂名虚衔。也就是说，在相当长的时间内，作为国家最高军事机构的枢密院，居然完全没有富有军事经验的武将参与其中。

  狄青在其仕宦生涯中，大体上与文官集团维持了比较融洽的关系，最初在陕西得到尹洙的推荐，韩琦、范仲淹的赏识，其后又有余靖为其撰写《大宋平蛮碑》。从狄青生前和身后士大夫集团对他的评价来看，文官集团对他的功业整体而言是予以认可的。因此，包括余靖、欧阳修等人对他的污蔑乃至谩骂，并非出于私人恩怨，而是出于维护文官集团对国家领导权的独占的需要，是维系以文抑武的国家体制的必需。狄青的功业越盛，官职地位越高，对文官集团的威胁就越大，与国家体制之间的冲突就越激烈，正如欧阳修所说："武臣掌国机密而得军情，岂是国家之利？"狄青存在的意义，已经超出了其个体的范畴；罢免狄青的意义，也不限于个人得失。正因如此，我们看到，在士大夫集体攻击狄青时，尹洙、余靖等与他关系密切的文官们并没有为他发声。站在整个文官集团、国家体制的对立面，狄青的悲剧性结局无法避免，他的遭遇反衬出体制的冰冷和身处其中的人们的冷酷。

然而就长远的历史发展趋势而言，狄青并不是唯一的失败者，文臣对从中枢决策机关至地方统兵体系的独占，最终给宋王朝带来恶劣的影响，王夫之评论说："中枢之地，无一策之可筹。仅一王德用之拥虚名，而以'貌类艺祖，宅枕乾冈'之邪说摇动之，而不安于位。狄青初起，抑弗能乘其朝气，任以专征，不得已而委之。文臣匪特夏竦、范雍之不足有为也，韩、范二公，忧国有情，谋国有志，而韬钤之说未娴，将士之情未浃，纵之而弛，操之而烦，慎则失时，勇则失算。"当面对金人的虎狼之师时，不知兵机的文臣统兵者们犹如待宰之羔羊，相对于个人而言无可撼动的体制，终究无法抵挡历史的车轮。

参考文献

1. 陈峰：《北宋武将群体与相关问题研究》，北京：中华书局，2004年。

2. 陈峰、张明：《从名将狄青的遭遇看北宋中叶武将的境况》，《中州学刊》，2000年第4期。

3. 罗家祥：《欧阳修与狄青之死》，《学术月刊》，2008年第4期。

扫俗学之凡陋、振弊法之因循

王安石及其时代

王安石履历表

姓名	王安石
字号	字介甫,晚号半山
籍贯与出生地	江西抚州临川
家庭出身	出身于中下层官僚之家,父辈多于江南为官。父亲王益,历任建安主簿、临江军判官、江宁府通判等职。母亲吴氏,临川金溪大姓,好学强记
生卒年及所处时代	1021—1086,仕宋仁宗、哲宗、神宗三朝
生平履历	天禧五年(1021),出生于临川
	庆历二年(1042),考中进士,名列一甲第四名。初仕签书淮南判官
	庆历七年(1047),调任鄞县(今浙江鄞州)知县,其间的施政为日后推行变法打下了基础
	嘉祐五年(1060),上《上仁宗皇帝言事书》,明确提出改革的主张,是熙宁变法的思想先导
	嘉祐八年(1063)八月,丁母忧回到江宁(今江苏南京)
	熙宁元年(1068)四月,以翰林学士入对,上《本朝百年无事札子》
	熙宁二年(1069)二月,为参知政事,创设制置三司条例司,议行新法。六月,御史吕诲上《论王安石奸诈十事状》;七月,立淮、浙、江、湖六路均输法;九月,颁行青苗法;十一月,颁农田水利法
	熙宁三年(1070)五月,废罢制置三司条例司。十二月,王安石为同中书门下平章事。立保甲法
	熙宁四年(1071)二月,变科举法,罢诗赋及明经诸科,以经义、论、策试进士。置诸路学官,使之教导。十月,罢差役法,行募役法。立太学生三舍法
	熙宁五年(1072)三月,置市易务。五月,行教阅法、保马法。八月,颁方田均税法。十月,置熙河路

续表

生平履历	熙宁六年（1073）二月，王韶复河州（今甘肃临夏回族自治州）。三月，置经局，命王安石提举。试明经诸科。置诸路学官及刑狱检法官。四月，置律学。五月，行免行钱。六月，置军器监。颁劝课农桑法。九月，王韶连降岷、洮、宕、叠诸州，取得熙河之役胜利，十月神宗赐王安石玉带
	熙宁七年（1074）三月，行方田法。四月，郑侠上《流民图》，太皇太后、太后请罢王安石、废新法。因旱罢方田法。王安石罢知江宁府。九月，置京畿、河北、京东西路三十七将
	熙宁八年（1075）二月，以王安石同中书门下平章事。行河北户马法。六月，颁王安石《三经新义》于学官。以王安石为尚书左仆射兼门下侍郎。王安石上《诗序》，以神宗比文王。九月，王安石兼修国史。立武举绝伦法
	熙宁九年（1076）五月，置医学。六月，王安石子王雱去世，年33岁。十月，王安石罢判江宁府
	熙宁十年（1077）六月，王安石以使相为集禧观使
	元丰元年（1078），以王安石为尚书左仆射、舒国公、集禧观使
	元丰三年（1080）九月，王安石改封荆国公
	元丰七年（1084），苏轼过金陵谒王安石，二人谈论文学、研读佛经
	元丰八年（1085）三月，神宗崩，王安石撰写挽词
	元祐元年（1086）四月，王安石去世，享年66岁。司马光写信给吕公著，主张朝廷优加厚礼，苏轼撰《王安石赠太傅制》

宋代理学家程颐曾总结出"本朝超越古今者五事"，其中之一是"四圣百年"，也就是开国以后太祖、太宗、真宗、仁宗四位皇帝在位的时间加起来，就超过了100年，以此说明宋初统治的安定。然而仁宗在位期间，安定的表象背后已经累积了比较大的危机，宋初确立起来的法制不再适应时代的发展，显露出很多弊端。士大夫中因此而滋生出要求变革的思潮，范仲淹主持下的"庆历新政"应时而起。事与愿违，"庆历新政"草草收场，而北宋社会危机却依然存在并继续发展，于是在20多年后的神宗时期，又有声势更大的"熙宁变法"继之而起。在宋代乃至整个中国古代历史

上,"熙宁变法"都是一个重大的政治事件,严复先生在20世纪初曾说:"以余观之,吾国史书之中,其最宜为学者所深思审问,必得其实而求其所以然者,殆无如熙宁变法之一事。商君、王莽之所当,其致力之难,得效之不期,不如是之甚矣。"熙宁变法究竟如何改变了宋代历史的进程,又给宋代以降的中国历史发展带来了哪些影响,直到今天仍然是值得深思的问题,通过追溯变法总设计师王安石的一生,我们尝试走进那个风起云涌的时代。

一、富国强兵:新法的实施及成效

(一)"相业之权舆":鄞县施政与《上仁宗皇帝言事书》

宋仁宗庆历二年,王安石进京参加科考。考官原本评定王安石为第一,但王安石文章中有一处用到《尚书》中的典故"孺子其朋",仁宗认为王安石是借用周公告诫周成王的口吻居高临下地批评自己,命令将王安石与第四名杨寘互换。王安石对自己的期许,不是谋求一个待遇优厚的职位,而是"因吏事之力,少施其所学",利泽一方。因此他多次放弃在中央政府任官的机会,长期担任地方亲民官。

从庆历七年(1047)到皇祐二年(1050),王安石任鄞县(今浙江鄞州)知县,他把自己有关治国安民的想法尽数付诸实践,摸索和形成了一套自成体系的施政理念。他在鄞县兴修水利,浚治川渠;在灾荒时节将官府仓库中的粮食借贷给百姓,待收成时归还;兴修学校,造就人才;推行"保伍"之制,搞兵农结合。王安石对鄞县的治理非常成功,给当地百姓带来极大便利,民间长期传颂着他的事迹。鄞县施政是王安石日后推行变法的先声,"熙宁初为执政,所行之法皆本于此",举凡青苗法、保甲法、农田水利法等新法措施,均可从鄞县施政中找到雏形。

嘉祐四年(1059),王安石被召还任三司度支判官。从庆历二年登第至此,他已有十余年的地方官经历,对于民间疾苦乃至国家的种种问题,都有比较深刻的认识,形成了自己的治国理念。回朝以后,他写了一篇洋洋洒洒的《上仁宗皇帝言事书》(简称《上仁宗书》),明确提出改革的主张。他认为问题的根源在于这时的法度多不符合"先王之政",这个"先王"指的是尧、舜、禹等上古时期的先王圣贤。由此他主张改弦更张,效先王之法,行先王之政。

王安石提出,增加财政收入不应该将重点仅仅放在节流上,更重要的是开源,"因天下之力以生天下之财",然后"取天下之财以供天下之费"。他把社会财富视为一个变量,通过扩大生产和经济流通,就可以增加社会财富总量,因为财富的基础增加了,政府不用扩大税率,总的收入还是会有所提高,这就是"民不加赋而国用饶"。王安石的经济思想是超前于时代的,在同时代的其他人看来,社会财富是一个恒量,国家收入增加,就一定意味着百姓收入减少,司马光就说:"天地所生货财百物,止有此数,不在民间则在公家。"因此,20世纪末,美籍华裔学者黄仁宇在他的《中国大历史》中评价,王安石在思想上与现代人更为接近,反而与他同时代的人物疏远。

《上仁宗书》表明经过长期的基层历练和思考,王安石的政治思想已经成熟,清代袁枚评价说:"荆公《上仁宗书》,通识治体,几乎王佐之才。"文中表达的改革思想,是熙宁变法的思想先导。然而仁宗此时已步入晚年,宰相富弼和韩琦也不赞同激进的改革主张,因此王安石的奏疏如石沉大海。王安石想要致君行道,还要再耐心等待数年。

（二）"以择术为先"：熙宁初变法"国是"的议定

治平四年（1067）正月，在位仅4年的英宗去世，长子赵顼即位，即宋神宗。神宗即位时刚刚20岁，年轻而富有理想。他跟前面几位皇帝有一个显著的不同，就是不像真宗、仁宗那样把守成作为执政的标准，而希望成为一个大有作为的皇帝。

神宗甫登皇位，右正言孙觉建议及早确定"国是"。所谓"国是"，就是指国家的"最高国策""核心路线"。熙宁元年（1068）四月，神宗先召元老派大臣富弼入见。富弼明知神宗想要有所作为，却答非所问，拿出一套大道理来规劝神宗："人主好恶，不可令人窥测；可测，则奸人得以傅会。当如天之监人，善恶皆所自取，然后诛赏随之，则功罪无不得其实矣。"神宗问与辽、夏应如何相处，富弼回答："陛下临御未久，当布德行惠，愿二十年口不言兵。"对于希望奋发有为的神宗而言，富弼的话等于一盆冷水，使他默然无语。

神宗在富弼处没有得到想要的答案，三天后召王安石入对。神宗问王安石"方今治当何先"，王安石回答"以择术为始"，并进而提出"每事当以尧舜为法"。宋人常以超越汉唐、比肩三代为追求，王安石也正是此意，但他还有另一层含意，就是对所谓"祖宗之法"的不满。"祖宗之法"是宋太祖、太宗建国以后，因应唐末五代以来的弊端而创设的法制，后人把"祖宗之法"抬到一个至高无上的地位，反对一切形式的变革，它实际上已经成为因循守成的挡箭牌。王安石并不赞成一切都遵循"祖宗之法"，他在给仁宗的上书中就提出法"先王之政"的口号，所谓的"先王之政""尧舜之法"，在一定程度上是和"祖宗之法"相对的，本质上是一种托古改制的方略。

神宗对王安石"以尧舜为法"的真实意图了然于胸，他对王安石说"卿可悉意辅朕,庶几同济此道",清楚地表明依靠王安石共同实行变革的想法。尽管如此,神宗仍对更改"祖宗法制"心存疑虑,他接着问:"祖宗守天下,能百年无大变,粗致太平,以何道也?"这个问题是很尖锐的,"祖宗法制"已经行之百年,而且似乎卓然有效,为什么要改变它?王安石于是撰写了著名的《本朝百年无事札子》,详为剖析。

王安石在奏章中指出,百年无事不是"祖宗之法"的功劳,太平的景象下已经萌生出乱象,改革势在必行。神宗看到奏章后大受触动,他第二天又召王安石入见,说:"昨阅卿所奏书至数遍,可谓精画计,治道无以出此。所条众失,卿必已一一经画,试为朕详见设施之方。"王安石于是详细为神宗讲解改革之法,神宗听后大喜:"此皆朕所未尝闻,他人所学,固不及此。"

朱熹说,神宗聪明绝顶,大臣往往不能领会他的意图,一经与王安石交谈,便有"于吾言无所不说"之意,所以君臣相得甚欢。神宗下定决心,将王安石的变法纲领确立为"国是"。熙宁二年(1069)二月,擢王安石为参知政事,开始推行变法。然而这一"国是"在统治集团内部并没有达成共识,反而引起大批官员的强烈反对。熙宁三年四月,神宗与司马光对话,神宗曰:"今天下汹汹者,孙叔敖所谓'国之有是,众之所恶'也。"司马光答道:"然。陛下当察其是非,然后守之。今条例司所为,独安石、韩绛、吕惠卿以为是,天下皆以为非也。陛下岂能独与三人共为天下耶?"对变法"国是"的争议,造成统治集团内部的分裂,为日后党争纷攘埋下了隐患。

(三)"于百姓何所不便?":新法推出及受到抵制

王安石主持的变法是以富国强兵为直接目标的。自太宗以来,宋军屡次受挫于辽,神宗志切复仇,而想要用兵,就需要有充足的军费。因此王安石变法的思路非常清晰：内政与边事二者之间，先修内政，后图边事；内政之中，首在理财，缓解财用的不足；理财之方，以农业为急，抑制兼并之家，将利益收归国家。这里可以看出王安石变法与庆历新政的不同，范仲淹是从整顿吏治入手，王安石则是从解决财政问题入手，切入点是农业、农村和农民。

从内容看，新法大致集中于富国、强兵、教育三个领域。富国方面，有青苗法、农田水利法、募役法、市易法、均输法和方田均税法等；强兵方面，有保甲法、保马法的施行，更戍法的废除和军器监的设置等；教育方面，有变科举、兴学校和《三经新义》的纂修颁行等。从熙宁二年开始，当年就有四项新法颁布，后来历年都有新法推出。在王安石看来，可能觉得各项新法是相互配套的措施，缺哪一项都会影响最后的效果。但新法推出过快，也给地方上带来很大压力，有人抱怨"数十百事，焦举并作"，这条新法还没明白，下一条又已经颁布。所以变法在基层遇到很大阻力，与密集的推出方式不无关系。

很多新法措施意在解决农民疾苦。比如募役法，本来是针对差役法的弊端而求改革的新法，改过去轮流充役为官府募人代役。原本应该承担差役的人向官府交钱代替服役，交的钱称为免役钱；以前可以免役的人户也要减半纳钱，交的钱叫助役钱。募役法的实质，是把役的负担从人头转移到资产上，将过去按口征、按丁征、按户征的征派原则，转变为按田亩、资产征派，这样的原则更加公平，也符合中国历史的发展趋势。它对于占全国人口绝大多数的农民来说是一大解放，农民只要出钱，农事可不受影响。

然而在募役法下，官员、坊郭户等原来有免役特权的人不免蒙受损失，因此它遭到了士大夫、商人等上层社会的反对。熙宁四年（1071），围绕募役法，神宗与反对变法的大臣进行了一番争论。冯京批评募役法使各地百姓极为劳弊，神宗反驳道："询访邻近百姓，亦皆以免役为喜，盖虽令出钱，而复其身役，无追呼刑责之虞，人自情愿故也。"文彦博支援冯京说："祖宗法制具在，不须更张以失人心。"神宗反问："更张法制，于士大夫诚多不悦，然于百姓何所不便？"文彦博脱口而出："为与士大夫治天下，非与百姓治天下也。"后人多援引文彦博的话来论证宋代士大夫执政主体意识的提高，可从文彦博的本意来看，可能他并没有想得那么长远，出发点只是为了维护一己私利而已。

新法虽意在惠民，但执行过程中确实存在一些问题，致使很多法令事与愿违。比如，青苗法推行时就发现，在基层，真正穷困需要借贷粮食的百姓可能最后无力归还，有能力归还的富户并不想借贷。地方官都希望仓库中的粮食越来越多，因此他们会强迫富户来借贷，真正穷困的百姓来借时又不愿意给。身在庙堂的王安石发现，情况并不像他在鄞县为官时那么简单。

负责推行新法的官员的素质和操守，对于改革的效果和成败也有很大影响。王安石所任以推行新法的官僚们，多半不关心王安石的理想，而只汲汲于追求势力与特权。王安石最得力的助手参知政事吕惠卿，几乎参与了新法全部的规划与实施，却密令江南富裕之地秀州华亭县（今上海松江）知县，以四千贯的低价购买同县富民的田地，同时役使县吏为其管理庄园。南宋初，刘才邵称这种凭借官僚公权力背景致富的方式为"倚法营私"，真是十分适切。王安石的改革目的是富国强兵，却为一些官员打开了借法致富的门路。

（四）"宋几振矣"：新法的成效

王安石倡导的新法究竟是成功了还是失败了，很难简单以是或非来回答，就富国强兵的预期来说，新法部分地达到了目标。新法扭转了国库空虚的局面，从中央到地方的府库都非常充盈。元丰元年

（1078），神宗将山海坑冶①、榷贷和常平、免役等项获利都收归中央，建了32座仓库储存。元丰五年（1082），又将青苗、免役法所获之利直隶朝廷，又有20库。地方财政也得到极大充实，时人毕仲游估计，单是诸路常平、免役、坊场、河渡、户绝庄产②所得的钱粮积于州县，就有数十百万之多，如果留作地方经费，可以供20年之用。

军事上，王安石采取了很多措施来增强军队战斗力。虽然与西夏的战事在局部也遭受了一些挫折，但就整体而言，宋朝在宋夏边境建立了米脂、义合、浮图、葭芦等军事要塞，控制了战略地位十分关键的河、湟等地。这些地区"实为控扼西人咽喉之地，我得之则足以制贼，彼得之则足以困我"，对于防范来自西夏的战略威胁非常重要。哲宗元祐年间，长期镇守西北边境的范育说，神宗皇帝开置熙河数郡，"积累于今，二十余年，其郡邑既已雄盛，人民既已富庶，法令既已整备，边势既已盛强"，"其规模之宏远，可以保万世之安矣"。

清代思想家颜元评价新法说："用薛向、张商英等办国用，用王韶、熊本等治兵，西灭吐蕃，南平洞蛮，夺夏人五十二砦，高丽来朝，宋几振矣。"新法在富国强兵方面所取得的成效，在哲宗时期清楚地显现出来。哲宗亲政后重拾神宗时的战略方针，继续在宋夏边境进筑堡寨，最终基本上掌握了横山一线的控制权。横山一线地势险要，它的易手，使西夏不仅丧失了驱兵进犯宋朝的地利，甚至其自身亦有存亡之忧。自此，宋夏之间的战略态势发生了根本性的改变，西夏一再上表请罪，愿向北宋俯首称臣，而宋朝则一举结束了屈辱、被动的状态。宋哲宗对此兴奋异常，连呼"西人未尝如此逊顺"。

西夏俯首，是宋朝300余年历史上对少数民族政权最为辉煌的

---

① 山海坑冶，山指林业与狩猎，海指渔业与盐业，坑指采矿，冶指冶炼。
② 户绝庄产，指无人继承的庄园、土地。

战果之一。可是战争的本质，从来就是综合国力的较量，哲宗时期所取得的胜利，其实来源于神宗奠定的基础。宋人安焘曾经提道："熙宁、元丰之间，中外府库无不充衍，小邑所积钱米，亦不减二十万。绍圣以还，倾竭以供边费，使军无见粮，吏无月俸，公私虚耗，未有甚于此时。"言谈中清楚表明，哲宗对西夏战争的军费，来自熙宁、元丰时期的积累，从侧面证明了变法在富国强兵方面的效果。

二、"非常相权"：王安石的权力和去位

（一）大权独揽：王安石的"非常相权"与宋代权相政治

1. "中书之外又有一中书"：制置三司条例司及其废罢

王安石任参知政事后，首创了一个新机构来推动变法，即制置三司条例司。制置三司条例司的设立目的非常明确，就是总揽事权。宋自建国以来，中枢权力结构形成了比较完善的制约机制和制度程序。中央政府机构为二府三司的行政体制，中书门下、枢密院、三司分掌行政、军政、财政大权，互相独立、互相牵制，各自向皇帝负责。凡遇军国大事，首先由全体宰执班子讨论议定，再面奏皇帝，皇帝批准后，才能交尚书省执行。这样纵横交织的网络，共同达成权力的制衡。

王安石虽任参知政事，但仅仅是五位宰执中的一员，其上还有左、右宰相。当时的五位宰执，时人根据他们的特点，给每人都取了一字评价，合起来是"生老病死苦"：生指王安石，生气勃勃，锐意求变；老指右相曾公亮，因年迈而屡请致仕；病指左相富弼，

不满新法而称病不出；死指参知政事唐介，反对变法而病发身亡；苦指参知政事赵抃，每见新法出台就"称苦者数十"。王安石虽生龙活虎，但孤立无助，"自宰执同列无一人议论稍合，而台谏章疏攻击者无虚日"，变法主张在宰执议定这一环节就可能受阻搁浅。为了绕过宰执议定的环节，王安石才倡言设置三司条例司："令分为一司，则事易商议，早见事功。若归中书，则待四人无异议，然后草具文字；文字成，须遍历四人看详，然后出于白事之人，亦须待四人皆许，则事积而难集。"

制置三司条例司成立后，成为主持变法的总枢纽，新法中争议最大的青苗、免役二法都是由它发布的。借助三司条例司，王安石可以轻而易举地绕过某些既定程序。苏辙曾提到，一次王安石召苏辙、吕惠卿、张端于私第聚会，王安石拿出一个册子说："此青苗法也，君三人阅之，有疑以告，得详议之，无为他人所称也。"类似青苗法这样重大的改革法案，只由王安石与条例司几位官员私下商量，中枢机构甚至一无所知，这显然有违典制，反映出三司条例司职权的泛滥。王安石掌控着三司条例司，其权柄之重也臻于前所未有的程度。

三司条例司的设置，等于在原有的二府三司之外，又另设了一个中枢机构，引起很多官员的非议。三朝老臣韩琦的批评一针见血："自来未有定夺之司，事不关中书、枢密院，不奉圣旨，直可施行者。如是，则中书之外又有一中书也。中书行事，亦须进呈，或候画可，未尝直处分。惟陛下察其专也。"御史中丞吕公著则意味深长地提醒神宗："宰相不任其责，则坐观成败，尤非制世御下之术。"

神宗与王安石虽志同道合，但在权力世界，却分处君权和相权的中心，周围各自形成不同的权力集团。正如有人提醒王安石必须加强相权一样，神宗身边也有人要他注意君权不可旁落，"陛下大权一去,不可复收还矣"。面对众人对三司条例司的抨击,神宗开始"不欲亟罢,恐伤王安石意故也",但众口铄金,神宗的信心不免发生动摇。熙宁三年五月,神宗在事先没有通知王安石的情况下降诏,将三司条例司罢归中书。

三司条例司废罢后,司农寺、中书条例司、检正中书五房公事共同分担了推动变法的职责。这些机构仍然掌握在王安石手中,王安石的相权只不过换了一个平台得以延续。司农寺有所建议,中书往往不经奏禀神宗就施行。神宗觉察到相权对君权的侵夺,熙宁七年(1074)下旨:"臣僚起请,必须奏禀,方得施行。"次年十月,又诏:"中书有置局取索文字,烦扰官司,无补事实者,宜并罢之。"将中书条例司和司农寺条例司一并撤罢。在神宗与王安石合作的后期,权力意识在双方都已出现。

三司条例司等机构权力的扩张,使神宗意识到其中隐含的深层次问题,于是尝试在制度上对相权予以制约。元丰年间,神宗推行官制改革,业已罢相的王安石"见之大惊":"上平日许多事,无不商量来。只有此事,却不曾商量。"王安石惊的是什么呢?程颐曾有过这样一段议论:"枢密院乃虚设,大事三省同议,其他乃有司之事,兵部尚书之职。然艺祖用此以分宰相之权。神宗改官制,亦循此意。"神宗亲定元丰官制,其中寓有削减相权之意,这显然是针对王安石的,他事先当然不会与王安石商量,这是王安石相权扩张引起的一种自然反应。

2. "非常相权"的延续:宋代的权相政治

王安石"非常相权"的取得,在宋代政治史上具有划时代的意义,它标志着士大夫与皇帝共治天下的权力得到了皇帝的正式承认,也意味着宋代士大夫政治的定型。对王安石来说,权力只是实现"治天下"理想的手段,而不是满足个人野心和私利的工具,因此他绝无"权相"的嫌疑，有宋一代人们也从未批评他弄权。可是王安石扩张相权的种种策略，却为以后的权相开启了方便之门。宋徽宗时期，蔡京拜相当月，徽宗就令"如熙宁条例司故事，都省置讲议司"，由蔡京提举。讲议司在绍述熙丰法度的旗号下，成为蔡京扩展相权的机构。南宋李心传指出，讲议司正是踵循熙宁时期条例司的"故事"："自王荆公秉政，始创制置三司条例司，以行新法。其后蔡儋州当国，踵其故置讲议司。"至南宋初的绍兴二年（1132）五月，左相吕颐浩督军在外，右相秦桧欲夺其权，于是设"修政局"，"如讲议司故事"。检讨官曾统不解其中奥秘，问秦桧道："宰相事无不统，何以局为？"秦桧避而不答。推其来路，仍是借用王安石条例司的办法。

再以台谏官的任用来看。台谏官负有监督政府的职责，须由皇帝亲自任免，宰相不得插手其间。真宗时，寇准不避嫌疑，推荐台谏官的人选，便被批评为擅权。但熙宁时期，为了减少新法的阻力，神宗将择任台谏的权柄付与王安石。司马光气愤地说："至于台谏之官，天子耳目，所以规朝政之阙失，纠大臣之专恣。此陛下所当自择，而亦使执政择之。彼专用其所亲爱之人，或小有违忤，即加贬逐，以惩后来，必得其佞谀之尤者，然后使为之。"台谏官成为听命于宰相的僚属。

王安石任免台谏的权力，被后来的权臣们因袭。高宗时期，胡铨上书乞斩秦桧，中书舍人勾龙如渊为秦桧献计："胡不择台官击去之。"秦桧于是推荐勾龙如渊为御史中丞，弹劾胡铨。以后，台谏官沦为秦桧的爪牙，每当秦桧有事要上奏或要排挤某人，便会向台谏官授意，台谏们甚至主动派人在秦桧身边伺察动向，一有消息就闻风而动。宋宁宗时期，韩侂胄在与赵汝愚的政争中，也是通过控制台谏官员，达到倾覆赵汝愚的目的，成为宋代历史上一位外戚权相。南宋时期，"一相去，台谏以党去；一相拜，台谏以党进",北宋前期台谏官的独立精神消失殆尽,取而代之的是"台谏不敢违中书之诮",成为权臣当政的工具甚至鹰犬。

王安石以后,章惇、蔡京等手握大权的宰相相继出现,南宋时期更有秦桧、韩侂胄、史弥远、贾似道接踵而出,权相政治成为一个突出的政治现象。权相政治的出现不应归罪于王安石,但从权力关系和运作方式来看,南宋的权相在某种程度上借鉴了王安石的非常相权,是值得注意的一点。

(二)"陛下已不能无惑矣":王安石的去位

反变法派官员的纷纷攘攘,给王安石制造了很多麻烦,但令他最伤脑筋的,还是神宗的动摇。"变法"虽被确定为国是,但只是一个大方向,如何变、变什么、由谁主导、各方权力如何分配,诸多问题都需要在实际操作中予以明确。对于一些新法措施,神宗与王安石存在分歧,特别是那些明显有违宋朝"祖宗家法"的条目,神宗更会表现出深切的疑虑。熙宁三年,韩琦上书言青苗法不便,神宗不知有心还是无意,拿着韩琦的奏疏对王安石等人说:"琦真忠臣,虽在外,不忘王室",一度要停止青苗法。熙宁五年(1072),神宗又想要废罢市易法,经王安石苦劝才作罢。神宗的犹豫动摇,使王安石感觉到人言纷纷之下,"陛下已不能无惑矣",他因此多次提出辞职,都经神宗极力挽留而留任。

新法推行的过程中,神宗与王安石的关系不断经受着考验。司马光《涑水记闻》中记载了这样一件事,神宗一次向王安石询问外廷发生的一件事,王安石问他从何得知,神宗不愿回答。王安石道:"陛下与他人为密,而独隐于臣,岂君臣推心之道乎?"神宗这才说:"得之李评。"王安石由此嫌恶李评,不久将之外放。另一天,王安石向神宗询问一件隐秘之事,神宗也问他从何得知,王安石不肯说,神宗道:"朕无隐于卿,卿独有隐于朕乎?"王安石不得已答道："朱明之为臣言之。"神宗由此嫌恶朱明之。通过文字，我们明显可以感觉到，神宗与王安石之间已经出现了某种猜疑和嫌隙。

激烈的政治斗争，以及神宗的动摇，使王安石陷入去与留的矛盾中。与此同时，外部环境也越发困难。熙宁六年（1073）秋到次年春，久旱不雨。在古代中国，灾异的发生往往与朝政阙失联系起来，被用于政治斗争的工具，此次也不例外。光州司法参军郑侠上《流民图》，描绘各地百姓由于旱灾而流离失所的景象，并把灾害归罪于王安石领导的变法。据说疏奏既上，神宗夜不能寐，反复观图，长吁短叹。第二天，神宗诏罢方田、保甲等法，凡十八事。因吕惠卿、邓绾等人力争，最后只罢方田均税法。

外廷议论纷纷，宫中的太皇太后和皇太后也向神宗哭诉"王安石变乱天下"，使神宗对新法越发怀疑，命王安石裁减新法条目。王安石再次提出辞职，于熙宁七年四月出知江宁府，这是他第一次罢相。神宗命韩绛、吕惠卿继续主持新法，时人称韩绛为"传法沙门"、吕惠卿为"护法善神"。

王安石离开后，朝中形势发生了急遽变化。吕惠卿意图大权独揽，与韩绛和另一位变法派大臣曾布多次发生龃龉，并且为了防止神宗复用王安石，对王安石百般诋毁。韩绛向神宗建议召回王安石，熙宁八年（1075）二月，王安石再次拜相。王安石回到京城后，蓦然发现已经物是人非，除了反变法派一如既往的抨击，还要面对变法派内部的分裂。王安石的复相，断绝了吕惠卿升迁的可能，吕惠卿因此采取不合作的态度，在用人和措置新法等诸多问题上故意制造事端。熙宁八年十月，吕惠卿出知陈州，怨恨之下上书控诉王安石，言语中充满恶毒中伤，比反变法派甚至有过之而无不及。原本众志成城的变法派同僚分崩离析，彼此攻讦不已，王安石环顾四周，竟然没有可以信任的人，这使他陷入痛苦之中。

王安石复相后，神宗对他比从前疏远多了。经过多年的历练，神宗积累起足够丰富的政治经验，对王安石的意见已经是不肯听从的居多了。王安石对身边的人感叹：陛下对我的信任，哪怕只有从前的一半也就足够了，从而对政事更加心灰意冷。熙宁九年（1076）六月，王安石的儿子王雱去世，年仅33岁。王雱自幼聪慧过人，深得王安石钟爱，他的去世使王安石再受重大打击。种种因素累加起来，使王安石精神上备感疲惫，也坚定了他的退隐之心。王安石屡次乞解机务，甚至请好友王珪代为陈说，最终在熙宁九年十月，以镇南节度使、同平章事判江宁府，第二次罢相。

　　这次罢相后，王安石一直赋闲江宁，度过了他的晚年。他彻底摆脱了政治的困扰，读书著述，寄情于山水之间。王安石在江宁城外营建了宅舍，取名"半山园"，虽然简陋，但他却非常满意。半山园北面是谢公墩，相传是东晋名臣谢安的故宅；南面有定林寺，王安石常在寺中读书；附近还有孙权墓、宝公塔等古迹，都是王安石常去的地方。早年间因为变法而与王安石争吵不断的苏轼，后来特意去看望王安石，两人一起谈论文学、研读佛经，非常投机。苏轼给友人写信说："某到此，时见荆公，甚喜。"他甚至也想在江宁买地建宅，以便接近王安石。作为同时代出类拔萃的文人代表，放下政见分歧，他们很容易在精神上找到契合点。

　　元丰八年（1085）三月，神宗去世，王安石撰写挽词，满怀感情地回顾了与神宗的过往："城阙宫车转，山林隧路归。苍梧云未远，姑射露先晞。玉暗蛟龙蛰，金寒雁鹜飞。老臣他日泪，湖海想遗衣。"次年四月，王安石也于江宁病逝。自王安石罢相，昔日门生故吏大多舍之而去，因此葬礼冷冷清清。张舜民为王安石撰诗哀悼，讽刺地说："门前无爵罢张罗，元酒生刍亦不多。恸哭一声唯有弟，故时宾客合如何？"又道："去来夫子本无情，奇字新经志不成。今日江湖从学者，人人讳道是门生！"

三、朋党之争的恶性发展：
北宋中后期政治的主旋律

王安石变法导致统治集团分裂为变法派（新党）与反变法派（旧党）两个阵营，彼此争论不断，愈演愈烈而终致互相倾轧，一直延续到北宋末年。从这个角度说，王安石变法开启了北宋中后期的历史进程，朋党之争成为政治的主旋律。

（一）"为异论之人立赤帜"："异论相搅"的祖训与朋党之争的兴起

从某种程度上说，宋神宗应为朋党之争的兴起承担责任。宋人形容神宗与王安石的关系说："盖自三代而后，君相相知，义兼师友，言听计从，了无形迹，未有若兹之盛也。"然而神宗对王安石虽大力支持，但也没有忘记"异论相搅"的祖训，也就是放任不同立场的官员相互辩难，使各方力量相互牵制，达到权力的平衡。这一点从王安石开始执政时的人事安排就有所反映，为保证新法的推行，神宗不得不罢免了一些反对变法的旧党臣僚，但也同时利用旧党对变法派进行掣肘。坚决反对变法的文彦博在神宗即位时就担任枢密使，直至熙宁六年四月才罢政，此时新法已推行四年。

对反对变法最坚决的司马光，神宗更是眷顾有加。王安石就任参知政事时，神宗就要用司马光为枢密副使，尽管王安石认为这是"为异论之人立赤帜"，神宗仍坚持己见。南宋初年，侍读朱胜非对高宗说：

> 陛下亦知光之所以得名者乎？盖神宗皇帝有以成就之也。

> 熙宁间，王安石创行新法，光每事以为非是，神宗独优容，乃更迁擢。其居西洛也，岁时劳问不绝。书成，除资政殿学士，于是四方称美，遂以司马相公呼之。至元祐中，但举行当时之言耳。若方其争论新法之际，便行窜黜，谓之立异好胜，谓之沽誉买直，谓之非上所建立，谓之不能体国，谓之不遵禀处分，言章交攻，命令切责，亦不能成其美矣。

由于神宗对反变法派官员的优容，使他们肆无忌惮地攻击新法。熙宁八年，王安石无奈地说："天下事如煮羹，下一把火，又随下一杓水，即羹何由有熟时也。"

反变法派的大多数官员治国乏术，目光短浅又不思进取，对于内忧外患的时局缺乏实事求是的认识。在他们看来，"祖宗家法"已经尽善尽美，只要谨守就可以媲美三代，所谓变法完全是庸人自扰。他们从一开始就不是平心静气地对新法进行讨论，而是武断地一概反对，毫无协商余地，并且对以王安石为首的变法派进行个人攻击。御史中丞吕诲上《论王安石奸诈十事札子》，斥责王安石"大奸似忠，大诈似信"，"外示朴野，中藏巧诈，骄蹇慢上，阴贼害物"，"误天下苍生，必斯人也"。将知识层面的分歧上升为道德层面的谩骂，以"爱国忧君"自我正义化，这是反变法派的一大特点。

反变法派的攻击常常是盲目、非理性的，他们对于社会问题拿不出任何解决方案，甚至对新法的初衷和具体内容都没弄明白，只是一味攻讦不已。神宗气愤地说："朝廷每更一事，举朝士大夫汹汹，皆以为不可，又不能指名其不便者，果何事也？"反变法派的务虚，南宋一些士大夫有清楚的认识。叶适评价苏轼说："轼谓'有始有卒，自可徐徐，十年之后，何事不立'。终不言十年后当立何事。若神宗罢安石而听轼，非安于不为而止者，亦未知轼以何道致其君，此不可不素讲也。"

王安石对那些因循苟且、不思进取的平庸之辈素来鄙薄，他讽刺富弼只能迎合流俗以博取声名，"其智略无以过人"。熙宁四年六月，御史中丞杨桧列举出一批离开中央政府的反变法派人物，以说明变法不得人心，王安石针锋相对地反驳道："诚如此。然要须基能承础，础能承梁，梁能承栋，乃成室。以粪壤为基，烂石为础，朽木为柱与梁，则室坏矣！"对那些以栋梁自居的庸碌之辈给予辛辣的讽刺。

尽管言辞上非常苛刻，但神宗在位期间，变法派对政敌的打击一般仅限于将对方从政府的要害位置排斥出去。王安石借用祠禄制度，让那些不支持变法的人去主持、提举宫观，等于给他们一份优厚的俸禄，让他们赋闲休养。王安石对神宗解释，这样固然国家财政会多一份支出，但好处是可以把州郡长官的职位空出来给那些支持变法的官员。清代史学家赵翼说，宋代的祠禄之官名义上是"佚老优贤"，实际上"于优厚之中寓限制之意"，是一种比较宽容的政策。

（二）元祐更化：以母改子之政

元丰八年宋神宗的去世，将宋朝推向另一个历史转折的关口，他所确立的"国是"还能否进行下去，国家接下来将向哪个方向前行，都需要新的领导集体加以确认。在当时的情况下，新党和旧党是存在彼此合作的可能性的。主持朝政的新党领袖蔡确和章惇愿意与各方政治势力合作，促使新法更加完善；原本坚决反对新法的一些官员也意识到新法确有便民益国之处。苏轼就在写给滕甫的一封信中反思："盖谓吾侪新法之初，辄守偏见，至有异同之论。虽此心耿耿，归于忧国，而所言差谬，少有中理者。今圣德日新，众化大成，回视向之所执，益觉疏矣。若变志易守，以求进取，固所不敢；若哓哓不已，则忧患愈深。"可惜的是，在此关键时期，代行皇权的是对变法素怀不满又疏于国计民生的太皇太后高氏，其所委任的又是治国乏术、刚愎自用却又深孚众望的司马光，遂使北宋政治发生了悲剧性的变化。

1."积年之志，一朝获伸"：以复祖宗旧制为国是

哲宗即位后的第一个年号是"元祐"，共计九年（1086—1094），此一时期的政治有两大相辅相成的主题，一是废除新法，二是打击新党。高氏垂帘后的首要举措就是召回司马光，大批反变法派相继还朝，拉开了元祐之政的序幕。司马光自熙宁四年就退居洛阳修《资治通鉴》，他对新法的实际执行情况并不了解，但废除新法的念头却一直顽固地萦绕在他脑海中，当机会真的降临时，他自言"积年之志，一朝获伸，感激悲涕，不知所从"。因此元祐之政中，掺杂着以司马光为首的旧党臣僚因熙宁、元丰年间郁郁不得志进行报复的个人情感。

对于旧党集团废除新法的做法，有人提出质疑，孔子说"三年无改于父之道，可谓孝矣"，神宗刚刚去世，就要废除他的法令，是否有不孝的嫌疑？司马光则首倡"以母改子"的说法，太皇太后听政，是"母改子之政，非子改父之道也"，为废除新法消除了舆论上的障碍。废除新法的过程中，充分展现出司马光的狭隘偏激，在他主持下的中央政府，行事草率而武断。以募役法为例，司马光主张由朝廷直接下令予以废除，甚至要求各地在敕书到达的五日之内恢复差役法。募役法在各地实施已十余年，百姓多已熟习，即便是没有任何政治经验的人也不难明白，这种不顾后果的做法是不可行的。旧党内部，范纯仁和苏轼都建议不应操之过急，但司马光固执己见，苏轼气愤地称他为"司马牛"。

在太皇太后高氏支持、司马光力主之下，短短一年时间，神宗苦心经营17年的新法就被废除殆尽，历史上称为"元祐更化"。元

祐之政得到传统史家的高度评价，明人张溥甚至说"宋代称治，莫盛于元祐"。可事实上，旧党废除了新法，恢复了心心念念的"祖宗旧制"，同时也给社会造成了极大混乱。差役法复行以后，"行之十年，州县绎骚，民受其患"，"天下皆思雇役而厌差役"。青苗法被废，"民间每遇丰稔，不免为豪宗大姓乘时射利，贱价收蓄；一有水旱，则物价腾踊，流亡饿殍不可胜计。……比岁以来，物力凋敝，甚于熙宁、元丰之间，至人心复思青苗之法行而不可得"。元祐年间，旧党专注于"与王安石已死之灰争是非，寥寥焉无一实政之见于设施"，冗官冗费等社会问题不断加重，对外关系更加被动，宋王朝更深地陷入贫弱中。

2. "贻后日缙绅之祸"：旧党所谓"进贤退奸"

在废除新法的同时，旧党对新党展开了无情的打击，宰相蔡确和章惇首当其冲。元祐时期的旧党，完全继承了熙丰时期的故技，以君子自相标榜，理所当然地对新党展开人身攻击。左司谏苏辙称："左仆射蔡确，憸佞刻深，以狱吏进；右仆射韩缜，识瘖性暴，才疏行污；枢密使章惇，虽有应务之才，而其为人，难以独任"，其余如张璪、李清臣、安焘"皆斗筲之人，持禄固位"。右正言朱光庭将司马光、范纯仁、韩维誉为"三贤"，将蔡确、章惇、韩缜斥为"三奸"，声称"治乱安危之所系，惟在陛下退三奸、进三贤一举措之间尔"。

在旧党无所不至的攻击下，元祐元年闰二月，宰相蔡确罢知陈州，知枢密院事章惇罢知汝州（今河南中部汝州、平顶山一带），新党丧失在最高统治集团中的位置。随后，其他新党臣僚也纷纷被罢免，旧党完全支配了朝政。为了将新党斩草除根，旧党又罗织了"车盖亭诗案"，声称蔡确在贬谪期间心存怨恨，作《夏中登车盖亭》绝句十篇，其中有讥讪君亲之语。元祐四年（1089）六月，蔡确被贬英州别驾、新州安置，四年后死于贬所。新州（今广东新兴）是当时十三个"远恶"州军之一，自仁宗即位之初寇准、丁谓以后，蔡确成为七十年间被放逐岭南的第一人。旧党还分别籍定王安石亲党30人、蔡确亲党60人，张榜列于朝堂，限制他们出仕任官。

元祐年间旧党对新党残酷迫害，为北宋建国以来所仅见，对元祐之后的政治、经济、意识形态等多方面产生了不利影响。它将北宋党争推进到一个不论是非、挟私报复、顺我者存、逆我者亡的地步，导致朋党之争的恶性循环，给北宋历史发展带来灾难性后果。自此以后，一直到靖康之难，北宋政坛再没有平静过，新、旧两党拼死厮杀，上演了一幕幕惊心动魄的政治倾轧，而其党同伐异的形式和手段，都可溯源至元祐时期。一心为旧党歌功颂德的邵伯温也不得不承认："刘挚、梁焘、王岩叟、刘安世忠直有余，然疾恶已甚，不知国体，以贻后日缙绅之祸，不能无过也。"

（三）"反元祐而实效之"：新党的报复性倾轧

元祐年间，旧党臣僚倚太皇太后高氏之势，沉迷于狂热的政治斗争，却忽略了至关重要的一点：高氏只是代行皇权而已，哲宗才是政治领域真正的原动力，他终有一天要亲政。当司马光打出"以母改子"的旗号时，就有人不无忧虑地提醒他："他日有以父子义间上，则祸作矣。"司马光居然幼稚地回答："天若祚宗社，必无此事。"此后旧党臣僚甚至忘记了为人臣子的本分，言语间对神宗颇为不敬，"以先帝之法，一切为非，指斥点尘，无所不至……乃斥先帝以苟名，而自沽讦直之誉。陵土未干，肆为丑诋"。哲宗年纪虽小，却对父亲感情颇深。朱熹曾提到一个故事，哲宗经常使用一个旧桌子，桌子已经有些坏掉了，高太后命人换一个新的，却被哲宗拒绝。当高太后问起时，哲宗回答："是爹爹用底。"高太后听后"大恸"。对于父亲留下的一张桌子，哲宗尚且如此眷恋，而旧党臣僚将神宗所立之法尽数废除，甚至对神宗"肆为丑诋"，哲宗的愤恨可想而知。

哲宗对旧党的不满，还来自他日益成熟的帝王心态。王夫之说，旧党"拥女主以行其志，后一日不死，天子一日隅坐画诺，如秉笔之内竖，奉教而行"。这真切地反映了哲宗在元祐年间的尴尬处境，当时大臣奏事，只向高太后面禀，却以后背朝向哲宗，哲宗问话也无人理会。哲宗多年后提起，还愤愤不平地说："朕只见臀背。"在这种环境下，哲宗逐渐滋生出反叛心理，上殿时往往一言不发。高太后问哲宗："彼大臣奏事，乃胸中且谓何，奈无一语耶？"哲宗只说："娘娘已处分，俾臣道何语？"这种沉默的背后，是对高太后和旧党诸臣日益增长的不满。

随着哲宗逐渐长大，高太后和旧党臣僚发现，哲宗的所思所想与他们所期望的大相径庭，更加不肯放手将权力交还给哲宗，对哲宗亲政避而不谈，这进一步加深了哲宗的愤懑情绪。后来哲宗亲政后，马上罢免了宰相吕大防，原因就是吕大防身为宰相，却未尝提议高太后撤帘归政。

从哲宗的态度，旧党集团已经感觉到山雨欲来的杀气，他们虽然希望维持既有的权力格局，但终究无法扭转急转直下的政治局面。元祐八年（1093）九月，高氏驾崩，旧党的政治支柱坍塌。受神宗和王安石重用的邓润甫上书，"首陈武王能广文王之声，成王能嗣文、武之道，以开绍述"。哲宗任命章惇为宰相，新党在沉沦八年后复起。元祐九年（1094）四月，哲宗宣布改元为"绍圣"，"绍"是继述、继承，"圣"就是指神宗，意思就是绍述、继承神宗之政。

新党复起后，马上展开对旧党的大规模报复性倾轧，旧党臣僚几乎无一幸免，这一活动贯穿于哲宗亲政后的绍圣、元符七年间。新党对旧党的打击，完全是对元祐间旧党做法的仿效。吕大防等人被贬后，曾布对哲宗说："蔡确五年不移，惠卿十年止得移居住处，吴居厚等十年不与知州军，此皆元祐中所起例，自可依此。"元祐中旧党罗织"车盖亭诗案"，新党便也相应地制造了"同文馆之狱"；元祐中旧党籍王安石、蔡确亲党"榜之朝堂"，绍圣初新党亦籍定旧党数十人。凡此种种，正如王夫之所云："绍圣之所为，反元祐而实效之也。"

当年蔡确被贬往新州时，范纯仁曾对吕大防说："公若重开此路，吾辈将不免矣。"几年以后，范纯仁的预言成为现实，在新党主持下，刘挚、梁焘、刘安世、苏轼、苏辙等几乎所有活着的旧党重要人物都被贬到了岭南。在当时，将人犯贬到岭南，实际上与处以极刑无异，"问翁大庾岭头住，曾见南迁几个回？"苏轼的诗是对南贬结局的真实写照。为避免旧党后裔复起，新党对他们的子弟也进行禁锢，将大批旧党后代和亲属逐出官僚队伍。这一举动不但打击了旧党，也为后来蔡京的胡作非为开了先例。

绍圣、元符间朋党之争的非理性发展，与元祐年间旧党集团的作为有直接关系。正是旧党在荒谬的"君子""小人"二元论的基础上，不问青红皂白地对新党大加挞伐，才使北宋政治的发展步入歧途。党争成为北宋中后期政治的主旋律，使宋朝丧失了变法图强的契机，宋朝国运不可避免地走向衰落。

结　　语

在宋代历史上，恐怕很难再找到一个人物像王安石一样引起这么大的争议。在变法主张提出之前，他与周围的大士夫们保持着融洽的关系，在士林享有极高的声誉，欧阳修、文彦博、司马光等人都对他极为看重，曾公亮甚至推许他为"时之全德"。他被视为未来的政治、文学领袖，乃至公议以他不为宰相为屈。然而变法开始后，平素交游甚厚的朋友转眼成为水火不容的敌人，用王安石自己的话说，"吾昔好交游甚多，皆以国事相绝"。王安石也迅速由"天下之人素尊"的"一世之伟人"，变成"大奸似忠、大诈似信"的伪君子。降至南宋，宋高宗君臣更把北宋亡国归罪于王安石，指责王安石任用奸人，变乱祖宗法度，最终招致"靖康之祸"。这种看法在此后成为史家之共识，明清时期的士人学者大多承袭此说，对王安石及其新法全盘否定。清人蔡上翔感慨道："世人积毁荆公，几同于詈骂，不啻千万人矣。"

一直到近代，在清末民初"数千年未有之大变局"中，在西方近代经济学、社会学理论的启示下，在变法图强的社会思潮中，先进的知识分子们才能够以一种全新的视角和思维来重新审视王安石及其变法的价值和意义，站在时代潮头的梁启超由衷地赞叹道：

> 宋太傅荆国王文公安石，其德量汪然若千顷之陂，其气节岳然若万仞之壁，其学术集九流之粹，其文章起八代之衰，其所设施之事功，适应于时代之要求而救其弊，其良法美意，往往传诸今日莫之能废，其见废者，又大率皆有合于政治之原理，至今东西诸国行之而有效者也。呜呼，皋夔伊周，遐哉邈乎，其详不可得闻，若乃于三代下求完人，惟公庶足以当之矣。悠悠千祀，间生伟人，此国史之光，而国民所当买丝以绣，铸金以祀也。

个人的际遇、毁誉固然让人唏嘘，但就长时段而言，个人对于社会历史进程的影响，更加值得关注。北宋中后期的历史，神宗、哲宗、徽宗、钦宗可以合并视为一个阶段，串联起这个阶段的，就是纷纷攘攘的朋党之争。王安石变法使宋朝统治集团截然分为两个针锋相对的阵营，围绕着新法争斗不已，愈演愈烈。王安石虽然早早就退出了政治舞台，但其影响不但没有因此而有丝毫消减，反而愈加强烈。一直到北宋灭亡的这段时期，庙堂上的人们都是以王安石为目标的：一方高举王安石的大旗呼唤变法，尽管他们的主张和动机已经与王安石全然不同；另一方视王安石为罪魁祸首，一心要"除奸惩恶"。这种争斗发展到后来，已经与治国益民完全无关，而演变为攫取私人利益的政治手段。哲宗、徽宗两朝政治为朋党之争所充斥，使得宋朝政治步入歧途，统治集团专注于互相倾轧，数十年间并没有任何实质有效的治国之政付诸实施，宋朝积弊越发深重，终于酿成"靖康之难"。

围绕王安石变法的争论究竟给后代留下了什么样的政治遗产，又在何种程度上影响了宋代以后中国历史的进程，这在今天仍然是值得继续深入挖掘的课题。旧党尽管在北宋中后期的政争中暂时失利，但在长远而言的意识形态领域，却占据了无可争议的上风。南宋以降，王安石的理论被唾弃，司马光的想法得到了绝大多数统治者的认同，受旧党舆论的影响，王安石和司马光各自成为误国之小人与救世之君子的代名词。对王安石的詈骂与对司马光的赞颂背后，凝聚的是对变革与守成的价值评判和道德固化，变革与变乱、祸国、小人画上了等号，守成则是极大的政治美德，代表着稳定、持重、得体。这种价值判断对中国此后的历史进程产生了深远影响，颜元说："一人是非何足辨，所恨诬此一人，而遂普忘君父之仇也；而天下后世，遂群以苟安颓靡为君子，而建功立业、欲搘柱乾坤者为小人也；岂独荆公之不幸，宋之不幸也哉！"其实又岂止是宋之不幸而已，明清两朝，也无不潜移默化地受此影响。直至清末，面对着西方列强的坚船利炮，受到西方政治体制、意识形态的极大冲击后，知识分子们才真切地感受到因循守成给国家带来的伤害。严复先生1895年在《原强》一文中反思："王介甫之变法，如青苗，如保马，如雇役，皆非其法之不良、其意之不美也，其浸淫驯致大乱者，坐不知其时之风俗人心不足以行其政故也。而昧者见其蔽而訾其法，故其心不服，因而党论纷淆，至于亡国而后已。而后世遂鳃鳃然，举以变法为戒，其亦不达于理矣。"变革图强被引以为戒，保守因循被视为正途，终于导致中国近代以后远远落后于世界，这既是围绕王安石变法的争论给后世带来的深远影响，也是人们应该引以为鉴的历史教训。

参考文献

1.漆侠：《王安石变法》，上海：上海人民出版社，1959年。

2.邓广铭：《北宋政治改革家王安石》，北京：生活·读书·新知三联书店，2007年。

3.梁启超：《王荆公》，上海：中华书局，1944年。

4.罗家祥：《朋党之争与北宋政治》，武汉：华中师范大学出版社，2002年。

独不能为君耳

宋徽宗与『靖康之难』

赵佶履历表

姓名	赵佶
庙号	徽宗
籍贯与出生地	汴京（今河南开封）
生卒年及所处时代	1082—1135，北宋末至南宋初
生平履历	元丰五年（1082）十月，赵佶出生，为神宗第十一子，生母为陈氏
	元丰八年（1085）三月，神宗崩逝，哲宗即位，封赵佶为遂宁郡王
	绍圣三年（1096）三月，赵佶改封端王
	元符三年（1100）正月，哲宗崩，赵佶于柩前即位，即宋徽宗，皇太后向氏权同处分军国事。七月，皇太后还政
	崇宁元年（1102）七月，以蔡京为尚书右仆射兼中书侍郎，置讲议司。九月，籍元祐及元符末宰相文彦博等120人，御书刻石端礼门
	崇宁三年（1104）正月，铸当十大钱。铸九鼎。五月，改定六曹，以士、户、仪、兵、刑、工为序，仿《唐六典》易胥吏之称。六月，置书、画、算学。诏重定元祐、元符党人及上书邪等者命为一籍，共309人，御笔刻于文德殿东殿
	崇宁四年（1105）正月，改熙河兰会路为熙河兰湟路，以童贯为熙河兰湟、秦凤路经略安抚制置使
	崇宁五年（1106）正月，毁元祐党籍碑
	大观二年（1108）五月，以复洮州功，赐蔡京玉带，加童贯检校司空
	政和元年（1111）九月，遣童贯使辽，名为贺天祚帝生日，实为探听辽朝虚实
	重和元年（1118）二月，遣武义大夫马政由海道使女真，约夹攻辽
	宣和元年（1119）四月，童贯率兵大破西夏，平其三城。五月，西夏国遣使纳款，诏罢兵。十一月，朱勔运花石纲，东南骚动
	宣和二年（1120）二月，遣赵良嗣使金，商讨夹攻辽朝细节，求取燕京旧地。九月，遣马政使金，再议燕云之地。十月，方腊起义。十一月，以童贯为江、淮、荆、浙宣抚使，攻打方腊

续表

生平履历	宣和三年（1121）四月，童贯俘获方腊。八月，以童贯为太师
	宣和四年（1122）四月，以童贯为河北、河东路宣抚使，率军攻辽。五月，辽军败宋军于白沟（今河北省保定市高碑店市白沟镇）。九月，辽将郭药师以涿、易二州来降。十月，郭药师等率兵袭燕京，大败
	宣和五年（1123）正月，遣赵良嗣使金，求西京等州。四月，童贯、蔡攸入燕，当地遭金军劫掠，已为空城
	宣和七年（1125）十月，金人两路入侵。郭药师以燕山叛降；童贯自太原逃归。十二月，以太子赵桓为开封牧，下罪己诏，令中外直言极谏，各地率师勤王。二十三日，内禅，皇太子赵桓即皇帝位，是为钦宗。徽宗以教主道君太上皇帝，退居龙德宫
	靖康元年（1126）正月，徽宗出京东下至镇江避难，连发三道"圣旨"，切断东南与开封联系。四月，徽宗返回京师，被钦宗监禁
	靖康二年（1127）二月，徽宗等被押往金营。三月，徽、钦二帝被解北上
	建炎二年（1128）七月，金人徙徽、钦二帝于上京。八月，徽、钦二帝素服拜见金太祖庙，入见金太宗。徽宗被封为昏德公，钦宗为重昏侯
	建炎四年（1130）七月，徙徽、钦二帝于五国城
	绍兴五年（1135）四月，徽宗病逝
	绍兴七年（1137），高宗谥徽宗为"圣文仁德显孝皇帝"，庙号"徽宗"
	绍兴十一年（1141），金熙宗追封徽宗为天水郡王，封钦宗为天水郡公
	绍兴十二年（1142）八月，徽宗梓宫抵达宋境。十月，葬于会稽永固陵

12世纪初，宋朝周边形势急剧变化，传统的宋、辽、西夏三朝国力都不同程度地有所衰退，世代居于黑龙江下游、松花江、乌苏里江流域和长白山地区的女真族兴起，建立金政权，成为一支足以改变地区局势的强势力量。宋朝君臣显然没有对周边形势的变化

作出清醒的认识和预判，仍然放纵逸豫，以举国之财富满足皇帝一己之私欲。强大的金朝铁骑所向披靡，辽、宋政权相继覆亡，宋、辽、西夏三足鼎立的格局，很快演变为金与南宋的南北对峙。向来以天朝上国自居的宋王朝究竟何以走向"靖康之难"，通过宋徽宗的活动，庶几可以有所了解。

一、才智过人的少年天子

（一）"轻佻"端王君临天下

元符三年（1100）正月，年仅23岁的宋哲宗驾崩。哲宗无子，只能在神宗诸子中择取皇位继承人，由此引发了皇权、后权、相权三者之间的激烈博弈。神宗诸子有5人尚在，即申王赵佖、端王赵佶、莘王赵俣、简王赵似、越王赵偲。赵佖年纪最长，但有眼疾；赵佶未雨绸缪，与神宗向皇后关系亲密；赵似则是哲宗的同母弟，系神宗朱德妃所生。皇位的争夺，主要在赵似和赵佶之间展开。

从双方的实力对比看，赵似占据着一定的优势。他在宫中有朱太妃支持，大宦官梁从政从中奔走策应，交结外朝宰相章惇。依恃着哲宗生母的身份，朱太妃在宫中不避嫌疑地为赵似活动，甚至公然要病中的哲宗立赵似为嗣，但哲宗未置可否。向太后无子，原本对立哪位皇子态度较为超脱，但朱太妃等人的活动却引起她的警惕。她曾就皇位继承问题咨询梁从政，梁从政建议她听从章惇的意见："惇，宰相，其言安可不从！"向太后大惊，当即挥之使去。哲宗去世前，梁从政无视向太后，径自将朱太妃的椅子摆在哲宗所在的福宁殿阁前，向太后看到更觉心惊。

向太后深感事态严重，朱太妃本就是哲宗的生母，如果赵似再继承皇位，其势力将更不可遏制，向太后不能不心存顾忌。而赵佶生母刘氏已经去世，又对她一贯谦恭孝顺，权衡之下，向太后决意拥立赵佶。哲宗临去世时，朱太妃"号叫哲宗求一言"，想要哲宗明确由赵似继承皇位，可是哲宗已不能说话。向太后不满地将她拉到一旁说，他已经告诉我要立端王，朱太妃不甘心地俯首而去。

向太后唯恐发生变故，当天黎明迅速召集宰执大臣商议继位之事。宰相章惇果然提出："依礼典、律令，简王母弟之亲，当立。"向太后立即反驳："申王以下，俱神宗之子，莫难更分别。"他不给章惇分辩的机会，接着说："申王病眼，次当立端王。"又说哲宗生前也认为端王生得有福寿。章惇没有料到向太后如此果断明敏，但仍然坚持端王为人轻佻，不可以君临天下。这时知枢密院事曾布先是斥责章惇，令其听向太后安排，又接着表白："章惇并不曾与众商量，皇太后圣谕极允当。"原本与章惇同一阵营的蔡卞见事不好，也迅速表态："在皇太后圣旨。"章惇势单力孤，只能默然不语。于是确定由端王赵佶即位，即宋徽宗。

（二）帝、后共政带来的"建中之政"

宋徽宗如愿即位，但面对的形势仍十分复杂，以赵似、朱太妃为首的政治集团窥伺左右。赵似不甘心失败，"有不顺之语"；朱太妃在宫中小动作不断，"禁中有放火者"；章惇、梁从政一内一外把持大权，"惇为首相，从政握亲兵，内怀反侧，但无可为尔"，"外则宰相，内则都知，皆在众人之上，又皆异意之人，朝夕亲近，岂得稳便"。

徽宗系由亲王入继大统，从执政班底到施政方针都准备不足，他对自己孤立的处境心知肚明，再三恳请向太后垂帘听政，目的是借助向太后之力来安抚各方。曾布对徽宗的心理看得最透彻："皇帝践祚，内外皆有异意之人，上识虑高远，以此坚请太后同听政。不然，谁冀与为助者？"太后听政本是嗣君年幼情况下的权宜之计，徽宗即位时已年满18岁，完全没有这种必要，所以向太后一再拒绝："皇帝年长聪明，不须更如此。"但徽宗再三坚请，向太后只得同意，并明确表示待哲宗下葬后就将撤帘还政。

向太后听政仅半年，当年七月便卷帘，但短暂的帝、后共政格局，仍然给徽宗初年的政治打下深刻的烙印。向太后对哲宗时期的朋党之争并无过激偏见，政治上选择了一条"中间路线"："有甚熙宁、元丰、元祐、绍圣，但是者则用，不是者则不用，更不必分别此时彼时。"不过她在感情上毕竟偏向旧党，对章惇、蔡卞多有指责。徽宗政治上倾向于新党，可是一方面他羽翼未丰，要遵从向太后旨意；另一方面与向太后有共同的政治诉求，即打击阻止他继位的章惇及其同党。章惇、蔡卞等人都是新党中人，强调"谨守神宗法度"，徽宗要疏远他们，自然不便主张他们的政治纲领。正是向太后的正面牵引，与章惇等人的反面推动，使徽宗也进入"中间路线"的轨道。

徽宗与向太后各有所偏，但都主张"调一两党"，达到了一定的平衡，促成了"建中之政"的实现。元符三年十一月，徽宗下诏"元祐、绍圣均有所失，欲以大公至正，消释朋党"，宣布次年改元为"建中靖国"。这一年号寓意深长，"中"就是不偏不倚，寓含了调停两党、以平宿怨的愿望。在人事安排上，蔡卞、章惇解职后，韩忠彦、曾布分任首相、次相。韩忠彦身材伟岸，曾布身形短瘦，时人称为"龟鹤宰相"。二人并相是"建中之政"的象征：韩忠彦是旧党中人，但并不极端，与向太后关系密切；曾布虽是新党成员，可并不标准，与徽宗关系更亲近。韩、曾并相，既有利于保持新、旧两党的平衡，又是所谓"大公至正之道"的体现。

"建中之政"虽然主张"政无新旧，惟义理是守；人无彼此，惟贤材当用"，但人们的议论仍以赞誉元祐、非毁熙丰为主，贬黜者多是新党中人，升迁者多是旧党官员，因此"建中之政"在一定程度上是偏向旧党的。

（三）举重若轻：向太后被迫撤帘

向太后在历史上以不贪恋权力著称，她在垂帘时极谦挹，仅过半年便主动撤帘，但这并不意味着其垂帘徒有其名。她与徽宗围绕当时的政事，特别是蔡京的去留而进行的争论，成为引人注目的焦点，对此后的政治路线变化有重要影响。

蔡京是章惇、蔡卞集团的重要成员，元符三年三月，韩忠彦和曾布谋求将蔡京贬出京城，却意外地遭到向太后拒绝。曾布亲自至帘前极力劝说，甚至以辞职相威胁，但向太后的态度却"毅然不可夺"，丝毫不顾及曾布的颜面。向太后表面上的理由是要留蔡京修完《神宗实录》，但更重要的是，蔡京与向太后弟弟向宗回、向宗良及宦官张琳、裴彦臣交通往来，是向太后保持与外朝联系、控制朝政的重要棋子。向太后不但不放蔡京离京，甚至想要安排蔡京升任宰执，在韩忠彦的劝说下，才打消这一想法。

曾布对此显然并不满意，他指使殿中侍御史龚夬和左正言陈瓘等人连续弹劾蔡京。朝堂上的纷争，使向太后不能无动于衷，她不待哲宗祔庙，于七月便提前宣告撤帘。徽宗原本设想太后撤帘后便退居宫闱，可向太后名义上归政，实际却预政如故，徽宗向曾布诉苦说："（向太后）外间差除自不与，惟禁中及内臣事必须关白，凡章疏亦须呈单子来取看，稍不如意，煎迫极甚。"在徽宗策划下，朝堂再次掀起攻击蔡京的浪潮，目标却指向退居幕后的向太后。

陈瓘首先弹劾蔡京与向氏兄弟和宫中宦官内外勾结,指责向太后通过他们干预朝政。向太后大怒,"哭泣不食",意图逼迫徽宗拔擢蔡京为执政。徽宗则展现出高超的政治手腕,他表面上重责陈瓘,将他贬出京城,实际上却是通过此举刺激台谏官员,将他们的怒火引向太后。他在接见臣僚时,露骨地暗示蔡京不能外放和陈瓘被贬都是太后的主意,自己无能为力,御史中丞丰稷和殿中侍御史陈师锡遂分别向太后上奏,言辞激烈地要求太后戒饬向氏兄弟和身边亲信,贬逐蔡京。徽宗又直接授意曾布及其弟弟曾肇上书太后,要太后"退安房闼,不与外事"。

在强大的舆论压力下,向太后不得不妥协,表示如果再有大臣上书反对,便不再插手政事。不久,陈瓘在离京前再次上奏,指责蔡京"但欲陛下授柄于外家而已,此蔡氏之利,非宗社之福也",继续向太后施压。徽宗对陈瓘的上书大加赞赏,"瓘言事极不可得,暂贬亦不久",派人送给陈瓘黄金百两。十月,蔡京被任命为端明殿学士、知永兴军,终于被贬出京城,同时也意味着向太后彻底失去了对朝政进行干预的能力。

这场围绕蔡京去留的争论,背后其实是徽宗与向太后之间的较量,徽宗借助外朝宰辅、台谏之力取得了完胜,结束了帝、后共政的格局。"建中之政"的形成,本身就是帝、后两方面力量势均力敌的结果,随着向太后一方的失势,"建中之政"失去了平衡点,朝政很快向"绍述"神宗法度方向倾斜。徽宗此后既无反对者,又无制约者,得以独断专行。

二、步入歧途的"绍述"政治

（一）"朕岂不能主张神宗"：蔡京的复起

徽宗本人早有绍述神宗变法之意，他曾与曾布谈及，茶马法、免役法、常平法等新法措施都不应该更改，司马光"诋毁神宗，变乱法度"，罪莫大焉。尚书右丞范纯礼当时就意识到："上有所涵蓄，恐彻帘后，必更有所为。"

蔡京是一个政治投机者，他作为章惇、蔡卞集团的核心成员，却处心积虑地投到向太后门下，倚恃向太后的庇护来抵挡政治浪潮的冲击。然而他虽身处向太后阵营，却并未放弃向徽宗示好，通过交结徽宗身边的亲信内侍冯说等人，窥伺着徽宗的动静，徽宗绍述神宗变法的心意很快引起他的注意。元符三年五月，就在朝中对蔡京的弹劾日趋激烈时，蔡京却暗度陈仓，瞒过韩忠彦、曾布等人的耳目，数次借面对机会向徽宗陈说继述神宗变法之意，获得徽宗信任。徽宗对他说："朕尽解此，独母后之意未听，卿姑待焉。"蔡京此举无异于一次政治赌博，但不得不承认，他的政治嗅觉是非常敏锐的，这次冒险的成功，为他日后复起打下了基础。徽宗此后虽仍将他外放，但并非针对蔡京本人，而是为了迫使向太后放权。

徽宗和蔡京共同主导了北宋晚期的政局，共同的政治倾向是徽宗倚重蔡京的重要原因。蔡京把自己打造成王安石新法思想的正统继承人，徽宗想要绍述神宗之政，便必须由蔡京来主持。蔡京的党羽起居郎邓洵武对徽宗说："陛下乃先帝之子，今宰相韩忠彦乃（韩）琦之子。先帝行新法以利民，琦尝论其非，今忠彦为相，将先帝之法更张之，是忠彦为韩琦子，能继父志，陛下为先帝子，不能继父志也。陛下必欲继志述事，非用蔡京不可。"他又进献了一幅精心绘制的《爱莫助之图》，将朝中大臣分左、右两列，主张"绍述"的居左，只有二三人；赞同元祐之政的居右，满朝文武大臣百余人都位列其中。他将蔡京的名字写在左列宰相一栏中，说如欲绍述神宗政事，群臣中无人相助，必须拜蔡京为宰相。这张图最终把蔡京推上了宰相的位置，徽宗看到图后"遂决意用京"，岳珂说："卒之成蔡氏二十年擅国之祸，胎靖康裔夷之酷者，此图也。"

蔡京的机会来自韩忠彦与曾布的纷争。建中靖国元年（1101），向太后去世，作为旧党代表的韩忠彦很快失势，与曾布产生冲突。韩、曾二人都想援引蔡京相助，蔡京被任命为翰林学士承旨，又回到中央。崇宁元年（1102）五月，曾布指使谏官弹劾韩忠彦变更神宗法度，韩忠彦出知大名府，蔡京递补升任尚书左丞，位列执政。不久，蔡京揭露曾布任用亲家陈祐甫为户部侍郎，质疑"陛下之爵禄，奈何使宰相私其亲？"曾布遂被罢相，蔡京取代曾布为右仆射，晋身宰相。"鹬蚌相争，渔翁得利"，蔡京成为韩、曾之争中的受益者。

蔡京的复起，意味着新一轮绍述政治的到来，徽宗在蔡京拜相制书下达当日，就召见他说："神宗创法立制，中道未究。先帝继之，两遭帘帷变更，国是未定。朕欲上述父兄之志，今特相卿，卿何以教之？"蔡京顿首拜谢："敢不尽死！"自此以后，蔡京长期把持朝政近20年，徽宗对他虽有不满，但信任之深却无人能比，北宋末期的政治，不可避免地打上了他的印记。

（二）朋党政治的变异："元祐党籍碑"

从神宗时期开始的朋党之争，是北宋后期政治的痼疾，发展到徽宗时期，出现了著名的"元祐党籍碑"。很多人把徽宗在位期间对元祐党人的严厉打击归罪于蔡京，但事实上，徽宗的意志在其中发挥了主导作用。在"建中之政"的背景下，元祐党人误判了当时的政治风向，以为有向太后支持、韩忠彦担任首相，是复起的大好时机，于是喋喋不休，"惟以沮坏事功、报复仇怨为事"，"不顾先朝之逆顺，不恤人主之从违，必欲回夺上意，使舍熙、丰而从元祐，以遂其私志"。这种偏执的态度使徽宗日益反感，得出元祐小人不可不逐的结论。

崇宁元年九月，徽宗命中书省将元祐党人姓名、人数统计上奏，蔡京列出以文彦博、吕公著、司马光为首的120名大臣的名单，由徽宗御笔书写，镌刻于端礼门的石碑上，昭示天下。崇宁二年（1103）九月，有人上书说距京城近在咫尺的陈州士人竟然不知道端礼门石刻上的元祐奸党姓名，徽宗命御史台抄录，分送各地。次年六月，又把元祐党人和元符年间上书反对新法的大臣合为一籍，共309人，由徽宗亲自书写其姓名，刻于文德殿东壁，再由蔡京抄写颁示州县，令各地皆刻于石碑之上。列入党籍之人，学术、著作都受到禁锢，子孙不得在京师为官。

徽宗、蔡京对所谓"元祐党人"的倾轧，实际上已经与变法关系不大，更多是出于徽宗特别是蔡京排斥异己的需要。章惇本是主持变法的新党领袖，可徽宗为了报复他阻止自己即位，授意将之也列入"元祐党籍"。蔡京更是借圈定党籍之机一逞私意，凡是与自己意见不合者，"人无贤否，官无大小，悉列其中，屏而弃之"。素来主张变法的曾布、张商英都因与蔡京不合而被列入"元祐党籍"，初与蔡京相好的张庭坚，后来不听蔡京调遣，也位列其中。因此，所谓的"元祐党籍"其实并不完全是反对新法的官员，而是与徽宗、蔡京意见不合的官员的大杂烩。

徽宗对蔡京借打击元祐党人而排斥异己的用心也有所警惕，逐渐放松党禁。崇宁五年（1106）正月，彗星在西方天空出现，在时人看来这是上天在示警，徽宗下诏中外臣僚直言朝政阙失。中书侍郎刘逵劝徽宗毁碎元祐党籍碑，徽宗说："莫待明日，引得蔡京又来炒。"当天晚上，徽宗便命人拆毁了石碑，并下令各地石刻一并除毁。蔡京次日看到后大怒，坚持"石可毁，名不可灭也"。徽宗不能为自己御定的"乖父子之恩，堕君臣之义"的元祐党人翻案，只能下诏"今虽仆碑，而党籍却仍旧"。一直到南宋以后，元祐党人才彻底摆脱被压制的命运。

（三）重在敛财的经济改革

徽宗时期的变法是北宋历史上规模仅次于王安石变法的改革运动，其内容包括官制、学校、科举、礼法等诸多方面，但影响最大的还是经济方面的改革，特别是茶、盐法的变化。改革由蔡京全权主持，虽然打着继承王安石变法的旗号，但其实质和目的已经完全不同，"名为遵用熙、丰之典，乃实肆为纷更，未有一事合熙、丰者"。

蔡京的茶、盐法改革，本质上是在政府的专卖政策下，更多发挥商人的作用。商品的生产、流动等环节交由商人运作，政府以此来规避风险和成本，转而制定更严密的管理制度，确保国家在利益分配上获得最大份额。加强征敛，政府从中获得暴利，是蔡京经济改革的一大特点。以茶法为例，王应麟提道："崇宁以后岁入至二百万缗，视嘉祐五倍矣。政和元年正月始创引法，置都茶场，岁收四百余万缗。"这是北宋茶利最高的时期。叶适评价说："祖宗之盛时所入之财，比于汉唐之盛时一再倍……（熙宁、元丰时）比治平以前数倍；而蔡京变钞法以后，比熙宁又再倍矣。"

通过改革获得的财利最后都汇集于中央，中央对地方财政的控制和利益分割进一步强化。自宋初开始，为了遏制地方势力过度膨胀，便着手减少地方对财政收入的支配权，扩大地方上交中央财赋的比例。然而太祖、太宗、真宗三朝，财赋的分配基本尚能在中央与地方之间兼顾，地方经费还是充足的。但到徽宗政和、宣和年间，蔡京的经济改革"欲囊括四方之钱，尽入中都"，使得地方日益拮据。宋人说："祖宗之时，茶盐之利在州县，则州县丰饶"，"崇观以来，茶盐之利在朝廷，则朝廷富实"。中央对地方财政的过度搜刮，降低了地方官吏应对事变的能力，使地方面对外敌的侵入无力抵抗。

徽宗时期，国家财政与宫中费用都仰赖蔡京经济改革所带来的收入来满足，因此当有官员论奏茶、盐法改革搜刮太甚时，徽宗也只能推说"以用度不足故也"。蔡京几次罢政，徽宗命赵挺之、张商英、王黼等人取代，他们"尽改京所为政"，但结果却都"无益于事"，只能再由蔡京出山复行旧制，这是徽宗始终不能彻底罢黜蔡京的原因之一。

（四）以"丰亨豫大"为名的放纵享乐

北宋末年，孙傅评价蔡京改革说："祖宗法惠民，熙、丰法惠国，崇、观法惠奸。"虽然偏颇，却注意到蔡京改革与王安石变法的不同。神宗和王安石理财的目的是富国强兵，准备对辽、夏作战，重申国威；而对徽宗和蔡京而言，相当部分的财富被用于满足个人私欲的挥霍。

徽宗即位初年，很注意控制自己的欲求，但随着地位的稳固，逐渐兴起奢侈之心。他打算在大宴群臣时使用玉盏、玉卮，又担心被人说过于奢华，蔡京附和他说："事苟当于理，人言不足恤也。陛下当享天下之养，区区玉器，何足道哉！"蔡京引经据典，说《易经》上有"丰亨豫大"之语，意思是君王应在太平盛世纵情享乐，不必拘泥于世俗之礼。《周礼》也说"唯王不会"，就是说自古以来君王的花费都不受限制。在他的劝导下，徽宗"视官爵财物如粪土，累朝所储扫地矣"。

徽宗热衷于园林、艺术、古董，这本非坏事，但徽宗却沉迷其中，忽略了帝王的责任。蔡京知道徽宗垂意于花石，嘱咐朱冲父子到浙江搜罗珍异进奉，开始还比较谨慎，"岁不过一二贡，贡不过五七物"，后来索性设立专门机构大规模运输，即"花石纲"。从东南巧取豪夺的奇花异石源源不断地运往汴京，"一花费数千缗，一石费数万缗"。蔡京将新船悉数调走运送花石，只用旧船运送粮食，且应募运粮之人皆是游手无赖，"盗用干没，漫不可核"，严重影响到粮食运输。

蔡京拜相次年即缮修大内，建景灵宫、元符殿。他向徽宗进言："今泉币所积赢五千万，和足以广乐，富足以备礼。"徽宗自此大兴土木营造。政和四年（1114）营建延福宫，规模宏大，殿阁亭台相望；政和七年（1117）开始在京城修建艮岳，历时6年完工，"真天造地设，神谋鬼化，非人力所能为者"。徽宗出手阔绰，仅赏赐一项，便耗费大量帑藏。近臣宠幸往往赐府第，每间府第耗费数十万至上百万缗，而当时淮南地区20个州，一年才能上缴30万缗，还不够建造一座府第。

徽宗君臣聚敛全国的财富，用于满足自己奢侈的生活，在府库空虚、入不敷出时，甚至通过改革币制来掠夺民财，使经济秩序受到极大破坏，社会秩序也陷入混乱。严酷的盘剥使普通百姓倾家荡产，受到花石纲侵扰的东南地区尤为凋敝，辗转沟壑的百姓铤而走险，揭竿而起。宣和二年（1120）十月，睦州青溪（今浙江淳安西）方腊起事，以诛杀贪官为号召，两浙百姓争相投附，"连陷郡县数十，众殆百万，四方大震"。河北地区也爆发宋江起义，"以三十六人横行河朔，转掠十郡，官军莫敢撄其锋。"二人一南一北，令徽宗手忙脚乱。徽宗命童贯为江淮荆浙宣抚使，率军15万攻打方腊。童贯以徽宗名义发布罪己诏，停罢东南地区收买花石、造作供奉之物及相关机构，"若尔后尚敢以贡奉为名，因缘科扰，以违御笔论"。直至宣和三年（1121）下半年，各地动乱才大体平定下来。徽宗并没有从动乱中吸取教训，起义刚刚平定，他立即恢复应奉局，再运花石纲，甚至连童贯都叹息说："东南人家饭锅子未稳在，复作此耶？"徽宗君臣步入歧途的"绍述"改革，给社会、民生都带来严重问题，元人在修《宋史》时说："徽宗既立，蔡京为丰亨豫大之言，苛征暴敛，以济多欲，自速祸败。"

三、靖康之难

（一）宋金"海上之盟"

就在宋徽宗君臣纵情享乐的同时，宋朝周边形势发生了重大变化，世代居住于黑龙江下游、松花江、乌苏里江流域与长白山地区的女真族兴起，成为不可忽视的力量。女真原本是辽朝的藩属，政和五年（1115），完颜阿骨打称帝，国号为"金"。辽天祚帝派兵征讨，但屡遭挫败。

辽朝的衰落，使徽宗君臣又燃起收复燕云地区的希望。童贯主持拓边西北、压制西夏的战事取得很大进展，于是"遂谓北边亦可图"，主动要求出使辽朝，名义上是祝贺天祚帝生日，实际目的却是探听辽朝的虚实。童贯在辽期间，遇到一个名叫马植的汉人，献平燕之策："结好女真，与之相约攻辽，其国可图也。"童贯大受启发，约马植归宋，宋徽宗赐其名为赵良嗣。

宋、辽双方自澶渊之盟后，虽偶有摩擦，但大体相安无事，保持着友好的关系，因此联金伐辽的计划遭到很多大臣的反对。邓洵武劝徽宗说，以太宗之神武，赵普之谋略，曹彬、潘美之将才，尚且对燕云毫无建树，现在更不可轻举妄动，"百年盟誓，一朝弃之，何以令吾民告敌国乎？诚恐兵革一动，中国昆虫草木，皆不得休息矣"。甚至高丽国王都托人送来口信："闻朝廷将用兵伐辽，辽兄弟之国，存之足为边扞，女真虎狼耳，不可交也。"徽宗因此暂时放弃了伐辽计划，约束沿边将吏不得妄动。

政和七年，辽人高药师投宋，备言女真攻城略地、辽朝节节败退的情形。童贯此时领枢密院事，掌握了兵权，再次提出联金攻辽的主张。宣和二年三月，徽宗派赵良嗣、王瓌使金，商讨联合夹攻辽朝的细节，并求取燕京旧地。双方约定金取中京（今内蒙古宁城东），宋取燕京（今北京）；事定之后，燕京归宋，宋朝将给辽朝的岁币银、绢五十万两、匹移交给金。赵良嗣提出西京（即云州，今山西大同）应归属燕京一带，阿骨打答应擒获天祚帝后一并归还。

徽宗君臣虽意在收复燕云，但铸成一个大错。辽朝控制燕云地区后，已经对当地行政区划进行变更，宋朝所要求的燕京，只管辖檀（今北京密云）、顺（今北京顺义）、景（今河北遵化）、蓟（今天津蓟州）、涿（今河北涿州）、易（今河北易县）6州，并非此前所称的燕云地区。意识到这一错误，宋朝再派马政使金，说明所谓幽蓟是指五代以来所失陷的燕云十六州，而不单指燕京地区。然而宋朝所要求的地区，都是兵家必争之地，控扼金人入关的必由之路，金朝自然不肯答应。直到宣和三年正月，金朝才遣使至宋，声言如果宋朝想要西京，就请自己发兵收复，意在试探宋朝兵力虚实。而宋朝方面正忙于处理方腊之乱，颇以与金结约为悔，所以在国书中含糊地答复："所有汉地等事，并如初议，俟闻举军，到西京的期，以凭夹攻。"这种模棱两可的盟约，为后来与金朝的交涉不顺埋下了伏笔，阿骨打怀疑宋朝放弃结约，决定单独征辽，宋金谈判陷入停顿。

（二）唇亡齿寒，金人渝盟

金军势如破竹，辽朝5京（上京临潢府、东京辽阳府、南京析津府、中京大定府、西京大同府）除南京外，其余4京皆陷入金军之手。天祚帝逃入夹山（今内蒙古土默特左旗西北），耶律淳即位于燕京，契丹内部分裂，国力益削。宣和四年（1122）四月，童贯终于平定了方腊之乱，徽宗命他为河北、河东路宣抚使，蔡攸为副使，率军攻辽。徽宗君臣以大国自居，将出兵视同儿戏。蔡攸向徽宗辞行时，恰逢徽宗两个宠嫔侍立于侧，蔡攸竟然指着两人对徽宗说，迨功成之后，请以此二美人相赏。徽宗居然也不以为忤，一笑置之。

徽宗君臣以为功业唾手可得，可现实却残酷地映衬出宋朝军队的孱弱。童贯率军在高阳关（今河北高阳东）和燕京附近两次与辽军对垒，均大败而归，自神宗以来积蓄的军马粮草损失殆尽。宋朝眼见单凭自己之力无法收复燕京，只得向阿骨打求援。宣和五年（1123）春，宋遣使至金，要求金归还此前所允诸地。阿骨打仅以燕京六州为限，并向宋苛刻勒索，除岁币外，又要求宋朝支付劳军费用和燕京地区赋税。金军撤离时大肆抢掠，民居十室九空，宋朝付出大量财富，收复梦寐以求的燕京，得到的却只是几座空城。

宋军几次与辽交战均惨遭大败，金朝因此产生轻视心理；徽宗君臣用度侈靡，又刺激了金人对财富的贪婪。宣和七年（1125）二月，辽天祚帝被金人擒获，金朝没有了后顾之忧，遂转头南向。当年十月，金太宗下诏伐宋，兵分两路：东路由宗望统领，自南京入燕山；西路由宗翰率领，自西京入太原。

宗望进攻的燕山地区，正当宋朝河北边防，金军进军的过程，充分暴露出宋朝长期以来执行"强干弱枝"政策、苟且偷安的恶果。自宋初被收缴权、财、兵以后，地方州郡日益困弱。真宗咸平三年（1000），王禹偁就上书批评，各地州郡"毁城隍，收兵甲，撤武备者二十余年。书生领州，大郡给二十人，小郡减五人，以充长从。号曰长吏，实同旅人；名为郡城，荡若平地。虽则尊京师而抑郡县，为强干弱枝之术，亦匪得其中道也"。

河北防务虽向来被宋人视为天下根本、存亡所系，但情况同样不容乐观。神宗元丰以后，专意于在西北对西夏用兵，宋辽之间相安无事，河北边备更是废堕日甚。元符二年（1099），枢密院报告："缘边诸州军寨城壁楼橹，以承平日久，浸以颓圮。至于备城军器亦各并不依式排垛。"防守城池所用器械"见阙名件，万数浩瀚，其见在数内，亦有损坏朽烂，不堪施用之物不少"。对此情况，宋廷虽委任官员逐一检点修换，立限三年修完，但显然无济于事。至宣和年间，主持伐燕的童贯气急败坏地痛斥："河朔将兵骄惰，不练阵敌，军须之用，百无一有。如军粮虽曰见在，粗不堪食。……军器甚阙，……各件不足，或不适用。至于得地版筑之具，并城戍守御之物，悉皆无备。盖河朔二百年未尝讲兵，一旦仓卒，责备颇难。"童贯所述，并非夸大之词，以骑兵所需马匹而言，仅高阳关一处，缺马已达五千匹，其他可见一斑。及燕京收复以后，宋廷更以为有燕山为边，旧日堡寨不需维护，保信军等都被废弃。新边未固，旧防已废，官兵士气、纪律、经验、训练皆无以称述，连基本防御设施的城寨器械，亦已倾颓缺朽，想要御敌制胜，无异于痴人说梦。

宣和七年十一月，宗望率军南侵，所过城寨州县或破或降，竟无能与之一战者。旬日之间，金军已攻破檀州、蓟州。燕山方面警讯呈报至宋朝中央，恰逢朝廷正准备举行郊祀大礼，朝中大臣唯恐影响大礼后的恩赏，因此将警情隐匿不报，只命燕山守将自行防卫。燕山的防守主力是辽朝降将郭药师，其人顺逆无常，宗望大军抵达后，郭药师马上出城投降。

燕山失守对战争全局影响甚大，宗望挥军直指汴京，进军神速。十二月二十一日，金军攻中山府（治所在今河北定州）不克，转攻庆源（治所在今河北赵县）、信德（治所在今河北邢台）。信德之战，竟然只用了不到一个时辰，"斡离不（宗望）至信德府，见城壁不坚，守臣杨信功但杜门不出师，金人遂鸣鼓而攻，……不移时，城遂陷"。次年正月一、二日，相州（治所在今河南安阳）、浚州（治所在今河南浚县）相继被攻破，浚州守军甚至未等交战便已溃散。金军至天堑黄河岸边，守军望风而逃，金军得以从容不迫地渡过黄河，他们嘲笑说："南朝可谓无人，若以一二千人守河，我岂得渡哉！"

河东方面也传来宗翰入侵的消息，徽宗毫不警惕，仍冀望金人依约交割云中之地，命童贯前往太原处置。宗翰的使者来到太原，要求宋朝割让河东、河北，以黄河为两国界限。童贯一筹莫展，准备以面奏徽宗为借口逃离太原。知太原府张孝纯讽刺他说："金人渝盟，王当令天下兵悉力枝梧，今委之而去，是弃河东与敌也。河东入敌手，奈河北乎？"童贯恼羞成怒，斥责道："贯受命宣抚，非守土也，君必欲留贯，置帅何为？"童贯未采取任何防御措施便逃回开封，河东局势也急转直下。

（三）临阵避敌，骤然禅位

金军节节进逼，徽宗君臣不能再等闲视之。宣和七年十二月，徽宗遣陕西转运判官李邺携黄金一万两出使金营，请求金军暂缓进攻，以争取时间。同时，徽宗下达两道诏书：其一命河北、河东加强守备；其二命陕西将领率军至开封勤王。徽宗深知，缓师求和金人不一定接受，勤王之师也未必能够抵御金军的锐利攻势，他的真正想法是走为上策，尽快逃往安全地区，徐图复兴。这一想法也得到一些大臣的支持，蔡绦《北征纪实》里提道："太平之久，人不知战，又不善守，……况以万乘至尊，岂宜与小丑所遣两偏将角胜负存亡，欲存孤城于无救之地。且本朝建国用意与前代置藩镇规模自异，则外无重兵，不可赖之。"蔡绦的兄长蔡儵也上言："都邑不可守，籍守亦必破，况天子不乘危。"宰执大臣们每日讨论如何将朝廷迁移到东南地区，并安排船只运输宝货，以早做准备。

徽宗原计划由太子赵桓留守开封，自己出幸东南避敌，因此宣和七年十二月二十一日御笔手诏："皇太子除开封牧，余依故事，……付翰林草制。"不料这一安排引起朝中人情震动，很多人认为出幸避敌是弃宗庙社稷于不顾，坚决反对。他们提出，如果徽宗执意出幸，应当传位于太子。太常少卿李纲对给事中吴敏说："巨敌猖獗如此，非传以位号，不足以招徕天下豪杰。东宫恭俭之德闻于天下，以守宗社可也。"大臣们的执意反对，使蔡攸也心存顾忌，他早知徽宗有内禅之意，便接纳李纲、吴敏的建议，引吴敏面见徽宗。

十二月二十三日，童贯接到金人牒文，其中说："赵佶越自藩邸，包藏祸心，阴假黄门之力，贼其冢嗣，盗为元首，因而炽其恶心，日甚一日。昏迷不恭，侮慢自贤，谓己有天命，作虐无伤。"徽宗看后涕泪俱下，顿觉祸难临于己身，说道："休，休，卿等晚间可来商议。"当晚，蔡攸、童贯、张邦昌等宰执至玉华阁，徽宗忽然"气塞不省，坠御床下"。清醒过来后，徽宗以左手写道："我已无半边也，如何了得大事。"群臣面面相觑，无言以对。徽宗又写道："皇太子桓，可即皇帝位，予以教主道君退处龙德宫。"皇子赵桓至榻前即位，是为宋钦宗。

徽宗将皇位禅让给太子赵桓，意味着权力核心及其结构必将发生重大变动。钦宗即位后，徽宗时期的当权诸臣失势，受到清算。太学生陈东上书声讨："况今日之事，蔡京坏乱于前，梁师成阴败于内，李彦结怨于西北，朱勔结怨于东南，王黼、童贯又从而结怨于二房,败祖宗之盟,失中国之信,创开边隙,使天下势危如丝发。此六贼者,异名同罪,伏愿陛下擒此六贼,肆诸市朝,传首四方,以谢天下。"这些人在位日久,党羽、门生布满中外,俱都惶惶不安,对朝廷产生一种离心力。在国难紧迫,亟须团结对外时,这种情形是极大的破坏。因此,徽宗骤然内禅,非常不合时宜。

徽宗临阵脱逃,将毫无治国经验的钦宗推上前台。钦宗即位后便昏招迭出,当天给河北、河东诸州军发布手诏:

> 勘会朝廷与大金国元自海上结约,积有岁时,使命交驰,欢盟无间。止缘守边之吏不能恪守誓言,容纳叛亡,致误朝廷,结怨邻国,以致兴师。既往难追,宜寻旧好,除已遣使知会外,仰河北、河东沿边州军严饬守备使司,务在持重,毋得轻举。

这道手诏承认容纳叛亡,咎在己方,则金人兴师问罪事属正当;又谕知河北、河东沿边州军,已经派遣使臣求和,不久将重复旧好,换言之,并不打算与金人作战,则河北、河东州军不需积极备战;金军已两路入侵,手诏竟然严饬河北、河东州军"毋得轻举",难怪金军如入无人之境,宋方守臣只能被动挨打。

(四)父子反目与"靖康之难"

靖康元年(1126)正月初三,宗望军渡过黄河,直趋开封。钦宗领导下的政府却仍在战守与避敌之间犹豫不决,宰执大臣们仍秉持出幸避敌之策,新被擢用的李纲则坚决主张守卫都城,认为宗望孤军深入,犯兵家大忌,号召天下豪杰勤王,宗社必可固守无虞。两派大臣争执不下,钦宗也表现得优柔寡断,忽而以为京城"决不可留",忽而又决意罢行固守,终于在李纲的坚持下,未能出走。李纲虽有满腔热血,却对敌我两军战力判断失误,金军如狼入羊群,钦宗坐守京师,无异于困在孤城,暴露于敌锋之前,这已经种下靖康之难的祸因。

就在金军大举压境的同时，退位的徽宗与钦宗之间又爆发了尖锐的矛盾，使得局势更加不可救治。徽宗把皇位禅让给钦宗，等于卸下一个包袱，金军渡过黄河的当夜，就以到亳州（今安徽亳州）太清宫烧香为名，出京东下至镇江（今江苏镇江）避难。蔡京的儿子蔡翛已预先被任命为知镇江府，蔡攸的嫡堂妻弟宋焕添差江、淮、荆、浙等路制置发运使，提前做好准备。随着徽宗的南下，很多他原来的心腹大臣，如蔡京、童贯、高俅、王黼、朱勔等都擅离职守，追随他前往东南。"上皇东幸亳州，大臣权贵不闻恤国家难者，皆乞扈驾，将家属从"，甚至出现"去朝廷者，十已三四，班缀空然，众目骇视"的局面。

朝中为之一空，徽宗的行宫则百官群集，种种迹象表明，徽宗有在东南另立朝廷的嫌疑。徽宗退位时承诺"除教门事外，余并不管"，但刚到镇江便连发三道"圣旨"：东南各地向都城呈递的文书一律不得放行；不许东南各地驻军赴开封勤王；不许东南各地向开封运送包括粮食在内的任何物资。这三道"圣旨"等于切断了开封与东南地区的联系，使都城处于缺兵少粮的绝境，而东南地区则隐然成为另一个"中央"。

"唐睿宗始立为皇帝，复为皇嗣居东宫"，钦宗虽然懦弱，但也不愿成为第二个唐睿宗。针对徽宗的"圣旨"，钦宗寸步不让，他下令各地不得听奉徽宗指挥，又先后令宋焕、李纲劝说徽宗回京。钦宗诏令全国名正言顺，徽宗的所谓"圣旨"则往往遭到抵制，他财源断绝，无法在东南立足，只能启程还京。

徽宗回到开封后，马上落入钦宗的严密监控下。钦宗将徽宗身边的侍从驱逐得一干二净，同时安插眼线，汇报徽宗的一举一动。徽宗离京南逃期间，金军一度攻至开封城下，钦宗一方面命李纲主持京城防务，另一方面遣使求和。金军数次攻城失利，担心腹背受敌，于是萌生退意。二月十日，金军携带着钦宗割让太原、中山、河间三镇的诏书，以肃王为人质，押运着大量宋朝赔款北归。徽宗断言金人虽暂时退去，必会卷土重来，先是请求钦宗准许他到西京洛阳募兵，后来又提出"与帝出幸"，父子同时撤离开封，但钦宗与他隔阂已深，断然拒绝了他的提议。就当时的形势而言，出幸避敌、以图复起是最好的选择，但由于徽、钦二帝父子间的猜疑，再一次错过了机会。

靖康元年十一月下旬，金军果然再度兵临开封城下，钦宗严密封锁消息，徽宗一无所知。一个月后，金军攻破开封外城，钦宗首先想到的却是派卫士逼迫徽宗从龙德宫迁入禁中控制起来，以防徽宗逃走。金人要求以徽宗为人质，钦宗断然拒绝："朕为人子，岂可以父为质？"金人以议和为名，"坚欲上皇出郊"，钦宗推托"上皇惊忧已病，不可出"，并表示"必欲坚要，朕当亲往"，自己慷慨前往金营。钦宗如此自告奋勇，自然不是替徽宗着想，而是唯恐徽宗与金人串通，金人另立徽宗为帝。

靖康二年（1127）正月十日，钦宗被迫再次前往金营，他临行前降旨："以皇子监国。"钦宗的儿子赵谌刚刚10岁，他宁愿让一个不知世事的孩童监国，也绝不允许年富力强的父亲复辟。二月，留在开封的徽宗和赵氏宗亲被尽数拘至金营，徽宗临行前抱怨："朝廷既不令南去，又围城时聋瞽我，不令知，以至于此。"父子相见于金营时，徽宗开口便训斥钦宗"汝若听老父之言，不遭今日之祸"，埋怨钦宗不听从他的劝告，及时撤离开封。南宋吕中后来扼叹，钦宗如果"早从上皇治兵两京之训，集天下勤王之师，京城或可以守"。徽宗与钦宗父子明争暗斗，直至大难临头，钦宗仍不肯撤离开封，更不允许其父离开，这是一个历史性的错误，否则北宋王朝或许尚有延续的可能。

结　　语

《宋史》的编纂者脱脱评价宋徽宗，说他"诸事皆能，独不能为君耳"，可谓入木三分。平心而论，宋徽宗并非晋惠帝那样的无能之辈，也不是如孙皓之流的暴虐之主，甚至可以说，他的才智达到了常人难以企及的地步。面对即位初年错综复杂的形势，在政坛摸爬滚打多年的一众大臣环伺身边，作为一个年仅18岁、没有任何政治经验的少年，徽宗没有表现出任何慌乱无措，反而举重若轻，波澜不惊地度过一次次政治风浪，这不是任何人都能够做到的。

徽宗的问题在于，他并不想承担帝王的责任，不愿把才智用于劳心费神的治国理政上，而是沉醉于湖光山色、金石书画的世界。蔡攸曾对宋徽宗说："所谓人主，当以四海为家，太平为娱。岁月能几何，岂徒自劳苦！"徽宗深以为然。在徽宗身上，可以清楚地看到两种角色的错位，他分明是一个放浪逸豫、风流蕴藉的魏晋名士，却不幸成为一个君临天下、生逢国难的帝王。北宋末年，积弱积弊的王朝就像一个久染沉疴的病人，指望着徽宗来妙手回春，扶大厦之将倾，显然不切实际。

历来检讨北宋灭亡的原因，都归因于徽宗君臣确定的联金灭辽政策，可以仔细思考，联金灭辽之策的提出，并不是一个轻率鲁莽的决定，有其历史背景和内在逻辑。就动机而言，宋朝与金订立海上之盟，目的就在于收复燕云地区。燕云地区的战略意义已无须赘述，靖康之难已经以一种残酷的方式，展现出该地区对中原王朝的重要性。燕云一日不复，宋朝便无一日之安宁，所以宋自太祖建国起,便孜孜不息以收复燕云为念,即便宴安如徽宗,看到机会也不惜一战。从这个角度来看,宋朝做出联金灭辽的选择是无可非议的。

以当时的战争形势而言,联金灭辽并不为失策。摆在宋朝面前的选择,无非是联金灭辽、援辽抗金、保持中立三种。假如在金、辽交战初期,宋、辽能够联合起来,在军事和外交两方面给金朝施加压力,辽、宋的覆亡或许可以避免。但彼时辽朝统治者盲目自大,并没有把女真放在眼中,不可能寻求宋朝相助;宋军在技术上也不可能跨越辽境与金交战。随着战争形势的发展,辽朝败局已定,宋朝与之联合也不可能再改变局势,只能开罪金朝。因此,援辽抗金其实只是一种纸面上的选择,实际中没有可操作性。而且即便宋朝保持中立,辽朝也一定会亡于金朝之手,这是可以断言的,届时宋朝将一无所获。所以,综合衡量各种选项,宋朝其实没有其他选择。

"靖康之难"的发生,并不在于联金灭辽的政策,而另有其他原因。首先,徽宗君臣对周边形势的发展缺乏前瞻性的预判。辽朝的灭亡已经注定,但宋朝中央对辽朝灭亡以后的形势将如何演变却没有任何思考,高丽国王早就提醒徽宗女真的虎狼之性,宋人却并未在思想上和军事上有所准备,反而宴然自安,笃信金朝必定信守盟约,己方可以不劳而获地收回燕京旧地。金军南侵是有计划的行动,宋方则戒备松弛、没有针对性的御敌准备,这是"靖康之难"发生的重要原因。

其次,"靖康之难"的发生,根本上在于宋朝军事实力的孱弱。宋军连苟延残喘的辽军残部都不能战胜,反而遭受惨败,更遑论锐不可当的女真了。这种军事上的弱势不能完全归咎于徽宗,宋自建国以来的"祖宗家法"难辞其咎。"以文治武",于是统兵大员必以文官担任,士人竞趋科举而军士为人所贱。有才能的将领受到猜防，一代名将狄青乃至贬抑而死，得到任用者只能是一些才干平庸之辈，即便是志在大有为的神宗皇帝，也不免用李宪、王中正等宦官为将。由"以文治武"衍生出"重文轻武"乃至"兴文废武"，武将声势日趋衰弱，给国家带来巨大伤害。

"强干弱枝"的国策更是宋代诸多弊病的根源。太祖收天下精兵于京师，勤加训练，养成一支战斗力极强的禁军。但太宗两次北伐失败，中央禁军损失大部，后来增补的军队素质不能与此前相比；又自澶渊之盟后国家承平日久，训练废弛，将不识兵，兵不识战，战斗力已极为低下。中央禁军的衰落，直接造成宋代军威的不振。而地方在经过宋初收缴权、财、兵以后，更是日渐困弱，守备废弛，无力自保。这些制度性的因素致使宋朝军事实力大损，积弊日久，又恰逢徽宗这个无意于治国劳苦的皇帝，积弱之势遂不可救治。

而徽宗在强敌压境之下的一系列举措，使局势进一步恶化。为了尽快撤离京城，徽宗将皇位禅让给钦宗。但钦宗毫无治国理政经验，识见不明，犹豫而寡断，在危急存亡之秋，避敌、战守迟疑不决。徽宗逃到东南地区后，隐然另立一中央，父子间产生尖锐冲突。钦宗不得不时时防备肘腋之变，自然也不愿听从徽宗出幸避敌的意见，最终被困于强敌围困的孤城中，父子双双沦为阶下之囚，北宋国祚也至此告终。

靖康之难的惨烈给宋朝君臣造成了极大的心理冲击，南宋150年间，人们始终对此耿耿于怀，报君父北房之仇、雪百年含垢之耻的呼声不绝于耳。在宋人眼中，"女直乃吾不共戴天之仇"。某些特定的情境下，是否主张北伐，已经成为评判忠奸的政治标准。理宗时期，乔行简权衡局势，提出："蒙古渐兴，其势已足以亡金。金，昔我之仇也，今吾之蔽也。宜姑与币，使得拒蒙古。"也就是说，金朝虽与南宋有深仇大恨，但现在已成为屏蔽蒙古的藩篱。然而受仇金情绪的影响，很多人无法理性地思考这一策略的可行性，太学生竟群体上书请诛乔行简以谢天下。经历了孝宗隆兴、宁宗开禧两次北伐失败以后，终于在理宗端平年间，在宋、蒙夹击之下，与赵宋王朝对峙了一百余年的金朝灭亡了。金哀宗遗骨、法物等被送到临安，理宗在徽、钦二帝画像前告慰他们的在天之灵，南宋举国上下沉浸在报仇雪耻的喜悦中，可他们却全然忽略了"大敌为邦、抱虎枕蛟"的严峻形势，很快就不得不应付另一个更为强大的敌人。

参考文献

1. 任崇岳：《宋徽宗、宋钦宗》，长春：吉林文史出版社，1996年。

2. 游彪：《靖康之变：北宋衰亡记》，北京：中华书局，2007年。

3. ［美］伊沛霞（Patricia Buckley Ebrey）著：《宋徽宗》，韩华译，桂林：广西师范大学出版社，2018年。

从恢复到偏安

宋高宗的南宋气象

赵构履历表

姓名	赵构
字号	字德基
庙号	高宗
籍贯与出生地	汴京
生卒年及所处时代	1107—1187，北宋末至南宋初人，南宋第一位皇帝
生平履历	大观元年（1107）五月二十一日，生于开封府大内，为宋徽宗第九子，母为韦才人
	宣和三年（1121），封康王
	靖康元年（1126）春，金兵第一次包围开封府，赵构出使金营为人质。十一月，金兵再次南下，赵构充告和使出使金营求和，在河北磁州（今河北磁县）被守臣宗泽劝阻留下，免遭金兵俘虏。十二月，受封为"河北兵马大元帅"，旋即逃往大名府（今河北大名东）
	靖康二年（1127）五月初一，赵构在南京应天府（今河南商丘）即位，改元建炎。十月，逃至扬州
	建炎三年（1129）二月，自扬州逃至杭州。三月，苗傅、刘正彦发动兵变，逼赵构退位，韩世忠、刘光世等起兵勤王，赵构得以复辟。十月，金军渡江南侵，赵构南逃
	绍兴二年（1132）正月，行朝迁至临安府（今浙江杭州）
	绍兴七年（1137）三月，行朝迁至建康府（今南京）。授命岳飞节制刘光世军，又收回成命。四月，命王伦使金求和。八月，淮西兵变，郦琼率军降伪齐
	绍兴八年（1138）二月，行朝撤回临安府。三月，命秦桧为右相。十二月，由秦桧代行跪礼，拜受金朝国书
	绍兴十年（1140）六月起，岳飞军北伐，在郾城（今河南郾城）和颍昌（治所在今河南许昌）大败金军，进兵朱仙镇（今河南祥符西南），赵构迫令班师
	绍兴十一年（1141），罢岳飞、韩世忠、张俊等大将兵权。十月，岳飞入狱。十一月，宋金和议签订。十二月，杀岳飞、张宪、岳云
	绍兴十二年（1142）八月，生母韦氏归宋。十一月，罢张俊枢密使
	绍兴三十二年（1162）六月，传位于宋孝宗，自称太上皇，退居德寿宫
	淳熙十四年（1187）十月八日，病死于临安德寿宫，享年81岁。谥号"圣神武文宪孝皇帝"，庙号"高宗"
	淳熙十六年（1189）三月，攒于会稽永思陵

靖康年间，金军攻破宋都开封，徽、钦二帝被掳，延续了160余年的北宋宣告灭亡。此时，康王赵构由于受命至金营议和，恰好不在京城，幸运地躲过了被俘的噩运。战乱之中，赵构即位，并一路逃到南方，建立起后世所称的"南宋"王朝，赵构就是宋高宗。南宋延续北宋的国祚，并非人们想象的那样水到渠成，在当时混乱的时局下，其实潜藏着多种可能性。另外，南宋虽然在很多方面承袭了北宋的传统，但同时也呈现出独特的气象。因此，南宋政权究竟如何确立起来，历史究竟怎样走向了我们现在看到的这样一条道路，便是值得追问的问题，以宋高宗为突破口，我们尝试走进那个时代。

一、再造王室："嗣我朝之大统"

（一）"天人之心未厌赵氏"：康王即位

赵构是宋徽宗第九个儿子，宣和三年被封为康王。靖康元年十一月，金军分东、西两路逼近开封，情势危急之下，宋钦宗派赵构为告和使至河北金营，以割让太原、中山、河间三镇和尊金帝为皇叔等条件，向金军请和。赵构一行离京北上，十一月二十日抵达磁州（今河北磁县）。磁州知州宗泽认为金军已经迫近，再去金营也无济于事，劝阻赵构北上，赵构随即回到了相州汪伯彦处。闰十一月末，金军会师于开封城下，宋钦宗出手诏命赵构为"河北兵马大元帅"，率军救援开封。但赵构一行却由大名府、东平府（今山东东平）而南逃至济州（治所在今山东巨野）。次年三、四月间，徽、钦二帝被金军掳掠北去，北宋灭亡。

金军虽占领了开封，但实际只控制了河北、河东十多个府州，大部分州县仍然在宋臣掌控下固守待援。金朝因兵力有限，扶植宋朝宰相张邦昌建立傀儡政权，国号为楚，随后撤回北方。没有金军支持，张邦昌自知难以服众，主动退位，请因出家而幸免于难的宋哲宗废后孟氏回宫，尊为"元祐皇后"，垂帘听政。孟皇后发布诏书，归"神器"于康王，"嗣我朝之大统"。赵构于靖康二年五月一日，在南京应天府（今河南商丘）登坛受命，即皇帝位，将年号改为"建炎"。

"建炎"的年号是经过反复讨论和仔细斟酌的结果。最初黄潜善建议为"炎兴"，耿南仲指出这是三国蜀汉用过的年号，他进而提出，"故汉光武中兴，改元建武。大王再造王室，宜用光武故事纪元"。此外，宋太祖建国后改元"建隆"；而按五德始终说，宋属火德。综合这些因素，应改元为"建炎"。因此，"建炎"这一年号既寓寄着赵宋传统，又隐含光武故事，具有说明赵构即位正当性和招揽人心的功能。正如高宗在即位赦书中说："朕惟火德中微，天命未改，考光武纪元之制，绍建隆开国之基，用赫丕图，益光前烈。"此后，"光武故事"屡被提起，成为宋高宗的政治口号。

赵构的登基是在十分特殊的历史环境下实现的。北宋的灭亡由外力作用导致，并不是自身统治从内部崩溃的结果，宋朝臣民并未丧失对赵宋政权的信赖，这一点即便是金人也有清醒的认识。金将宗翰说："天生华夷，自有分域，中国岂吾所据，况天人之心未厌赵氏。"由于金人扶植的伪楚政权不被中原军民所承认，尖锐的民族矛盾使人们强烈要求恢复赵宋统治，而当时在开封的宗室诸王都被金军俘虏，赵构由于偶然的机会滞留在外，结果不期然成为帝位继承人。同为赵宋宗室的赵子崧致书赵构："国家之制，素无亲王在外者。主上特付大王以元帅之权，此殆天意。"

（二）神道设教："泥马渡康王"

尽管如此，赵构的即位仍然可以说是"非法"的，徽、钦二帝仍然健在，很多人期盼"迎回二圣"，赵构本人也并没有得到徽宗或钦宗传授帝位的授命。赵构叔祖辈的宗室赵仲琮直言："今二帝北迁，大王不当即位，只宜用晋武陵王故事，称制行事，不改元。"后来太学生陈东也指责赵构："不当即大位，将来渊圣皇帝（宋钦宗）归来，不知何以处？"

正因为权力来源缺乏权威性，此后南宋君臣便想出种种策略，来证明赵构的即位是天命所归，最引人注意的就是"神道设教"。南宋一朝，"泥马渡康王"的传说流行甚广，传说源于赵构在磁州的事迹。在磁州期间，宗泽陪同赵构拜谒了当地崔府君庙，该庙位于通往邢州、洺州（治所在今河北永年）的驿道侧旁，当地百姓担心赵构取道继续北行，聚集在庙宇周围呼号劝谏。进入祠庙后，赵构卜得"吉"签，庙吏抬崔府君轿舆、拥庙中神马，请赵构乘归馆舍。纷乱中，力主使金的副使王云被杀。

事件本来是当地百姓劝谏赵构不要北行，但经过后人的渲染，其中的神话意味变得丰富起来。宋宁宗嘉定四年（1211）程卓撰《使金录》，其中写道："高宗为王尚书云迫以使虏，磁人击毙王云。高宗欲退，无马可乘，神人扶马载之南渡河。"这是有关"泥马渡康王"的较早记载，但即便程卓自己，恐怕也很难确指神马助赵构所渡之河究竟是哪一条。后来《靖炎两朝闻见录》的记载更为离奇，其中说金将宗望派人催促赵构北行，赵构躲避在崔府君庙休息小睡。忽然有人大喝："速起上马，追兵将至矣！"赵构叫苦道："无马，奈何？"其人答曰："已备马矣，幸大王疾速加鞭。"赵构环顾，果然有一匹马立于身旁，纵身上马，一昼夜行七百里。只见马僵立不动，原来是崔府君庙内的泥马。

所谓的"泥马渡康王"完全是一个虚构的故事，它在南宋广泛传布且得到官方积极肯定，与当时特定的历史条件有关，正如清代四库馆臣所说："盖建炎之初，流离溃败，姑为此神道设教，以耸动人心。实出权谋，初非实事。"换句话说，它的目的是向金人以及赵宋臣民证明赵构登基是受命于天、名正言顺的。

（三）巡幸东南：江南政权规模初现

赵构即位后，面对金军的强大压力，任命李纲为宰相。李纲虽出任宰相，却未能完全掌握以赵构为中心的政治集团，与他针锋相对的是以黄潜善、汪伯彦为首的侧近集团，他们自相州就开始追随赵构，在拥立赵构为帝的过程中立有大功，深得赵构信赖。李纲入朝以后，立即提出"议国是"的问题，试图为刚刚成立的政权确定明确的路线。黄潜善、汪伯彦力主请和，"画河为界"，割让河东、河北。李纲则认为和议的决策大错特错，倡议采取守策，加强防卫，"祖宗之地，尺寸不可以与人"。两个集团在政策纲领、目标方向等方面存在着根本性的差异，两条路线之间的取舍，也最终决定了南宋政权的基本格局。

建炎元年（1127）秋，双方在皇帝驻跸地的问题上直接冲突。辗转于各地的南宋朝廷，究竟应以何处为皇帝驻跸之所，关系着王朝未来的展望与走向：是逃避，是战，是守，还是和？黄潜善、汪伯彦积极鼓动巡幸东南（扬州），逃避金军压力。李纲担心如果向东南避退，"恐中原非复我有"，主张暂时驻守在南阳，"以示不忘中原之意"，选任将帅控扼要害之地，然后回到开封，"天下之势遂定"。高宗显然更加信任以黄、汪为首的侧近集团，"潜善与汪伯彦乃力请幸东南，上意中变，于是纲所建白，上多不从"。在他们的力劝之下，高宗决定去扬州，李纲任相仅75天便告辞职。

驻跸东南，"去中原益远，而民心易摇动"，实际上等同于放弃河北、中原地区。作为南宋开国皇帝，高宗在保全自己和守祖宗故土之间选择了自保，也在政权中注入了自私保守的性格，决定了南宋作为偏安东南的江南政权的基本规模。巡幸东南和李纲的辞职引发了一连串的反应。一直力请还都开封的宗泽，在得知高宗去往扬州的消息后，"忧愤成疾，疽作于背"，于建炎二年（1128）七月去世，他所整编的开封守备勤王军队旋即瓦解。宗泽之死与开封守军的溃散，又成为促使金军正式南进的契机，"金人闻宗泽死，决计用兵"。金太宗说："康王当穷其所往而追之，俟平宋，当立藩辅如张邦昌者。"命宗翰率兵南征。于是自建炎二年秋至翌年春，金军大举南下。

高宗抵达扬州后，任命黄潜善、汪伯彦为宰相，将国事完全托付两人。他说："潜善作左相，伯彦作右相，朕何患国事不济。"二人唯务偷安朝夕，不思恢复、自保之计，对张浚等人"以备不虞"的提醒，"笑且不信"。朱熹后来批评说："高宗初启中兴，而此等人为宰相，如何有恢复之望！"建炎三年（1129）初，金军急袭扬州，赵构君臣没有丝毫防备，狼狈逃窜。"时事出仓卒，朝廷仪物，悉委弃之"，金兵所获"金帛珠玉，积江岸如山"。高宗以"钱塘有重江之阻"，自镇江转往杭州。

高宗君臣一路南逃，甚至一度不得不避敌于海上。高宗给宗翰的乞和书中写道："自汴城而迁南京，自南京而迁扬州，自扬州而迁江宁，建炎三年之间，无虑三徙，今越在荆蛮之域矣。所行益穷，所投日狭，天网恢恢，将安之耶？……唯冀阁下之见哀而赦己也。"金军在渡江以后一路追击，逐渐显露出疲态，士兵不适应江南的气候，密布的江河湖泊也不利于骑兵驰骋，又遭到宋朝军队的顽强抗击，开始北撤。韩世忠率水军在镇江府拦击，双方相持四十日，金军才击破韩世忠的船队。此后，岳飞又率军克复建康，将金军逐出江南。赵构得知金军北撤的消息后，自温州北上，经明州回到越州，结束了长达四个月的海上流亡生活，东南的局面逐渐趋于稳定。

二、"堂堂中国，一旦遂为敌人屈己"

（一）"早遂休兵""不惮屈己"：绍兴八年和议

建炎、绍兴初年，宋、金之间的力量经历着此消彼长的变化。南宋逐渐从动乱中稳定下来，在江南地区建立起比较稳固的统治；金朝国内政局发生动荡，军队在连年征战之下疲态尽显，双方达成均势，为和谈创造了条件。

绍兴七年（1137）正月，被扣留在金朝的宋朝使臣何藓、范宁之忽然被释放归国，带回金右副元帅兀术的信，告知宋徽宗及宁德皇后的死讯。徽宗其实早于绍兴五年（1135）四月就已去世，金朝一直封锁消息，此时突然告知，显然别有用意。宋人杨炜说："见报以太上之丧，以探朝廷意，谓我若遣使而有请，则唱为议和。"高宗得知父亲去世的消息，"号恸擗踊，终日不食"。在此后数年中，迎还徽宗梓宫和高宗生母韦太后，就成为南宋政权面临的重要课题。

徽宗死讯传来时，正是张浚等对金强硬论者主政，他们主张借机伐金，恢复中原。张浚上言："天子之孝与士庶不同，必也仰思所以承宗庙、奉社稷者"，要求高宗"挥涕而起，敛发而趋，一怒以安天下之民"。荆南知府王庶则提出"奉衣冠刀剑，起灵庙"，为徽宗建衣冠冢，然后遣使向金讨还徽宗梓宫，若金人不同意，"则以大兵蹴之，问罪致讨"，"因神民痛愤之情，刷宗庙存亡之耻"。

但高宗本人并不这样想,而是力主请和。他事后对张戒表白说:"去岁上皇讣至,朕若不遣使,天下谓朕何?"为此,他特地找来刚被任命为枢密使的秦桧商议。秦桧早年随徽、钦二帝被掳,建炎四年(1130)自称杀掉守兵逃归南宋。当时有人质疑秦桧穿越千里之遥的金军占领区,"全家同舟,婢仆亦如故",显然不合情理,怀疑他是金朝派来的奸细。秦桧初见高宗,就提出"如欲天下无事,须是南自南,北自北",倡议与金讲和。高宗拿着他的奏折气冲冲地说:"桧言南人归南,北人归北。朕北人,将安归!"但世易时移,此时议和时机已经成熟,高宗在与秦桧商议后,于二月任命王伦为使节,到金朝商讨和议。

绍兴七年四月,王伦出发使金,高宗特别命他给兀术和挞懒传信:"河南之地,上国既不自有,与其封刘豫,曷若归之赵氏。"请求金朝废掉伪齐政权,将其领土归还南宋。王伦途中被伪齐扣留,在金朝的过问下,才终于在当年九月抵达涿州,见到金帅挞懒。王伦对挞懒说,刘豫以前在宋朝任台谏官,其人外朴内奸,营私掊刻,"方欲吞噬两朝,能保他日不为大国之患乎?"挞懒问道:"若将豫与南宋,能制之否?"王伦回答:"皇帝(宋高宗)圣孝神武,卧薪尝胆,志在恢复,但以天下为度,不忍轻以动兵。豫之父子,妄背国恩,孰不愿食其肉。倘欲驱除,何难之有?"向挞懒反复陈说利害。

通过王伦,宋朝的意向传送至金朝,双方议和的障碍,只剩伪齐刘豫政权。由于金朝国内形势的变化,刘豫的支持者宗翰去世,女真贵族早有取消伪齐政权的打算。绍兴七年十一月,挞懒和兀术率兵至开封,将刘豫废为蜀王。挞懒令王伦还朝转达口信:"归报皇帝,强梗扫去,自此和议无复间沮。"王伦归朝后报告高宗:"金人许还梓宫及皇太后,又许还河南诸州。"

王伦留滞齐、金时,南宋政局也发生巨变。淮西兵变的发生,使高宗对积极的军事行动产生怀疑，张浚下台，重归庙堂的赵鼎以镇静为首务，对金政策趋于和缓。因此，王伦回国时，宋金议和的背景条件已经具备：南宋国内对金积极路线退潮；伪齐刘豫政权垮台；金朝许还徽宗梓宫及高宗生母韦太后。从绍兴八年（1138）开始，宋金迅速展开缔结和议的行动。

绍兴八年正月，高宗再次派遣王伦出使。王伦于五月会见金熙宗，金朝派乌凌噶思谋等为使，与宋朝议和。高宗对王伦和金使说："早遂休兵，得免赤子肝脑涂地，此朕之本意也。"虽然表面上以求得百姓安宁为借口，但高宗真正在意的是韦太后的生还，他对陪伴金使的范同坦承："太后春秋已高，朕朝夕思念，欲早相见，故不惮屈己，以冀和议之成者，此也。"

议和的决定在南宋朝廷激起强烈的反对，金使入京时，"物议大讻，群臣登对，率以不可深信为言"。但高宗意志非常坚定，"往往峻拒之，或至震怒"。在高宗看来，宋金并存的关系是理所当然的："外国之与中国，如阴阳消长，岂能偏废。若可剿除，汉唐之君，行之久矣。"不过以赵鼎为核心的一派官员致力于整备军队，重建集权国家，以图恢复中原，他们并不支持高宗议和的构想。

赵鼎等人对和议的反对，给了秦桧可乘之机。绍兴八年十月，秦桧单独觐见，要求高宗如果决心讲和，"独与臣议其事，不许群臣干与，则其事乃可成"。高宗答应："朕独委卿。"秦桧担心高宗心意未定，施展欲擒故纵的计策，反复令高宗仔细考虑，高宗最后降下手诏，由秦桧全权主持和议，不许他人干预，赵鼎因此而罢相。至此，高宗和秦桧在议和的国策上形成排他性的联盟，秦桧借机将其他政治势力排除。此后，虽仍有臣僚反对议和，但他们没有意识到，秦桧的主张就是高宗的意见，攻击秦桧就是批判高宗，要求罢免秦桧也就等于要求高宗退位。

绍兴八年第一次宋金和议非常粗略，金使张通古十二月抵达杭州时，"言先归河南地，徐议余事"，其基本任务只是传递金朝国书。在金人看来，国书的接收已经可以视为和议的成立。因此，绍兴八年和议的最大争议，就在于宋朝应该以何种礼法接受金朝国书。金朝方面把南宋与伪齐刘豫政权同等看待，金、齐约为君臣关系，但刘豫不只尽臣下之礼，"又为大朝（金）之子"。金朝要求南宋遵守与刘豫相同的礼法，由高宗"北面拜诏"。

南宋朝野上下，都将刘豫视为宋朝逆臣，要宋接承其位，显然难以接受。消息传出，舆论立刻沸腾起来，"军民时出不平之语，闻之有可骇者。上自大臣，下至百执事，朝夕惴惴，恐此礼一行，或生意外之变。阖城百姓，有终夜不能寐者。而近甸、常、润、会稽之间，民悉不安"。禁军将领杨沂中、解潜、韩世良向秦桧心腹勾龙如渊进言，皇帝如行屈己之礼受纳金朝国书，恐将有不测之事，并表示张俊、韩世忠、岳飞三大将虽在外地，但恐日后被他们斥责，因此难以协助。勾龙如渊不得不向三人保证："第令计议使取国书，纳入禁中，必不行其他礼数。"他向高宗上奏："此和议固不可坏，而礼文之间，动辄过当。若不度利害，勉而从之，则堂堂中国，一旦遂为敌人屈己。"

秦桧此时根基尚不稳固，不敢公然违背公议，一度向高宗请求辞职。惶惑之间，给事中楼炤对秦桧说："高宗谅阴，三年不言。"这是《书经》中的一句话，是说殷商武丁（高宗）服丧三年，期间沉默不语。秦桧顿时醒悟，借口赵构正为徽宗服丧，不得行礼，由自己代替高宗接受国书。十二月二十八日，秦桧至使馆见金使，"受国书以归"，终于解决了受纳国书的难题，"人情始安"。

绍兴八年宋金和议是在高宗力主下完成的，高宗提出孝道作为和议的理由，"向日讲和，本为梓宫、太后故，虽屈己卑辞，有所不惮"。和议虽招致一片反对之声，终究不能扭转高宗的心意。可是对高宗来说，缔结和议固然有骨肉亲情的原因，同时也有政治方面的考虑。前文提到，赵构即位没有徽、钦二帝的授命，其皇位来源最大的合法性支柱，就是"元祐皇后"孟氏的援立。可即便孟氏自己的身份，都是存在争议的。孟氏于元祐七年（1092）被册立为皇后，绍圣三年（1096）被废，以后几经反复，以废后的身份居于瑶华宫。陈寅恪先生指出，援立赵构即位的《皇太后告天下手书》，"此文之发言者，乃先朝被废之皇后。以失去政权资格之人，而欲建立继承大统之君主，本非合法，不易立言"。也正因此，高宗急于将徽宗梓宫和生母迎回，借助宗庙祭祀的连续性来确立自己继位的正当性。

和议引起很多大臣的批评，甚至提出皇位乃天下之公器，高宗不得专擅的说法。方庭实说："天下者，中国之天下，祖宗之天下，群臣、万姓、三军之天下，非陛下之天下。……陛下纵忍为此，其如中国何，其如先王之礼何，其如天下之心何？"然而值得注意的一点是，人们尽管不甘于成为金朝附属，但对于和议放弃河北、河东、山东等北宋领土、人民，几乎没有任何反对之声，甚至表现出极端的冷漠。吕中后来说："朝廷弃三路如弃土梗，弃两淮如弃敝屣。"这种情况的出现自然有多方面的原因，但就客观来看，高宗证明自己皇位合法性的迫切需要，决定了与金议和的国策，议和又意味着南宋放弃恢复中原，成为偏安江南一隅的政权。

（二）"南北无事矣"：绍兴十一年和议

绍兴八年和议是不稳定的，主要原因是和议在金朝并未获得一致的支持。绍兴九年（1139），金朝发生政变，主持对宋和议的挞懒被杀，新任都元帅兀术决定征讨南宋，复取河南地。次年五月，金军同时进军山东、陕西、河南，兀术亲率精兵攻占开封。金人背弃和议，使南宋朝堂陷入混乱，秦桧更是坐立难安。挞懒被杀，不但使秦桧失去了在金朝的合伙人，也在南宋朝堂丧失了政治基础，其政治威信严重受损。秦桧儿媳的叔父郑亿年曾附和秦桧倡导议和，称"和好可久，愿以百口保之"，此时工部尚书廖刚当着秦桧的面质问他："公以百口保金人讲和，今已背约，有何面目尚在朝廷？"秦桧在旁尴尬万分，只能说："尚书晓人，不当如是。"

按照惯例，既然金已败盟，秦桧力主的和议失败，他只能引咎辞职。但秦桧显然不甘心就范，暗中指使心腹进行政治工作。御使中丞王次翁面见高宗，提出金人败盟责任不在秦桧，请高宗不要轻易更换宰相，"盖后来者未必贤于前人"，"于国事初无补也"。高宗听后深以为然。秦桧仍不放心，又对心腹冯檝说："金人背盟，我之去就未可卜，前此大臣皆不足虑，独君乡衮（张浚），未测上意，君其为我探之。"冯檝试探高宗说："金人长驱犯顺，势须兴师，如张浚者，且须以戎机付之。"高宗"正色"回答："宁至覆国，不用此人。"秦桧听到后大喜。高宗之所以对张浚有如此深的成见，一方面是嫌恶张浚对淮西兵变处理不当，另一方面也考虑到徽宗梓宫、韦太后都滞留金朝，不愿与金展开全面对决。他的设想，是将对金战争保持局部化，尽快恢复和议。

在这种思想的主导下，南宋对金的战争基本是防御性的，重点在阻挡金军的攻势，只做有限度的还击。这种方针与岳飞等大将的想法尖锐对立，他们要求乘势追击，"深入敌境，复取旧疆，报前日之耻"。绍兴十年六月，金军十余万主力杀到顺昌府（今安徽阜阳），兀术豪言要将顺昌府"以靴尖趯倒"，却被仅有五千人的刘锜军大败。就在刘锜准备乘胜追击时，高宗、秦桧下令班师。七月，岳飞军在郾城和颍昌（今河南许昌）连奏凯歌，大败金军主力，兀术感叹"我起北方以来，未有如今日屡见挫衄"。但岳飞也同样收到班师指令，以致他愤然说："十年之力，废于一旦！"到了九月，秦桧将岳飞召赴行在，令杨沂中、刘光世、刘锜、岳飞等军还屯长江南岸，摆出防御江南的姿态。

绍兴十一年（1141）正月，兀术计划率军渡过长江进军和州（治所在今安徽和州）。和州是防卫江南的重要据点，南宋不得不全力防御。张俊军出建康府，屯营于和州；杨沂中率殿前司军三万出杭州，以赴淮西；刘锜军二万自太平州（治所在今安徽当涂）开向和州；李显忠出兵淮南；韩世忠和岳飞两军也收到出兵增援的指令。除四川驻军外，这一仗几乎动员了南宋当时所有有力的军队。二月，宋金会战，宋军取得柘皋（今安徽省合肥市巢湖市柘皋镇）大捷。高宗赐诸大将诏书，"以捷书累至，军声大张。盖自军兴以来，未有今日之盛"。

从绍兴十年开始的宋金战争，金军虽夺回河南、陕西，但想要实现对南宋军事压制的战略目标却告失败；宋朝虽将战争限定为防御战，但成功遏制了金朝的军事攻势，展现出足以自保的实力。《大金国志·兀术传》说："（兀术）锐意败盟，举兵南征。后败于顺昌，败于郾城，败于柘皋，乃始讲和，而南北无事矣。"绍兴十一年九月，兀术将此前扣押的宋使莫将和韩恕放回，宋廷当月派刘光远和曹勋出使淮南，双方开始议和。到该年十一月十八日，金使萧毅入见高宗，双方在短短的两个月内，即达成和议。

和议之所以在极短时间内完成，金朝方面的急切是重要原因，随着时间的推移，无论国内形势还是战场形势，都越来越向着不利于金朝的方向发展。也正是看到金朝陷入困境，并对己方力量有了信心，高宗才少见地"豪言"："今虽与之立誓，当奏告天地、宗庙、社稷，明言若归我太后，朕不惮屈己与之和。如其不然，则此要盟，神固不听，朕亦不惮用兵也。"在金使萧毅返程前又"威胁"道："若今岁太后果还，自当谨守誓约。如今岁未也，则誓文为虚设。"对于惯于屈膝请和的高宗来说，这已经是前所未有的

"强硬"态度了。

根据和约,宋向金称臣,宋金两国以淮水一线为界,南宋版图由此确定,领土只限淮水以南,河北、河东、河南、陕西、山东等地尽皆放弃。宋人评论说:"向者战败而求和,今则战胜而求和矣;向者战败而弃地,今则战胜而弃地矣。"宋高宗对此毫不计较,他心心念念的,只是徽宗梓宫和韦太后的还朝。在他看来,只有这一点才具有决定性的意义。韦太后的还朝,可以解决高宗即位名不正、言不顺的问题,使其名分健全。"天子建国,宗庙为先",徽宗梓宫的归返,更可以使高宗接续宗庙祭礼的一贯性。高宗借着徽宗梓宫与韦太后的归返,使其即位的正当性与授权关系得以完整,成就了作为北宋继承政权的南宋王朝。

三、重回以文治武的老路:宋朝第二次收兵权

北宋末年,经过镇压方腊起义,以及宣和年间的征辽战争,宋朝禁军已经损失相当多的人马。接下来,金军的两次入侵又导致宋军伤亡惨重,开封陷落后,曾经雄极一时的宋朝禁军完全崩溃,溃兵余卒成为"兵匪",流浪于江淮之间。与宋太祖起家于职业军人,自始便掌握了一支忠心不二的武装力量不同,赵构虽被钦宗封为"河北兵马大元帅",但几乎是个光杆司令,手下能控制的兵力不过一万左右。南宋政权建立的过程中,如何重建军事力量并将之牢牢掌握在手中,便成为一个重要的政治课题,它并不是一个单纯的军事问题,也影响到宋金对峙的形势。

(一)五代乱象重现:苗刘之变

赵构即位后,原本康王府的宦官权势日盛,与外臣勾结,肆无

忌惮。高宗南下逃窜时,宦官们沿途"以射鸭为乐","强占民居,强市民物"。建炎三年,高宗从扬州逃往杭州,宦官们自恃保驾有功,"益自炫,愈有轻外朝心"。由于对金人的进攻防备不足,高宗罢免了黄潜善和汪伯彦;任命朱胜非为右相,同时在宦官康履的推荐下,以王渊为签书枢密院事。

当时高宗手下只有一支戍卫部队,由苗傅、刘正彦统领,他们一方面"以赏薄怨望",另一方面对王渊的任命不满,于是发动政变。两人率兵一举杀死了王渊和众宦官,在闹市张贴榜文,宣称为民除害。苗傅、刘正彦逼迫高宗退位,重弹让赵构耿耿于怀的老调:"上不当即大位,将来渊圣皇帝来归,不知何以处?"他们请出"元祐皇后"孟氏再次垂帘听政,由高宗三岁的幼子赵旉继位,改元"明受"。这次叛乱称为"苗刘之变",又称"明受之变"。

这次叛乱是由赏赐不均和人事纠纷引发的,苗傅、刘正彦虽挟制朝廷,但其实并无深谋远虑。得知叛乱的消息后,正在江宁府的江东制置使吕颐浩和驻扎在平江府的礼部侍郎张浚,与大将韩世忠、刘光世、岳飞等联络,组织勤王军,向杭州进发。苗傅、刘正彦仓皇出逃,高宗得以复辟,恢复建炎年号。吕颐浩、张浚、韩世忠亲至行宫,高宗步行出宫门与众人相见,握着韩世忠的手恸哭。

苗刘之变给刚刚登基不久的赵构极大打击,使其终生难忘。这种唐末五代时期常见的武将带兵逼宫事件,已经绝迹160余年,居然在此时复现,使得高宗极端震骇。高宗本人对于这次叛乱的感受,与参与平叛的将领们大不相同。韩世忠奉命追击叛军时不屑地说:"金人固难敌,若苗傅,但有少许汉儿,何足畏者!"而对高宗来说,最难忍受的不是向敌国乞怜,而是受迫于肘腋之变。苗刘之变使赵构的心态有了深刻的变化,他难以忘记所受到的威胁和羞辱,更对武将专兵的状况心生警惕,一旦环境许可,他就会着手限制乃至剥夺武将的权势。

（二）"朝廷无意恢复"：淮西兵变的影响

对于北宋末年出现的流民、溃军和叛卒，南宋朝廷的政策，是允许统兵大将采用或抚或剿的策略，将他们收编。由于策略得当，曾经无所统制、不断扩散的军事势力，陆续地被淘汰、整理，逐渐集结在有力的军事将领之下，形成所谓"家军体制"。"今日之兵，隶张俊者则曰张家军，隶岳飞者则曰岳家军，隶韩世忠者则曰韩家军。"诸大将声势和武力不断壮大的同时，也产生了一个向为宋廷所忌讳的现象，即大将专兵、地方权重，这和宋代立国的基本政策"强干弱枝"是相互矛盾的。

到绍兴五年，这种内轻外重的情况特别明显。除四川外，南宋全部兵力约20万，其中所谓"四镇"（张俊、韩世忠、刘光世、岳飞）的兵力总和就达到18万。大将的军队总数远远超过朝廷直接控制的兵力，况且在乱世中，大将在驻地拥有民政、财政和军政大权，遂使军队与主将的关系密而与朝廷的关系疏，对中央政府形成潜在的威胁。

不少士大夫对此都有相当的关切，汪藻就说："自古以兵权属人，久而未有不为患者。岂不以予之至易，收之至难，不早图之，后悔无及耶！"他们尝试通过拔擢偏裨将校来分散诸大将的兵权，但在外患内乱接踵而来的绍兴初年，中央政府既要依赖大将稳定政局，又无法完全控制大将及其部队，这种策略便无法推动，只得消极地谋求加强中央兵力。绍兴二年（1132）起，成立直隶中央的御前忠锐十将，恢复三衙制度，并增强其兵员，不过这些措施和大将大肆增兵的幅度无法相比。

张浚掌理军政大权时，想借御敌平乱的军事行动，将大军手中的军队收归中央，扼守淮西的刘光世遂成为他的目标。绍兴七年二月，有臣僚弹劾刘光世在宋、伪齐会战淮南时擅自撤退，"几误大事"，又言其"军律不整，士卒恣横"。张浚趁机上奏刘光世"沉酣酒色，不恤国事，语以恢复，意气拂然，乞赐罢斥，以儆将帅"。高宗命刘光世为万寿观使，封荣国公，罢去其兵权。然而在处置刘光世所部的过程中，却产生了波折。高宗一开始许诺让岳飞统领刘光世军，在张浚提醒下，又很快收回成命，将刘光世军重编为六军，由张浚心腹吕祉节制。

吕祉是一个文官，志大才疏，在这样敏感的时刻，将兵权交到一个从无带兵经验又与刘光世部素无往来的书生手中，很多人感到忧虑。岳飞反对说："吕尚书虽通才，然书生不习军事"，"变乱反掌间耳"。但张浚仍一意孤行。刘光世罢去兵权后，部将王德和郦琼为争夺指挥权发生激烈抗争，吕祉仓促被派往刘光世军驻地庐州进行调处。他行事向来过激，又不懂军政，到军中后"简倨自处，将士之情不达"，调停失败。吕祉密奏高宗请求罢免郦琼等人，奏折却被郦琼得到。郦琼于是杀掉吕祉，率所部四万人渡过淮河，投降伪齐。这一事件就是"郦琼叛乱"，又称为"淮西兵变"。

淮西兵变完全是一个突发事件，其直接原因就是张浚和吕祉的处置失当。数万装备精良之军投敌，使南宋两淮防线出现巨大空白，对南宋政权产生极大冲击。主导这一事件的张浚立刻遭到罢免，故相赵鼎被疾速召回朝廷。兵变暴露出南宋中央政府还没有能力统制家军，也使高宗再次意识到，将军事力量收归中央控制之下，是政权确立的根本条件，其他一些目标都建立在此基础之上。

淮西兵变从根本上改变了南宋朝廷的最高国策，"北伐之谋日以益衰，顾望中原，坐失机会"。张浚被罢相，其所主张的积极恢复政策破产，高宗原本已经被张浚说服，移跸到建康，以展示进取的姿态，却于兵变后很快返回杭州。赵鼎劝他："恐回跸之后，中外谓朝廷无意恢复。"高宗回答:"张浚措置三年,竭民力,耗国用,何尝得尺寸之地,而坏事多矣。此等议论,不足恤也。"此后,高宗再也无意采取对金积极作战的方针,对诸大将也充满不信任。绍兴八年,徽宗死讯传来,赵鼎想要召集诸大将商议恢复中原之计,高宗一口回绝:"不须恤此,今日梓宫、太后、渊圣皇帝皆未还,不和则无可还之理。"淮西兵变的冲击,使高宗坚定了放弃恢复中原的想法,一心与金议和。

(三)"兵权不可假人":名将岳飞之死

在南宋初诸大将中,岳飞的资历最浅,却升迁最快,高宗本来对他极为器重,有意将他引为心腹力量。绍兴七年初,岳飞至平江府面见高宗,高宗问岳飞是否有良马,岳飞或许也听到一些有关刘光世的传闻,便说自己过去所乘的是良马,现在所乘的却是驽马,并意有所指地说:"受大而不苟取,力裕而不求逞,致远之材也。"高宗大为赞赏,对宰执们称赞岳飞见识大有长进,"论议皆可取",擢升他的官职,使其与韩世忠、张俊地位相当。三月,高宗又单独召见岳飞说:"中兴之事,朕一以委卿,除张俊、韩世忠不受节制外,其余并受卿节制。"这等于将全国一半以上的兵力都交给岳飞指挥,这在宋朝是没有先例的。

然而很快在处理刘光世军时,高宗与岳飞就初次爆发矛盾。高宗出尔反尔,已经令岳飞不快,张浚随后又暗指他意图吞并刘光世军,更激起岳飞愤慨。岳飞一怒之下,回到江州(今江西九江)庐山为母亲守孝,以"与宰相议不合"为由,请求解除兵柄。张浚打算趁机一并罢免岳飞,向高宗上奏"岳飞积虑,专在并兵,奏牍求去,意在要君"。高宗对岳飞的行为十分震怒,但他深知此时还不宜处置岳飞,再三下诏敦促岳飞复职。岳飞无奈于六月重返行朝,向高宗"具表待罪"。高宗回答:"卿前日奏陈轻率,朕实不怒卿。若怒卿，则必有行遣。太祖所谓'犯吾法者，惟有剑耳！'所以复令卿典军，任卿以恢复之事者，可以知朕无怒卿之意也。"这番话形似宽慰，实则警诫，已隐隐透露出杀机。

淮西兵变使高宗意识到大将专兵的威胁，将注意力转移到整编军事力量方面，在对外政策上由对金强硬转向与金议和。战争形势既趋缓和，对大将的依赖便相应减少，于是着手进行收兵权的部署。一方面限制大将扩张势力，绍兴八年二月，岳飞因防区辽阔请求增兵，高宗明确拒绝："上流地分诚阔远，宁与减地分，不可添兵。"即便是增兵，"与其添与大将，不若别置数项军马，庶几缓急之际，易为分合也"。高宗之意，就是防止大将壮大声势，同时另外设置忠于皇帝的中央军队。另一方面"擢偏裨"，使大将手下的副将独立，直接听命中央，以分散大将权势。

绍兴十一年二月，宋金两军交战，金军在大败于柘皋后，北向攻取濠州（今安徽凤阳），张俊、杨沂中、韩世忠军相继败北。高宗希望岳飞前往救援，但岳飞以军粮不足为由拒不动兵，高宗前后发出十七道手札，岳飞始终不为所动。最后，高宗只得恳请岳飞说："社稷存亡，在卿此举。"岳飞行军三十里，听说濠州已经陷落，驻留在舒州、蕲州境上。这次事件使秦桧和张俊耿耿于怀，高宗也萌生了诛杀岳飞的想法。

绍兴十一年四月，宋廷得知金人愿和，对偏安东南有了把握，开始加速收兵权的行动。三大将被召回杭州，张俊第一个到达，韩世忠次之，岳飞最后。张俊首先入见，高宗对他说："（郭）子仪方时多虞，虽总重兵处外，而心尊朝廷，或有诏至，即日就道，无纤介顾望，故身享厚福，子孙庆流无穷。今卿所管兵，乃朝廷兵也，若知尊朝廷如子仪，则非特一身享福，子孙昌盛亦如之；若恃兵权之存，而轻视朝廷，有命不即禀，非特子孙不享福，身亦有不测之祸，卿宜戒之。"张俊纳兵后，高宗又公开下诏奖谕他："李、郭在唐俱称名将，有大功于王室，然光弼负不释位之衅，陷于嫌隙；而子仪闻命就道，以勋名福禄自终，是则功臣去就趋舍之际，是非利害之端，岂不较然著明！"高宗之言显然意有所指，他以唐代郭子仪和李光弼的例子来警诫三大将，又明确说三人所管之兵乃朝廷之兵，其中之意已昭然若揭。

高宗借口奖赏柘皋之捷，任命张俊、韩世忠担任枢密使，岳飞为枢密副使。自北宋实施重文轻武的政策以来，枢密使多由文臣担任，这一安排对三位大将而言自然是一项殊荣。高宗表面上让他们参与最高军政决策，"朕昔付卿等以一路宣抚之权尚小，今付卿等以枢府本兵之权甚大"，但实际却是明升暗降，迫使他们离开军队。与此同时，高宗下诏：撤销三大将主持的宣抚司；命他们的副将各统所部，自成一军，改称统制御前军马，直接隶属于中央；负责筹运各军钱粮的总领官由中央任命，并扩大其职权，成为实际上的监军。

三大将中，张俊最善察言观色，他率先表示拥护中央，交出所管军马，暗地与秦桧达成默契，"约尽罢诸将，独以兵权归俊"。韩世忠和岳飞二人，就成为高宗和秦桧忌惮的对象。秦桧首先授意韩世忠旧部胡纺诬告韩世忠亲校耿著散布流言，图谋由韩世忠重新掌兵，意图牵连韩世忠。但这项阴谋却被派去按阅韩世忠军的岳飞发现，与岳飞同行的张俊暗示："上留世忠而使吾曹分其军，朝廷意可知也。"岳飞却不肯同流合污，回复秦桧说："若使飞捃摭同列之私，尤非所望于公相者。"并派人送信给韩世忠。韩世忠得讯后立刻向高宗表明心迹，他是勤王大将，又曾参与平定苗刘之乱，与高宗关系深厚，高宗于是命秦桧放过韩世忠。韩世忠力请辞职，此后闭门谢客，口不言兵。

秦桧谋害韩世忠未果，遂转而对付岳飞。绍兴十一年八月，言官万俟卨、何铸、罗汝檝等人弹劾岳飞在宋金之战中不听号令等罪名,高宗罢免了岳飞枢密副使的职位。接着,张俊胁迫岳飞部将王贵、王俊等人诬告岳飞部将张宪阴谋发动兵变,进而构陷岳飞谋反,高宗亲自下旨,将岳飞下大理狱审讯。经过两个多月的讯问,秦桧上奏建议将岳飞斩首、张宪绞刑、岳飞子岳云徒刑。高宗下旨:"岳飞特赐死,张宪、岳云并依军法施行,令杨沂中监斩,仍多差兵将防护。"一代名将岳飞含冤而死。朱熹后来评价:"诸将骄横,张与韩较与高宗密,故二人得全。岳飞较疏,高宗又忌之,遂为秦所诛,而韩世忠破胆矣。"

韩世忠、岳飞二人的隐患俱已消除,张俊立有大功,倚恃与秦桧的幕后协议,赖在枢密使的位子上不走,秦桧指使台谏官将他劾罢。至绍兴十二年(1142)十二月,高宗终于得意扬扬地对秦桧宣称:"唐藩镇跋扈,盖由制之不早,遂至养成。今兵权归朝廷,朕要易将帅,承命奉行,与差文臣无异也。"

苗刘之变、郦琼兵变以及岳飞之死,这三大事件是观察南宋初期政局变化的关键,前两次事件不仅与高宗杀岳飞有关,对南宋政局的影响亦不逊于杀岳飞案。南宋建立之初,处于风雨飘摇之中,需要借助武将的力量来自卫,却也逐渐形成大将专兵的现象,与北宋以来"强干弱枝""重文轻武"的家法相悖。苗刘之变的发生,使高宗开始警惕武将对政权的威胁,谋求防患之策。局势稍有好转时,便在张浚主持下开始收夺大将权力。然而大将与军队之间已在某种程度上形成私人关系,一旦处置不当,极易引发军心变动和疑惧,因此有郦琼兵变的发生。

郦琼兵变对高宗调整宋金关系与收兵权,具有关键性的影响。兵变使南宋的内外政策有了很大改变,人事更迭只是表面现象,更具根本性的是高宗从此放弃主战,积极谋和,迁都临安,奠定偏安东南的基础。经过这次挫折后,高宗起用秦桧,改采阴柔迂回的策略,一面对金讲和,纾解外来压力,一面兼用"推恩"和抚循偏裨的办法,使大将脱离军队,让军队直隶中央,终于结束了武将专兵的局面,重回"以文制武""强干弱枝"的老路。

结　　语

金人的入侵结束了北宋的统治,康王赵构抓住机遇,建立起南宋王朝。南宋与北宋相比,有着明显的区别,这与宋太祖和宋高宗两个"开创之主"的性格和能力密切相关。宋太祖拥有卓绝的政治军事才能、宽广的心胸和眼界,他从一开始就对军队有着绝对的掌控力,依靠实力超群而又忠心耿耿的军事力量,在诸割据政权中脱颖而出,再造一统。宋太祖的自信、从容注入国家政权的性格中,在他统治之下的宋朝,始终呈现出一种蒸蒸日上的上升势头和横扫六合的帝王之气。

相比之下,宋高宗只是生长于富贵之家的纨绔子弟,如果没有靖康之难,他只会在悠游无事中度过平凡的一生。时势的无常以及偶然的际遇,将他推上了王位,却未能赋予他相应的才能与气度。他生逢国家丧乱,从即位开始就在金人的威逼追击下辗转逃徙;他手中没有可靠的军事力量,不得不处处仰人鼻息,忍受武将们的倨傲不臣。在艰难的环境中,他能考虑的仅有最基本的生存需求,所谓的"恢复"只是可望而不可即的海市蜃楼。当面临保全自身与复祖宗社稷的选择时,他毅然决然地选择了自保,头也不回地逃到江南,对身后陷落的大片土地和子民弃若敝屣。

高宗的皇位和权力来源并不"合法",他没有得到来自父兄的传位,援立他的只是一个连自己身份都存在瑕疵的前朝废后,因此他不得不时时面对敌方乃至己方臣下对其皇位正当性的挑战和质疑。他心心念念的,只是如何证明自己皇位的合法性。当金人终于同意承认南宋政权的存在时,他立刻"不惮屈己",也要迎回徽宗梓宫和生母,以完成宗庙祭祀的一贯性。高宗不自信和求自保的性格,塑造了南宋的基本格局,使南宋只能成为一个偏安东南一隅的江南政权。

南宋与北宋之间又存在着显而易见的延续性,这种延续性来源于政治主体和他们的集体记忆。宋太祖鉴于唐末五代武人跋扈的弊端,定下"以文治武"的国策,罢去统兵大将的兵权。宋太宗两次征辽失败,于"内忧"和"外患"的重要性上作出了明确的区分,"外忧不过边事,皆可预防。惟奸邪无状,若为内患,深可惧也。帝王用心,常须谨此"。从高宗的言行中,明显可以看到太祖、太宗思维的延续,与金对峙的"外忧"固然重要,但大将专兵的"内患"才是致命的威胁。郦琼兵变释放出兵柄倒持的危险信号,高宗马上调整重心,与金展开议和,而加速收兵权的进程,这一决策显然影响了南宋政权的格局。

南宋政权最大的政治基础,是士大夫们对于宋王朝的深厚的信赖,在几度面临生死存亡的危急关头,他们并没有背离宋朝,"于天下虽无片土之安,而将帅、牧守相持以不为女直用"。士大夫们在归附南宋的同时,也带去了有关"祖宗家法"的集体记忆。北宋仁宗时,武将狄青由于战功而被擢任为枢密使,引起士大夫们的集体抗争,欧阳修曾有过如下议论:

> 臣窃见枢密使狄青,出自行伍,号为武勇,自用兵陕右,已著名声,及捕贼广西,又薄立劳效。自其初掌机密,进列大臣,当时言事者已为不便。今三四年间,虽未见其显过,然而不幸有得军情之名。推其所因,盖由军士本是小人……且武臣掌机密而得军情,不唯于国家不便,亦于其身未必不为害。

南宋初年,罢大将兵权而收归中央,并不是某一个人的个人意见,而是士大夫群体的集体呼声,其逻辑与欧阳修同出一辙。在他们的措置下，诸大将被迫离开军队。王夫之感叹道："呜呼，宋之猜防其臣也，甚矣！鉴陈桥之已事，惩五代之前车，有功者必抑，有权者必夺。即至高宗，微弱已极，犹畏其臣之强盛，横加锓削。"在"祖宗家法"的强大约束力下，岳飞等人被罢去兵权有其必然性，然而罢去兵权与岳飞之死又并不必为因果。岳飞之死，实是高宗君臣个人胸襟、能力的展现，与太祖"杯酒释兵权"的从容自若相比，于连续性中更展现出两代君主的悬殊差距。汉初韩信说："'狡兔死，良狗亨；高鸟尽，良弓藏；敌国破，谋臣亡。'天下已定，我固当亨！"高宗君臣在狡兔未死、高鸟未尽、敌国未破之时，自撤藩篱，已安于一个江南政权的规模。

参考文献

1. 王曾瑜：《宋高宗》，长春：吉林文史出版社，2004年。
2. [日]寺地遵著：《南宋初期政治史研究》，刘静贞、李今芸译，上海：复旦大学出版社，2016年。

太上皇—今上的政治格局

宋孝宗及其时代

赵昚履历表

姓名	赵昚
字号	字元永
庙号	孝宗
籍贯与出生地	秀州（今浙江嘉兴）
生卒年及所处时代	1127—1194，南宋初期
生平履历	建炎元年（1127）十月，出生于秀州，取名伯琮。父为宋太祖六世孙赵子偁，时为嘉兴县丞
	绍兴二年（1132），被选入宫，由张贵妃抚养
	绍兴三年（1133）二月，授贵州防御使，改名瑗
	绍兴五年（1135），授保庆军节度使、封建国公，入资善堂学习
	绍兴十二年（1142）正月，加封为普安郡王。是月，张贵妃病逝，转由婉仪吴氏抚养，即后来的宪圣后。三月，出就外第
	绍兴十四年（1144）正月，赵瑗成婚，夫人系右朝散郎郭瑊之女。六月，高宗命赵瑗为生父持丧，秦桧与赵瑗矛盾表面化
	绍兴二十四年（1154），告发秦桧私调殿前司兵卒镇压衢州民乱
	绍兴二十五年（1155），密奏高宗秦桧病笃，欲以子秦熺代掌宰相之职。高宗赴秦宅视疾，令秦桧父子致仕
	绍兴二十九年（1159），史浩请高宗立储，高宗命史浩为二王府教授。高宗分赐宫女与二王，以试二人品性
	绍兴三十年（1160）二月，立为皇子，授宁国军节度使、开府仪同三司，封建王，赐名玮。三月，恩平郡王赵璩开府仪同三司，判大宗正事，移居绍兴府，改称皇侄
	绍兴三十一年（1161）九月，金军南侵。十月，赵玮上疏请领兵前驱，遭到高宗疑忌，改称随驾扈从
	绍兴三十二年（1162）五月，立为皇太子。六月，即皇帝位，是为孝宗。七月，平反岳飞，起用张浚，命其筹划北伐

续表

生平履历	隆兴元年（1163）正月，拜陈康伯、史浩为宰相，张浚为枢密使，都督江淮军马。三月，重用近习龙大渊、曾觌，遭朝臣反对。四月，命张浚督师北伐，以李显忠、邵宏渊为主将。五月，符离兵败。六月，起用汤思退为相，与金议和
	隆兴二年（1164）四月，罢张浚。十二月，宋金签订"隆兴和议"
	乾道元年（1165）八月，立长子赵愭为太子，三年后病逝
	乾道七年（1171）二月，立三子赵惇为太子，次子赵恺出居外藩
	淳熙十四年（1187）十月，高宗卒，决定持服三年，次月命太子参决政事
	淳熙十六年（1189）二月，下诏退位，称太上皇。太子赵惇即位，是为宋光宗
	绍熙二年（1191）十一月，光宗心疾发作，孝宗视疾
	绍熙五年（1194）六月，孝宗去世，光宗拒绝主丧。七月，光宗退位，皇太子赵扩即位，即宋宁宗

在南宋诸帝中，孝宗被认为是最有作为的一位，《宋史》编纂者称赞其"卓然为南渡诸帝之称首"。他在位的时代政治清明，人才济济，被誉为"乾淳之治"。如果把南宋作为一个整体，从高处俯瞰，可以发现孝宗朝有两个非常突出的特点。其一，从这一时期开始，南宋政坛出现太上皇-今上的权力格局。高宗正值盛年时将皇位禅让给孝宗，退居德寿宫称太上皇帝；此后孝宗又禅位给光宗，光宗让位于宁宗。这一格局导致皇权的分裂，给南宋政治带来极大影响。其二，南宋一朝，秦桧、韩侂胄、史弥远、贾似道相继秉政，权相政治几乎贯穿始终，唯独孝、光两朝例外。光宗在位仅5年，且朝政多受孝宗牵制，缺乏权相出现的土壤，姑且不论。而孝宗在位27年，先后换了17位宰相，其换相频率之高、宰相任期之短，为世人所瞩目。此一时期的政治为什么呈现出这些特点，要从孝宗身上寻找答案。

一、父尧子舜：太上皇–今上格局的形成

（一）太上倦勤，皇子可付社稷

北宋末年，遭逢靖康之难，汴京为金人所陷，宋朝宗室三千余人被掳，太宗子孙几无幸免。建炎元年五月，高宗即位于南京应天府，宋朝国祚得以不绝。次月，贤妃潘氏生皇子旉。建炎三年四月，赵旉被立为太子，但不到三个月即告夭折。高宗此时虽年仅23岁，却丧失了生育能力，仙井监乡贡进士李时雨上书，请求高宗在宗室中择贤良者立为太子，这触犯了高宗的忌讳，立刻引起高宗震怒，下诏将之逐出国门。

战乱带来剧烈的社会动荡，给人们心理造成极大冲击，民间涌现出种种离奇的谶纬之说。太宗当年篡夺太祖皇位的故事又被提起，人们传说金太宗吴乞买相貌"绝类我太祖皇帝塑像"，议论北宋的灭亡就是太祖的报复。高宗虽然继承了皇位，但并不完全合法，很多人不肯信服，认为是到了把帝位归还给太祖一系的时候了。建炎四年，高宗被金人追踪而浮海求生，境况窘迫到了极致。当年秋天，隆祐太后向高宗提及"尝感异梦"，据说高宗由此恍然大悟，随即命惠襄靖王赵令𤩴留意择选太祖后人。绍兴元年（1131）六月，上虞县丞娄寅亮上书，声称正因为自太宗以后北宋诸帝对太祖子孙的忽视，才使得太祖之灵不肯再庇佑赵宋江山，他恳请高宗遴选太祖子孙中有贤德者，立为皇子，"上慰在天之灵，下系人心之望"。

经过隆祐太后的劝说，高宗的想法发生了改变，他对娄寅亮的

上书"大为感叹",对群臣表示,太祖以圣武定天下,子孙却零落四方,自己如果不效仿仁宗为天下考虑,择取太祖后代立为皇嗣,将无以慰太祖在天之灵。继而又道:"此事亦不难行,正是道理所在。朕止令于'伯'字行(太祖第七世孙为'伯'字行)中选择,庶几昭穆顺序。"绍兴二年夏,宗子伯琮(后赐名瑗)被选入禁中,时年六岁,由张婕妤抚养。不久,才人吴氏也请得一子养育,于是绍兴四年(1134),宗子伯玖(后赐名璩)入宫,时年五岁。

高宗欲在二人之间择贤而立,对二人同等看待。绍兴十二年,封赵瑗为普安郡王;十五年(1145),封赵璩为恩平郡王,二人官属礼制相当,号称东、西府。尽管如此,赵瑗处境仍不乐观。张婕妤于绍兴十二年正月去世,吴氏被册封为皇后,即宪圣后,她极力为赵璩争取政治地位,意在取赵瑗而代之。赵瑗还与时相秦桧屡次发生摩擦,《齐东野语》说:"孝宗英睿夙成,秦桧惮之。"绍兴二十四年(1154),秦桧擅自调动殿前司兵卒千人赴衢州捕盗,赵瑗报告高宗,高宗召来秦桧责问。秦桧得知是赵瑗通报消息,随即向高宗举报赵瑗十年前为本生父持服时,开去一切差使,却没有停薪,应该从现在开始扣薪。在秦桧主政的17年间,士大夫慑于秦桧威势,无人敢提及建储之事。

秦桧死时,高宗也已年近五十,由于储位未定而致使人言籍籍,建储的呼声逐渐再现。绍兴二十九年(1159)六月,国子博士史浩转对,奏称应从赵瑗、赵璩二人中择一贤者立为皇子,使天下人心有所系。高宗颔首称是,除史浩二王府教授。高宗决定对赵瑗、赵璩作最后的考验。他手书两本《兰亭序》,命二人分别临摹五百本。赵瑗最终写了七百本,表现出对高宗的顺承之意;而赵璩借口事务繁忙,卒无所献。第二次考验更重要,高宗赐给二王宫女各十人,史浩劝告二王,这些宫女平日侍奉高宗左右,应该以庶母之礼对待。不久,高宗将宫女召回,宫女言赵瑗待之以礼,而赵璩无不昵之者。经过两次考验，高宗在二人间已经有所取舍。绍兴三十年（1160）二月，高宗立赵瑗为皇子，改名玮，进封建王，授宁国军节度使、开府仪同三司。三月，授赵璩开府仪同三司、判大宗正事，称皇侄。

绍兴三十一年（1161）九月，金海陵王完颜亮败盟入侵，迅速攻破南宋两淮防线。高宗震恐之下，甚至准备危急时解散百官，再次航海避敌。陈康伯等力请高宗亲征，刚被册立为皇子的赵玮激愤之下，竟然冒失地请求率兵前驱。宋朝太祖以陈桥兵变开国，高宗的帝业也是凭着兵马大元帅的资本得来的，宗室领兵，本就违反祖宗家法，赵玮的建议立刻引起高宗的疑忌和愤怒。史浩对赵玮力言率师前驱之非，告诫危难之时父子不可跬步相离。他列举唐朝的例子，唐玄宗安史之乱中移幸蜀川，太子李亨以天下兵马大元帅北上抗敌，却于灵武继皇帝位，是为肃宗，遥尊玄宗为太上皇。史浩批评肃宗虽早为天子数年，但也终身不得为忠臣孝子。他代赵玮草拟奏章，"痛自悔改"，把率师前驱改为扈从高宗，服侍饮食汤药，以尽子职，并请皇后代为解释。高宗这才释怀，称赞史浩"真王府官也"。

十月，赵玮随同高宗亲征，一路上充分展现出其孝子的形象，每日早晚两次记录高宗的生活起居，进呈宫中。当随驾大臣坐在肩舆内避雨时，赵玮乘马扈从高宗，"雨渍朝服，略不少顾"。赵玮的表现令高宗颇为欣慰，绍兴三十二年（1162）二月，高宗返回临安不久，就作出禅位的决定。四月，他对陈康伯表露出"倦勤"之意："朕年老多病，皇子将四十，可付社稷。"五月，高宗下立皇太子诏，赵玮改名赵眘，正式成为皇储。六月，高宗行内禅之礼，将皇位让给赵眘，是为宋孝宗。高宗退居德寿宫，自称太上皇帝。

高宗决意禅位有着多方面的原因，"年老多病"只是一个借口。他退位时只有56岁，正值"春秋鼎盛"，退位后甚至新纳了十多名姬妃，直到81岁才去世。"倦勤"，也就是想释去重担，才更加接近事实。高宗内禅时已在位36年，他的作风是掌握决策权，把具体的行政和执行事宜委任宰执。秦桧死后，他一直没能找到合适的宰相分担朝政，先后换了5位宰相、11位参知政事。此外，在位的最后三四年，高宗受到一些精神上的打击。先是生母韦太后去世，不久又得知钦宗死讯，令高宗当场饮泣。雪上加霜的是，完颜亮撕毁和议，金人铁骑卷土重来。高宗的政权建立在和议的基础上，为了缔结和议，他忍受了巨大的屈辱，但最后几乎再次成为丧家之犬，这无疑是对他威信和政策的严重打击。朝臣中主张乘机北伐的呼声逐渐激昂，高宗不乐闻其事，遂决定让位。

（二）"凡今者发政施仁之目，皆得之问安视膳之余"

高宗的禅让使皇位由太宗一系转回到太祖一系，除了受到当时群臣的歌颂，甚至一向对高宗评价非常苛刻的明代史家张溥也说："彼一生行事，足告祖宗，质天地者，止有此耳。"但是在歌功颂德背后，不能忽视禅位给南宋政权政治结构带来的深刻变化，它并没有像形式上表现的那样实现权力的转移，而是造成了皇权的分裂，形成太上皇–今上的二元权力格局，双方都需要在实践中摸索彼此的权力边界。

禅让实现了帝尧公天下的儒家理想，使高宗的身份超升为与尧并肩的圣王，高宗得到了一个至高无上的尊号："光尧寿圣"。当尊号由宰相和礼官拟定，交由侍从、台谏在都堂集议时，大臣们的意见并不一致。持异议者认为，"寿圣"系英宗诞节之称，且已用作佛寺之名。"光尧"寓意"比德于尧，而又过之"，似属过誉。户部侍郎汪应辰就提出质疑："尧岂可光？"高宗立即出面干预，告诉孝宗汪应辰素来不喜欢自己。孝宗于是手诏"不须别议",集议大臣知势不可回,都签字同意,汪应辰不久便被外调。

孝宗能继承大统,完全出于高宗的赐予,对他来说,孝道不仅是立德修身的儒家规范,更具有现实的意义,是他竞争皇位的唯一资本。太上皇-今上的关系,是以太上皇的主导和今上的顺从为基础的。德寿宫就是由秦桧的旧第改建而成,隐然与皇宫对峙,形成两个权力重心。高宗时刻强调着他不容触动的权威。一次,德寿宫一名卫士醉酒闯入钱塘县衙,咆哮无礼,被知县莫济施以杖罚。高宗闻讯大怒,立刻谕令孝宗将莫济罢免。高宗一次在灵隐冷泉亭遇到一位行者,自称本为某处郡守,因得罪监司而被废为庶人,高宗答应为他向皇帝求情。数日以后,高宗又遇到行者,言及尚未得到起复。次日,孝宗恭请高宗夫妇游园,高宗不笑不语,在孝宗百般追问下才道:"朕老矣,人不听我言。"又说:"如某人者,朕已言之而不效,使朕愧见其人。"孝宗随后召谕宰相:"昨日太上圣怒,朕几无地缝可入,纵大逆谋反,也须放他。"于是尽复该人原官。

孝宗朝的政治很大程度上笼罩在高宗的阴影下,孝宗在即位赦书中就明确表示,要继续听从高宗的指示,执行他的政策:"凡今者发政施仁之目,皆得之问安视膳之余。"这是孝宗愿意服膺高宗指导的公开承诺。孝宗第一个年号"隆兴",用意就是"务隆绍兴之政"。对于安于旧秩序和既得利益的官员来说,这个承诺自然最好不过。援尧舜故事上太上皇尊号后,他们更有理由请求孝宗像舜协助尧那样,依从高宗的原则行事。孝宗也有模仿高宗的明显例子,他即位后就设官收集建炎、绍兴以来所下诏旨条例,以便"恪意奉承,以对扬慈训"。甚至视学的过程,也严格遵循高宗先例,"是为两朝盛典"。因此儒臣称孝宗于高宗"一政一事无不遵之也","一字一画无不敬之也"。

高宗的政策不容妄议。一次,有言官批评秦桧专擅,这等于间接批评了高宗。高宗将宫中一座建筑命名为"思堂",然后宴请孝宗。孝宗问及堂名的由来,高宗回答:"思秦桧也。"自此以后,对秦桧的批评大大减少。秦桧身后之名需要维护,岳飞名誉的恢复便要在低调中进行。尽管孝宗明白岳飞的冤屈和战功,也只能有限地为他平反。淳熙年间,孝宗命有司为岳飞作谥,礼官拟用"忠愍":"危身奉上曰忠,使民悲伤曰愍。"孝宗以为用"愍"字,则有批评太上皇失政的寓意,改为"武穆"。昭雪和一切恩恤,都是以太上皇"圣意"的名义进行的,这些都是为太上皇保留体面。

高宗退位之际,与孝宗达成共识,孝宗每月四次至德寿宫朝拜。一月四朝,表面上是儿子向父亲尽"温清定省"的孝道,实则具有重大的政治功能,它是高宗向孝宗发布指示、进行政治部署的主要渠道。孝宗在朝拜德寿宫时,重要的朝臣奏疏都会送来,向太上皇报告章奏和聆听意见都是习以为常的事。朝中的人事任免要经太上皇首肯,新任大臣一定要先奏禀太上皇后再正式委任,殿试第一甲的策文也要经太上皇过目。乾道八年(1172),孝宗听从言官的弹劾,准许宰相虞允文辞职,但太上皇念念不忘虞允文在采石之战中的功绩,反而令孝宗挽留他而把言官外调。

高宗退位御札宣称将所有军国要务全交孝宗处分,但由于各种原因,孝宗在相当大的程度上顺服于太上皇的权威。孝宗把满足太上皇的需索和富国强兵等量齐观,他特别新建"左藏封桩库",专门供养高宗和储备军资。高宗去世后,孝宗透露,此前德寿宫缺钱,所以朝廷极力应付。孝宗要实行"永将四海奉双亲"的承诺,就不得不将富国强兵的宏愿打折扣了。《宋史·孝宗本纪》称赞:"宋之庙号,若仁宗之为仁,孝宗之为孝,其无愧焉,其无愧焉!"然而清高宗却有不同看法,他说帝王之孝与庶人不同,一定要把祖宗基业放在首位，南宋时祖宗旧疆已丧失大半，而孝宗不思恢复中原、报仇雪耻，只能满足于膝下承欢的小节，不能称之为孝。

二、上皇与今上的权力划分：
　　隆兴北伐与宋金和议

（一）从采石大捷到符离之败

绍兴三十一年九月，金海陵王完颜亮倾全国之力，兵分四路大举入侵南宋，渡过淮河，陈兵长江沿岸。高宗命知枢密院事叶义问督视江淮军马，中书舍人虞允文参赞军事。虞允文至采石（今安徽当涂北），以一万八千残军击败完颜亮率领的金东路军，取得采石之战的胜利，力阻金军渡过长江。此时，金朝国内发生政变，东京留守、曹国公乌禄即位于辽阳，下诏声讨完颜亮。完颜亮见后路已绝，急欲渡江征服南宋，金军多是北方人，不愿南渡，纷纷逃亡。完颜亮下令，军士逃亡者杀其长官，并命即日渡江。结果军中发生哗变，完颜亮被杀，金军班师，南宋转危为安。

完颜亮被弑后，金人试探性地要求恢复和约。高宗预料"此事终必归和"，乘势提出两个条件：一是金朝归还河南地，主要包括东京开封和西京洛阳在内的京东路和京西北路；二是将金宋关系由君臣改为兄弟。第二个条件尤其是高宗长久以来的希望，因为兄弟关系多少象征两国的对等。然而金人不但断然拒绝，而且再度以战争威胁，由副元帅毂英措置南边及陕西等路事，都元帅奔睹开府山东。

绍兴三十二年六月，孝宗即位，朝臣对于和战争议不定，史浩、张浚各自为其代表。史浩认为孝宗初立,御金之计应以守备为先,以南宋之兵将,不足以图恢复。张浚则与史浩相反,以为金自完颜亮被弑,"必不能再举全师",主张乘虚进兵北伐。就在南宋诸臣争论的同时,金朝镇压了西北契丹族起义,瓦解了山东等地的民间反抗力量,集中兵力对付南宋。十月,金朝命纥石烈志宁经略宋事。十一月,命仆散忠义南伐。金朝以十万兵屯河南,窥伺两淮;南宋则以大兵屯盱眙、泗州、濠州、庐州。

宋金在川陕战场展开激烈争夺,德顺的归属决定着胜败的形势。南宋吴璘的主力军队聚集在德顺,金军遂全力进攻。南宋朝堂上,以史浩为代表的一些大臣认为在德顺与金军作战是错误的,提出放弃德顺等大散关以外新复州县的主张。虞允文连上十五疏反对弃地之说,认为要恢复中原必自陕西始,陕西五路新收复的州县又系于德顺之存亡,一旦放弃这些地区,则川蜀防线也会出现漏洞,利害至重。但虞允文的意见并未引起孝宗的重视,在史浩的劝说下,孝宗手诏"罢德顺军屯戍"。撤军诏书在西北前线引起极大震动,诸将力谏吴璘:"将在军,君命有所不受。此举所系甚重,奈何退师?"吴璘无奈道:"璘岂不知此!顾主上初政,璘握重兵在远,有诏,璘何敢违?"在宋军撤退过程中,金军尾随掩杀,吴璘军亡失军兵三万三千人、部将数十人,秦凤、熙河、永兴三路新复十三州,都被金军重新占领。后来,虞允文入朝,孝宗问及弃地,虞允文以笏划地,陈说利害,孝宗悔道:"此史浩误朕。"自此以后,孝宗倾向以张浚为首的主战派。

隆兴元年(1163)正月,孝宗任命史浩为尚书右仆射、同中书门下平章事;张浚为枢密使,都督江淮东西路军马,具体负责用兵事宜。三月,金人要求南宋归还海、泗、唐、邓、商等地,遭到拒绝。于是金军分屯虹县、灵壁,摆出准备南下的架势。张浚欲趁金军立足未稳先发制人,请孝宗亲征,又指使主管殿前司李显忠和建康府都统制邵宏渊越级向孝宗上攻取之策。就是否出兵，史浩与张浚在殿上连续五天激烈辩论，张浚对孝宗道："史浩意不可回也，恐失机会，惟陛下英断。"孝宗被张浚说服，绕过史浩命李显忠为淮东招抚使、邵宏渊为副使，出兵北上。史浩事后得知，以身居右相而出兵不得与闻，坚决辞去相位。

出兵之初，宋军取得主动，很快攻占了灵璧和虹县，并乘胜夺取了宿州。金朝纥石烈志宁率精兵万人驰援，宋金在宿州城下展开激战。李显忠和邵宏渊二人在行军过程中结怨，李显忠要求邵宏渊合力夹击金军，邵宏渊非但按兵不动，还向其部下散布说："当此盛夏，摇扇于清凉犹不堪，况烈日中被甲苦战乎。"李显忠势孤难支，被迫从宿州撤军，行至符离被金军掩杀，包括丁夫等在内的十三万余宋军大溃，器甲资粮委弃殆尽，死者不可胜计。这次惨败宣告孝宗即位后朝野瞩目的北伐以失败而告终。

（二）屈于孝养，达成和议

在对金政策方面，高宗与孝宗有根本性的分歧，高宗倾向于维持和好，而孝宗锐志于恢复。孝宗即位初年的北伐得到了高宗的默许，这可以看作太上皇对今上恢复志向的妥协，高宗不能过分压抑孝宗的皇权，他自己也未尝不心存些许侥幸心理，想趁金朝内乱之机，坐收汴庄刺虎之利。但一见北伐遭遇挫折，高宗马上介入干预，要求孝宗放弃用兵，重回议和的轨道上来。符离兵败后，张浚、李显忠、邵宏渊等都被贬责，在高宗授意下，孝宗复用主和的汤思退为右相，主持与金和谈。

和谈的焦点之一是海、泗、唐、邓四州的归属，金人要求南宋继续遵守"绍兴和议"，归还四州，南宋高层则对此存在争议。汤思退主张答应金人要求，尽快达成和议；而孝宗对此断然拒绝，双方和谈一度停顿。隆兴元年十二月，汤思退接任因病辞职的陈康伯为左相，张浚被擢为右相，戴罪立功。这一安排清楚地反映出南宋高层的权力结构及政策分歧，汤思退是高宗主和路线的代表，张浚则象征着孝宗的恢复志向。

张浚派儿子张栻劝说孝宗不要让步，孝宗带他朝拜德寿宫，想要说服高宗。张栻对高宗畅言不应与金议和的种种原因，高宗却让张栻转告其父，国家需要度量民力国力来决定对金政策，金朝国内契丹族正在作乱，如果契丹事成，自可坐收其利，如果金朝平定了叛乱，则务要恤民治军，待时而动。张栻离开前，高宗再次叮嘱："与卿父说不如和好。"此后，太上皇又"深劝上，令从和"，孝宗遂宣谕："虏能以太上为兄，朕所喜者。朕意已定，正当因此兴起治功。"决定再派使节议和。孝宗特意到德寿宫，告知高宗已决定遣使，高宗非常高兴，甚至要自己单独准备一份礼物给金世宗。宋使胡昉至金营，对金帅说："本朝皇帝恐为贵朝见欺，初不肯遣使，而太上爱惜生灵，不欲杜绝来命。"

金朝坚持索要四州，孝宗召集官员集议，群臣多欲答应金人要求，只有张浚、虞允文、胡铨等人认为不可。汤思退怒道："此皆利害不切于己，大言误国，以邀美名。"为迫使孝宗同意，汤思退甚至抬出高宗，要孝宗"以社稷大计，奏禀上皇，而后从事"。这明显是对孝宗权威的蔑视，孝宗大怒，斥责汤思退道："金无礼如此，卿犹欲言和，今日敌势，非秦桧时比，卿之议论，秦桧不若。"孝宗拒绝割让四州，使和议再次搁浅，他对张浚说和议不成乃是天意，准备再次用兵。高宗再次召来孝宗，劝他不要听信张浚之虚名，强调张浚惯于用国家的官爵、钱物做人情，来抬高自己的声誉。张浚遂被罢去，不久去世。

汤思退为促成和议，竟然秘密派人到金营，告诉金人以重兵压境来迫使孝宗答应和谈。隆兴二年（1164）十月，金朝对南宋发动大规模的军事进攻。知楚州魏胜率军拒于淮阳,都统制刘宝留守楚州。刘宝根据汤思退的命令,以正在议和为由,拒不出兵支援,接着弃城逃遁,致使魏胜战死于前线,楚州、濠州相继陷落,形势再度吃紧。南宋朝野舆论纷纷声讨汤思退争和撤备之罪,孝宗罢去汤思退相位,责居永州。太学生张观等72人又上书论汤思退奸邪误国,请斩之。汤思退忧悸而死。

在金朝的军事压力和太上皇的督促下,孝宗最终让步。隆兴二年十一月,派亲信王抃携参知政事周葵的书信,前往金元帅府求和。议和条款主要内容是:金宋约为叔侄之国;改岁贡为岁币,减十万;割商、秦之地,宋金边界恢复至完颜亮南侵前的状态;归还被俘人,叛亡者不与。金人入侵的目的本就是迫使南宋让步,遂接受和议条款,从两淮撤军。十二月,"隆兴和议"正式签订。次年四月,金遣完颜仲为报问和好使,孝宗不欲行"降榻受书"礼,与完颜仲发生争执,高宗命皇子邓王受书以进,才避免僵持。孝宗欲拘留完颜仲,也因高宗反对而作罢。

年复一年,太上皇厌战的心态并没有改变。他乐于看到孝宗一再派遣使臣请求金人归还河南,这也是他自己的目标,但却不能容许孝宗兴兵恢复。史书记载,孝宗每侍光尧,必力陈恢复大计以取旨,太上皇道:"大哥,俟老者百岁后,尔却议之。"孝宗自此不敢复言。孝宗"忧勤十闰,经营富强,将以雪耻",其锐意恢复的志向,甚至连金人都知之甚详,金世宗时常说:"吾恐宋人之和,终不可恃。"告诫群臣"积钱谷,谨边备"。然而孝宗终于"屈于孝养","不敢北伐"。

三、"有恢复之君,而无恢复之臣"
——皇权受损的结果

(一)"勤于论相,数置而亟免"

南宋政治有一个非常突出的特点,就是权相的出现,秦桧、韩侂胄、史弥远、贾似道等人相继把持朝政,几乎贯穿南宋政权始终。然而孝宗朝却是个例外,孝宗在位期间,共任用了17位宰相,其中在位最长者7年,最短者不过3个月,平均每人每次仅两年左右。纵观整个宋朝历史,孝宗朝宰相的更替是最频繁的,宰相的平均任期也最短。

孝宗初政时,就已经显现出频繁换相的迹象。隆兴二年,太学生王质上书论道:陛下自即位以来,慨然有乘时有为之志,对宰执陈康伯、叶义问和汪澈都不满意,于是三人相继罢免,以史浩为相;史浩不称陛下意,又拜张浚为相;张浚一无所成,又决定用汤思退;现在汤思退上任已数月,臣料其"终无益于陛下"。王质观察孝宗任相的情形,预料孝宗必不久相,其后果然如其所言。孝宗频繁更换宰相,引起大臣进言反对。乾道二年(1166)九月,司农少卿莫济上奏,指出任用大臣不能持久,则贤能者不能显露其长处,不肖者得以逃避其罪责,当前宰执大臣甚至仅在位数月就被罢免,似乎进退人才太快。孝宗表面上接受意见,诏曰"所论至当",但实际上仍我行我素。

孝宗之所以频繁换相,根本上源于他对大臣的不信任。这种不信任一方面由于他早年间亲见秦桧专权弄势,即位后便引以为戒,以免大权旁落。另一方面也与太上皇-今上的二元结构有关。在这一结构下，孝宗失去了皇帝原本应该享有的独尊地位，士大夫普遍知道，朝政须由太上皇决断，孝宗不能专擅，言谈行为中便不可避免地流露出对孝宗权威的怀疑，如汤思退公然要求孝宗以社稷大计奏禀高宗之类。孝宗对于来自臣下的轻视非常敏感，他斥责汤思退"秦桧不若"，也曾对众人抱怨"太上时，小事，不敢如此"。类似的轻忽积累下来，久而久之，便会疏远孝宗与大臣的心理距离，刺激孝宗对大臣产生提防心理。

淳熙六年（1179），孝宗在批示刘光祖策问时大发牢骚："国朝以来过于忠厚，宰相而误国者，大将而败军师者，皆未尝诛戮之。要在人君必审择相，相必为官择人，懋赏立乎前，严诛设乎后，人才不出，吾不信也。"孝宗提到的"懋赏立乎前，严诛设乎后"是一种法家思想，以之整顿纪纲当然易见成效，却与宋朝以儒术治天下、政尚宽厚的立国之风大相径庭。孝宗的言论显示，他对宋朝祖宗优礼读书人、与士大夫共治天下的理念并没有多少认同，对宰相更是秉持功利主义的态度，防范多于信任。

孝宗时刻提防宰相发展个人势力，结成朋党。他在任命史浩为右相时说："宰相岂当有朋党，人主亦不当以朋党名臣下，既以名其为党，则安得不结为朋党？朕但贤者用之，否则去之。"表面看来，孝宗对朋党问题似乎采取了超脱、豁达的态度，但他实际上对大臣中任何结党的迹象都十分敏感和戒备，一旦察觉就毫不客气地予以取缔。淳熙中，陈俊卿提醒孝宗，单纯的同乡关系并不一定是结成朋党的条件，一朝宰相一朝臣的做法反而会促成以同乡关系为纽带而形成朋党。他的话从另一方面提醒孝宗，要实现对宰相的控制，还必须掌握宰相同乡的仕途进退，一条新的监督宰相的制度就此产生：进拟大臣时，要在姓名下注明籍贯，"遂为故事"。同时规定不许宰相进拟同乡，因此王淮在相位多年，"林子中亦乡人，八年不得除命"。

孝宗力图使参知政事、台谏官员等成为牵制宰相的力量。秦桧专政时期，执政皆"昏愦无能者"，稍不合秦桧之意，就会被台谏官弹劾罢去。孝宗则支持和鼓励参知政事提出与宰相不同的见解，他对周必大说："执政于宰相，固当和而不同，前此宰相议事，执政更无语，何也？"台谏官员更是监督宰相的重要人选，孝宗对宰执荐举的台谏官人选怀有极大戒心，乾道年间，左丞相虞允文推荐李颜颖、林光朝、王质为台谏，三人均性格鲠亮，又以文学推重于时，但孝宗却久久没有回应。而近臣曾觌推荐的人却马上赐予进士出身，擢为谏议大夫。淳熙年间，孝宗召王淮、周必大等议事，众人见御案上放着一个黄绫册，上面记录着前任宰执和现任宰执进拟的台谏官姓名。孝宗往往在前任宰执罢去、现任宰执上任后，反而任命前任宰执进拟的台谏官员，现任宰执推荐的人选则暂不考虑，以免宰执与台谏结党。正是用这种办法，孝宗克服了"一相去，台谏以党去；一相拜，台谏以党进"的情况，切断了宰相与台谏官之间互相援引的关系。

（二）"躬揽朝纲，不以责任臣下"

相比宰相，孝宗更信任长久跟随自己身边的近臣。他即位初年，除对金政策外，朝堂上争议最多的问题，就是他对近习龙大渊、曾觌的任用。龙大渊、曾觌在孝宗为建王时已开始追随，担任建王府知客，孝宗与二人"觞咏唱酬，字而不名"，关系十分亲密。受禅以后，孝宗以龙大渊为枢密院副都承旨，曾觌为带御器械、兼干办皇城司。右谏议大夫刘度两次弹劾二人，孝宗稍作让步，命龙大渊知阁门事、曾觌权知阁门事，并援引高宗命藩邸旧人主管阁门之例，塞群臣之口。张震、胡沂、金安节、周必大等人交章劾奏二人。孝宗遂命陈康伯、史浩两位宰相，召集众臣宣示御札，指责金安节等人"为人扇动，议论群起"，认为他们蔑视自己的权威，声称"太上时，小事，不敢如此"。张震以辞职相要挟，孝宗批可，而二人任职如故。

孝宗对自己的身边人信任有加，不惜与朝臣对抗，地位尊贵如宰相，也往往因与他们冲突而去位。淳熙五年（1178），史浩复相，其去职便与近习王抃有关。王抃兼枢密院都承旨，因殿、步二司军籍多缺，请各募三千人充军。然而殿前司名为招募，实则强捕市人充军，致使城中骚动。又有军人恃众抢夺百姓财物，双方发生纠纷。孝宗下诏，肇事军人和百姓并以军法处置，史浩则认为普通百姓不应律以军法，甚至以陈胜、吴广之例强谏，孝宗大怒道："然则比朕于秦二世。"史浩终因此事罢去相位。

孝宗对近习的信用和支持使他们权势大炽，甚至宰执也出于其门下。赵汝愚、蔡勘、朱熹等人，都曾先后指出近习干政的不利影响。朱熹提出，当前宰相、台省、师傅、宾友、谏净之臣皆失其职，与陛下亲密谋议朝政的不过是几个近习之臣，外廷诸臣反而要出入近臣之门墙，承望其风旨。刘光祖则抱怨孝宗"睿察太精，宸断太严"，批评孝宗只选择奉职守法、顺旨易制者为宰相，致使宰相丧失了决断的权力，只能奉行文书。宰相权轻，近习便得以乘机干政。

刘光祖敏锐地发现了孝宗信用近习与其"睿察太精"之间的内在关联，近习只是孝宗意志的延伸，问题的根源在于孝宗不信任大臣百官，走上了另一个极端，"躬揽朝纲，不以责任臣下"。他宵衣旰食，自言"胸中每日走天下一遍"，每天日落后都要反复思虑当天政事，唯恐有失，因此"朝廷有一政事而多出于御批，有一委任而多出于特旨"。龙大渊、曾觌建言要省察国用经费，孝宗便几次手诏诘问户部钱谷出纳之数，户部侍郎周葵批评说，孝宗即位以来"有咨询必出人意表"，并且"皆细文微故，财利是稽"，是未得治道之先务。孝宗越俎代庖，过问和插手一些不应由他管的事情，吕祖谦道："陛下以大臣不胜任而兼行其事，大臣亦皆亲细务而行有司之事，外至监司、守令职任，率为其上所侵而不能令其下。"

孝宗对宰相的种种限制措施，使孝宗朝成为南宋历史上集权化程度最高的时期，然而这种集权政治却并没有实现孝宗中兴宋室的梦想。时人汤邦彦对孝宗说："陛下忧勤万务，规恢事功，然而国势未强，兵势未振，民力未裕，财用未丰，其故何耶？由群臣不力故也。"叶适也认为孝宗夙兴夜寐、精实求治，而"迄未有尺寸之效"，是由于"独运于上而未得其人以自辅也"。孝宗朝"有恢复之君，而无恢复之臣"的说法，在传统史学中被奉为公论，但这种局面出现的原因，却少有人深入思考。太上皇的强势，使孝宗的皇权受到侵害，他潜意识中时常表达出对此的不满，一方面抱怨"为家老子误我不少"，另一方面怨愤大臣对他的轻忽。已经残损的皇权，不堪再忍受来自臣下的侵夺，孝宗信任近习，因为那是他个人意志和权威的延伸；他事必躬亲，"不以责任臣下"，仅令宰相奉行文书，也是希望以这种方式守住自己最后的权威。

四、皇权"非可共理之物"：太上皇-今上结构的悲剧结局

（一）越次建储

孝宗有三个儿子，长子邓王赵愭、次子魏王赵恺和三子恭王赵惇。三子之中，赵愭深得高宗和孝宗欢心；赵恺性格宽慈；而赵惇的功利心最重。乾道元年（1165）六月，赵愭夫人钱氏生子，高宗

大喜。而两个月之前，赵惇夫人亦生子，于是恭王府直讲王淮携白札子（已拟定内容而未用玉玺的诏令）拜见宰执，言恭王夫人李氏四月十五日生皇长嫡孙。参知政事钱端礼是邓王钱夫人的父亲，代行宰相之职，对孝宗上奏："嫡庶具载《礼经》，所以别嫌疑，明是非，定犹豫。"接着言及初二日朝拜德寿宫，太上皇帝亲口宣谕"皇嫡孙生，与其他事体不同"，自己已依太上皇旨意于初五日上表称贺。而王淮携白札子来见，辩称"年钧以长，义钧择贤"。孝宗回答："此是何语，皆非所宜言。"于是诏王淮"倾邪不正，有违《礼经》"，将之放罢至京外为官。

王淮此举背后，显然有恭王的指使，意在凭嫡长孙的名分争夺太子之位。所谓"年钧以长"，意思是两位皇孙年龄相当，应该根据出生先后确定嫡庶；而"义钧择贤"则指太子之位应择贤而立，不论长幼。王淮以恭王府直讲的身份，不避嫌疑，公然为赵惇发声，妄议储位，这才招致钱端礼的愤怒和孝宗的斥责，认为非其所宜言。

乾道元年八月，赵愭被立为皇太子，但不幸三年后病逝，谥庄文。乾道六年（1170），庄文太子丧礼毕，陆续有朝臣提出应再立太子。八月，宰相虞允文与孝宗谈及希望尽快册立太子。孝宗坦承："丞相言极是，但此事却有些迁次。"所谓"有些迁次"，也就是有些变数，显然孝宗承受着来自外界的压力。《宋史·魏王恺传》载，庄文太子死后，按照长幼之序，应该由赵恺接替，但孝宗因故迟迟未能下定决心，并最终因为恭王"英武类己"立为太子。然而，种种迹象表明，所谓"英武类己"只是一种掩饰，孝宗决定越次建储另有原因。

在赵恺与赵惇之间，高宗和孝宗似乎更偏向于赵恺，《宋史·魏王恺传》称"王性宽慈，上皇雅爱之"。孝宗也曾为立赵恺为太子而打压赵惇，绍熙二年（1191），黄裳在一篇给光宗的奏折中提道:"陛下之于寿皇,未尽孝敬之道,意者必有所疑也。臣窃推致疑之因:陛下毋乃以焚廪浚井之事为忧乎?夫焚廪浚井,在当时或有之。"所谓"焚廪浚井",是舜的父亲瞽叟和哥哥象合谋害舜的典故,黄裳敢于在奏疏中明白写出"在当时或有之",则此事必然不会是空穴来风,或许当时已是尽人皆知的不宣之秘。不过,尽管高宗和孝宗都有意赵恺,宪圣太后却偏爱赵惇,正是顾虑到她的态度,才使孝宗迟迟不能确定储位。

乾道六年八月二十五日,虞允文再次提醒孝宗早定储位,并引用唐太宗的故事劝诫孝宗。唐太宗以长子李承乾为太子,却偏爱四子魏王李泰,不肯早定名分。魏王李泰觊觎王位,时时想将李承乾拉下马。褚遂良因此提出"太子诸王,须有定分"的建议。褚遂良的担心终究变成了现实,太宗依旧偏爱李泰,太子因为担心被废而谋反。虞允文引用这则故事来警告孝宗,是否也暗示孝宗在立太子的问题上,面临着与唐太宗相似的处境?他在引用这则故事后,旋即又说"今日之事,臣之所忧有甚于遂良,但不敢尽言尔",似乎说明两位皇子之间争夺皇储的角力,比唐太宗时尚有过之。

孝宗向虞允文征询意见。虞允文表示"陛下家事,臣不当与",随即引用寇准当年回答宋太宗的故事,提醒孝宗"此事问内人亦不可,问中贵人亦不可,问大臣亦不可,惟陛下独断乃可尔"。他一再强调册立太子应出于孝宗本人的独断,并以宋太宗为榜样,说:"太宗英断一发,千百世无有议之者。此臣卷卷之忠,独有望于陛下也。"这也恰恰说明,有其他的意见在左右着孝宗的判断。

乾道七年(1171)正月初五,宰执奏事毕,孝宗向虞允文提及,想要在立太子后将另一子出镇外藩,不知本朝有何先例。虞允文答以本朝无此先例。孝宗道:"朕之虑甚远,卿可于唐以前子细密加讨论。"孝宗之所以提出这种考虑，显然是因为二王之争非常激烈，使孝宗不得不预先防范手足相残的非常之变发生。二月七日，孝宗以御札宣示大臣，是夕锁学士院，草拟封太子制书。八日，正式册立赵惇为皇太子，同时宣布赵恺授雄武、保宁军节度使，判宁国府，出镇外藩。

为防止发生意外，高宗在宣锁之夕召赵恺宿于德寿宫，次日赵恺归邸，而储册已经颁行。赵恺回到德寿宫，埋怨高宗道："翁翁留恺，却使三哥越次做太子。"高宗一时语塞，安抚道："儿谓官家好做，做时烦恼去。"三月四日，宰执设宴为赵恺饯行，赵恺对虞允文意味深长地说："更望相公保全。"或许是对赵恺心存愧疚，孝宗在赵恺出镇外藩后，仍然对他时时挂念，赐赉不绝。淳熙七年（1180），赵恺薨于明州，年35岁。

（二）"放下与儿曹"

淳熙十四年（1187）十月，高宗去世，孝宗"号恸擗踊，逾二日不进膳"。哀毁之余，孝宗作出为高宗守孝三年的决定。自汉代以来，皇帝守孝便形成以日易月的惯例，孝宗的决定引起朝臣的反对。大臣们除了担心孝宗"圣孝过哀"以外，还有出于实际的考虑，守孝三年必然会妨碍朝廷日常政务的运行。然而孝宗却已有了妥善的安排，十一月初二，孝宗下诏皇太子赵惇参决政务。

"太子参决"完全是孝宗个人的决定，以内降手诏的方式颁出，它所带来的震动，甚至远远超过"三年之丧"。手诏中提到唐贞观九年（635）承乾太子参决庶政和天禧四年太子（即宋仁宗）参议政事的先例，但李承乾最后以罪被废，天禧之事也几乎酿成大变，因此礼部官员回奏："昨日降诏，用贞观、天禧事，皆非所宜，外议甚汹汹。"杨万里分别给太子和孝宗上疏，指出"天无二日，民无二王。惟其无二王，故合万姓百官而宗一人"。圣上在位而又有太子监国，近于二王并存，自古及今，未有天下之心宗父子二人而不危者。"盖天下之心宗乎二人，则向背之心生；向背之心生，则彼此之党立；彼此之党立，则谗间之言必起；谗间之言起，则父子之隙必开。开者不可复合，隙者不可复全，此古今之大忧也。"他要求太子坚决请辞，并请求孝宗收回成命。

杨万里无疑是富有先见之明的，日后形势的发展，完全印证了他的判断。但在当时，他的上书并没有改变孝宗的想法，孝宗甚至已经准备将皇位禅让给赵惇。淳熙十五年（1188）十一月，丞相周必大请求辞职，孝宗谕曰："朕比年病倦，欲传位太子，卿须少留。"他命陈康伯后人将家藏的高宗内禅御札献上，令周必大据以讨论典礼。淳熙十六年（1189）正月，宰执奏事，孝宗告知诸人欲传位给太子，退就休养，为高宗持服。知枢密院事黄洽提醒道："皇太子能当大任，但李氏不足以母仪天下，陛下应深思熟虑。"

孝宗之所以急于传位于太子，除了自己倦勤的原因外，也受到来自宪圣太后的压力。赵惇自进位东宫后，日夜盼望早日即位。他曾请人扶乩，占卜即位日期，急迫之情溢于言表。他更大胆直接向孝宗暗示自己年龄已长，试探内禅的可能性，奏禀："有赠臣以乌髭药者，臣未敢用。"孝宗道："正欲示老成于天下，何以此为？"在参决庶政的一年中，光宗更是迫不及待，他想要孝宗尽早禅位，却不便直接提及，于是频繁在宫中宴请太后。太后问左右近侍："大哥屡排当，何故？"旁边有人回答："意娘娘为趣上耳。"宪圣太后遂趁孝宗拜见时劝道："官家也好早取乐，放下与儿曹。"孝宗回答："臣久欲尔，但孩儿尚小，未经历，故不能即与之。不尔，则自快活多时矣。"太后转告赵惇，赵惇不悦道："臣发已白，尚以为童，则罪过翁翁。"意指高宗在盛年时就传位给孝宗。《四朝闻见录》载："及内禅光皇，实宪圣所命。"据此，在孝宗传位给光宗的过程中，宪圣太后最后还是发挥了关键作用。淳熙十六年二月二日,孝宗举行内禅,传位于赵惇,是为宋光宗。孝宗退居重华宫,号太上皇。

(三)"责善则离,离则不祥莫大焉"

高宗的去世,固然使孝宗在精神上遭受到巨大打击,但在经受了太上皇20余年的幕后操控后,孝宗终于得以单独掌握了皇权,也同时激起他再次革新政事的愿望。朱熹对孝宗此时的心情最为理解,说孝宗末年之政是"乾坤归独御,日月要重光"。孝宗在人事上积极部署,希望光宗能移植他与高宗的关系,定期到重华宫朝拜自己,发政施仁皆得之视膳问安之余。

然而现实却不尽如人意。光宗早年已因立储与孝宗结下心结,在他登上储位后,孝宗仍安居帝位,继位遥遥无期,又带来新的失望和怨愤。高宗死后,孝宗命他参决庶政,却反而加深了他的挫折感。周必大记载赵惇第一次参决的经过,孝宗与朝臣讨论政务,赵惇只是侍立于侧聆听教导,参与程度非常低。孝宗还存着"孩儿尚小"的观念,没有对赵惇给予足够的重视,他丝毫没有意识到赵惇的尴尬,嘱咐道:"今后不必间日参决,自可每日侍立,只此便是参决。"赵惇此时已经42岁,翘首盼来的"参决"却只是每日侍立,在他看来显然是极其难堪的经历,因此他半个月后就开始借故请假。元祐时期宣仁太后垂帘,哲宗只能见到奏事大臣的"臀背",十几岁的小皇帝就此怀恨在心,亲政后尽翻元祐政局,光宗的心理体验正与哲宗相似。

孝宗冀望光宗实现他革新朝政的愿望,光宗每月固定的四次朝拜就成为孝宗督责、发布指示的渠道,而这种场合的交流,并不总是和风细雨的。袁说友的一篇奏章揭露了二人对话的场景:"设或寿皇圣帝,义方加笃,威颜过严,陛下执礼恐违,小心多畏,尤宜勉竭以尽欢愉。"袁说友以近乎白描的方式,揭示孝宗平日必是疾言厉色，而光宗小心多畏，已忍无可忍。《孟子·离娄上》说："古者易子而教之，父子之间不责善。责善则离，离则不祥莫大焉。"这是古代儒家对父子关系的一个深刻的心理观察，孝宗对此似乎少有领悟。他把光宗还当作一个孩童，稍不合意就严词苛责，忽视了光宗的自我和尊严，而引起光宗心理上的排斥和反抗。

在孝宗而言，自己所做的一切都是"为天下计，为社稷计"；但在光宗看来，这些举措已构成对光宗皇权的极大侵占，是孝宗吝权的表现。陈傅良在一篇札子中写道："臣不识陛下何所疑重华耶？……若曰吝权，则进退百官，必与闻其人；罢行庶政，必与闻其事，而五六年来天下不见其有此也。"陈傅良站在父权的立场上，为孝宗的所作所为辩护，但他说天下未见孝宗有"进退百官"的举措，恐怕对光宗没有多大说服力，因为天下未见并不等于未有其事。光宗初年的宰执周必大、留正都是孝宗亲擢，赵汝愚从奉召入京到擢为执政大臣也是孝宗一手安排。此外，孝宗还在幕后与朝中台谏官员交通信息，这些都是孝宗操纵朝政的铁证，光宗自然心知肚明。

光宗如愿以偿登上了帝位，却仍要忍受孝宗的苛责，这进一步加深了他的挫折感，也更激起他的反抗意识。他即位后，信任的是自己的亲习如姜特立等，孝宗擢用的大臣都受到冷遇。即位刚刚三个月，他就纵容台谏攻击周必大，使周必大不得不辞职去位。即便对孝宗，光宗也时而流露出强烈的逆反心理。一次光宗出外游园，正要举杯进酒时，突然言官飞章交至，称当年孝宗出幸外苑必恭请高宗同行。光宗大怒，抗辩道孝宗游幸也有不请高宗同行的时候。恰逢此时，孝宗命宦官持玉卮赐酒，光宗愤怒之下，手颤误将玉卮掉在地上。这些下意识的反应，表明光宗对孝宗的积怨已极深。

造成孝宗与光宗反目的另一因素是光宗皇后李氏。李氏出身"群盗"之家，父亲是民间武装戚方属下部将，自幼没有受过儒家礼法熏染，不能恪遵尊卑长幼之序。周密《齐东野语》说她"天资悍妒"，对高宗和宪圣太后颇傲慢，孝宗成肃皇后告诫她遵守礼法，她竟然反驳道"我是官家结发夫妻"，影射成肃皇后系由嫔御册立，致使孝宗和成肃皇后大怒，甚至有意废之。孝宗钟爱已故的魏王赵恺之子赵抦，一度流露出立之为太子的意思。李后得知，在一次内宴中，请孝宗立自己的儿子嘉王赵扩为太子，孝宗不许。李后道："妾六礼所聘，嘉王，妾亲生也，何为不可？"孝宗闻言大怒。李后拉着嘉王向光宗哭诉，声称孝宗有废立之意，更加深了光宗的疑虑。

李氏对光宗来说，既是联合抵抗孝宗的伙伴，也未尝不是一个压力来源，她比光宗年长两岁，几乎从一开始就在夫妻关系中占据着主导地位，光宗晚年病中有一次发作道："尔尚欺我至是耶！"光宗生病，直接诱因便是李氏。绍熙二年十一月，李后趁光宗至太庙祭祖之机，杀害了光宗宠爱的黄贵妃，以暴卒报告光宗。次日，光宗至圆丘合祭天地，因风雨大作而未能成礼。光宗因黄贵妃之死受到刺激，又以为上天降罪，担心孝宗责怪，由此感染"心疾"，也就是今天所谓的精神错乱。就史料所见，他最显著的病状是多疑和妄想，如疑心孝宗要杀他或夺回帝位之类，显然，孝宗长期以来的巨大压力是光宗致病的深层原因，而李后的举措诱发了疾病的发作。

光宗病后，孝宗前来探望，光宗"噤不知人，但张口呓言"。孝宗既忧且怒，召来李后斥责道："宗庙社稷之重，汝不谨视上，使之至此。万一不复，当族汝家。"既而又召宰相留正责问："汝为相，不强谏，何也？"留正回答："臣非不言，奈不听何？"孝宗道："尔自后须苦言之，若有不入，待朕留渠细语之。"光宗好转后，李后哭诉："尝劝哥哥少饮酒，不听，近者不豫，寿皇几欲族妾家。妾家何负何辜？"光宗又从留正处得知，孝宗又欲留他

"细语",从此极力逃避到重华宫朝拜孝宗。

绍熙四年(1193)春,光宗病情好转,但对孝宗的疑心也达到最高峰,不但不再接受孝宗指导,而且开始与孝宗正面抗争。光宗病不御朝期间,留正和参知政事胡晋臣主持朝政,二人都是孝宗部署,代表了孝宗的立场。三月,光宗对宰执集团进行调整,任命自己信任的旧人葛邲为右相、陈骙为参知政事,同时胡晋臣由参知政事转任知枢密院事。进退之间,意图以葛、陈二人分夺留正的相权,直接控制人事和行政。同时,光宗把此前迫于孝宗压力外放的亲信姜特立召回行在,留正坚决反对,甚至以辞相要挟,光宗无动于衷地表示:"成命已行,朕无反汗,卿宜自处。"留正至临安城外六和塔待罪数月,也丝毫未能动摇光宗的决心。光宗此时已无所忌惮,不惜与孝宗公开破裂,更积极地运用皇权,与孝宗的部署针锋相对。

自光宗"心疾"发作,一月四朝之礼基本中断。支持孝宗的朝臣连篇累牍上疏,指责光宗有违孝道。他们希望修复孝、光父子关系,恢复一月四朝的政治功能,以施展致君行道的抱负。绍熙四年二月,孝宗生日在即,六部长官、秘书省官员集体上疏,劝光宗朝拜重华宫,为孝宗庆寿。光宗在面对百官时答应"须着过去",但一回到禁中,在李后的左右下便又改变心意。一次朝会,光宗被百官说动,传旨起驾前往重华宫。正要起身,李后从御屏后走出,对光宗道:"天色冷,官家且进一杯酒。"挽着光宗就要回宫。百官侍卫大惊失色,中书舍人陈傅良上前拉住光宗衣角,请光宗不要入内,拉扯间到了御屏后面,李后叱道:"这里甚去处?你秀才们要斫了驴头?"陈傅良大恸于殿下,李后遂挽光宗入内。

孝宗与光宗的父子关系,在太上皇-今上的权力格局下,被撕扯得四分五裂。绍熙五年(1194)六月,孝宗去世,光宗拒绝主丧。赵汝愚与外戚韩侂胄联合,说服宪圣太后,迫使光宗将皇位禅让给嘉王赵扩，是为"绍熙内禅"。光宗虽然名义上成了太上皇，但实际上已没有了影响朝政的能力。韩侂胄抓住机会，击败赵汝愚，成为继秦桧之后的又一代权相。

结　　语

很多史家指出，南宋王朝153年的历史，孝宗统治年间可谓是最平淡的时期。对外没有发生大规模的战争，仅有的一次北伐，无论从规模还是影响看，都不能与此前的宋金战争和此后的开禧北伐、宋蒙战争相比。在内则一直是政局平稳，君臣相安，既看不到类似高宗时秦桧独揽朝政的局面，也没有出现像宁宗、理宗时史弥远擅自废立那样的重大事件。这样的观察自然有其道理，却有些流于表面。稍微转换一下视角，从南宋深层政治结构递嬗的角度剖析，便会发现孝宗时代的特殊性，以孝宗为中心，南宋政治接连出现了两次太上皇–今上的二元权力格局，给时局带来极大影响。

太上皇–今上的二元架构，带来的不是权力的转移，而是皇权的分裂，因此它具有不稳定性。正如杨万里所言，皇权"非可共理之物"，"自古及今，未有天下之心宗父子二人而不危者"。这一点在北宋末年的徽、钦二帝身上已经清楚地显现出来。面对大举压境的金兵，徽宗匆忙将皇位禅让给钦宗，自己连夜出京逃往东南，隐然有另立朝廷之势。钦宗不甘心成为第二个唐睿宗，迫使太上皇启程还京，随即将之软禁。父子二人爆发出尖锐的冲突，错失出幸避敌的时机，最终双双沦为阶下之囚。

高宗与孝宗形成的二元架构非徽、钦时期可比，它一方面不必承担如靖康时那样强大的外部压力，另一方面其内部结构也相对要稳定得多。高宗禅位出于自愿，而非徽宗那样迫于时势。在高宗与孝宗各自的心里，也并不存在相互的猜疑，高宗不想再次复辟，孝宗的皇位完全出自高宗的赐予，"得非所望，故能竭孝展恩"。在孝宗与高宗的关系中，高宗占据无可置疑的主导地位，这是为孝宗所认可的，父尧子舜的赞誉背后，是孝宗对高宗指示的无条件服从。迫于高宗的压力，孝宗放弃了自己恢复旧疆、中兴宋室的理想，与金达成和议。《鹤林玉露》说："孝宗初年，规恢之志甚锐，而卒不得逞者，非特当时谋臣猛将凋丧略尽，财屈兵弱，未可展布，亦以德寿圣志主于安静，不思违也。"

尽管如此，太上皇的干预，仍极大地削弱了今上的权威，孝宗时时刻刻感受到来自臣下的轻忽，他的潜意识中也偶尔会表露出皇权受到侵夺的不满。太上皇和臣下从两个方向挤压着孝宗的帝王心理，他意识到高宗给他权威带来的动摇，亟欲更多在朝政上打下自己的烙印，又对大臣充满提防心理，宁愿事必躬亲，也不以责任臣下。很多大臣抱怨孝宗管得太细，批评孝宗尚未理解治国之道，可是他们不曾设身处地为孝宗着想。高宗尽管做了太上皇，仍然继续着做皇帝时的作风，把国家大政方针的决策权抓在手中，孝宗也只能去处理一些具体的行政事宜，来宣示自己的存在。在孝宗而言，实有其难言之苦衷。

高宗是幸运的，他托付得人，孝宗对他言听计从，又性格坚忍，能够将皇权受到侵夺的压力，通过躬亲庶政的形式排解出去。然而当孝宗想要把类似的权力结构移植到他与光宗的关系中时，却带来悲剧性的结局。光宗较孝宗拥有更强烈的独占皇权的意识，不甘心皇权受到孝宗的分割。在他心中，来自孝宗的压力，他自己要求独尊的意志，乃至李后的教唆，儒家的伦理规范，这数种力量一直处于激烈交锋中。光宗没有孝宗那样坚忍的性格，几种力量的交锋给他带来的是毁灭性的结果。孝宗与光宗之间的父子关系，也终因太上皇-今上的权力结构而被撕扯得四分五裂。

参考文献

1. 陈国灿、方如金：《宋孝宗》，长春：吉林文史出版社，2004年。

2. 余英时：《朱熹的历史世界：宋代士大夫政治文化的研究》，北京：生活·读书·新知三联书店，2004年。

3. 王德毅：《宋孝宗及其时代》，《宋史研究集》第十辑，台北："国立"编译馆中华丛书编审委员会，1978年。

4. 柳立言：《南宋政治初探——高宗阴影下的孝宗》，《宋史研究集》第十九辑，台北："国立"编译馆中华学术著作编审委员会，1989年。

走向学术中心

朱熹与道学在南宋的崛起

朱熹履历表

姓名	朱熹
字号	字元晦，后改仲晦，号晦庵，晚号遯翁
籍贯与出生地	祖籍婺源（今属江西婺源）松岩里，出生于福建南剑州尤溪县（今福建尤溪）
家族出身	出身于中下层官僚之家。父朱松，师从道学家罗从彦，历任福建政和县尉、尤溪县尉、秘书省正字、秘书省校书郎、著作佐郎、史馆校勘、吏部郎等职
生卒年及所处时代	1130—1200，南宋中前期，历高宗、孝宗、光宗、宁宗四朝
生平履历	建炎四年（1130），出生于福建南剑州（治所在今福建南平）
	绍兴十三年（1143），父亲朱松去世，委托胡宪、刘子翚、刘勉之三人负责朱熹的教育
	绍兴十八年（1148），朱熹考中进士，位居五甲第九十名
	绍兴二十三年（1153），赴任同安县主簿，途中拜访李侗。绍兴三十年（1160），正式受学于李侗，专研程学
	乾道三年（1167）八月，朱熹至潭州（治所在今湖南长沙）访张栻，讨论"中和"及"太极无极"等问题
	乾道五年（1169）九月，丁母忧，其间撰《太极图说解》《西铭解》，编周敦颐《通书》
	淳熙二年（1175）三月，吕祖谦至福建建阳，与朱熹编成《近思录》。五月，吕祖谦、朱熹与陆九龄、陆九渊兄弟等在江西上饶鹅湖寺，举办鹅湖之会
	淳熙五年（1178），知南康军（治所在今江西星子），次年三月到任
	淳熙七年（1180），修复白鹿洞书院，开放讲学，颁布《白鹿洞书院学规》
	淳熙八年（1181），陆九渊来访，在白鹿洞书院讲学，朱熹将讲义刻在书院石碑上。七月，吕祖谦去世，朱熹撰《祭吕伯恭著作文》。九月，除提举两浙东路常平茶盐公事

续表

生平履历	淳熙九年（1182），弹劾台州知州唐仲友贪腐。八月，除江南西路提点刑狱公事，辞归崇安（今属福建武夷山）
	淳熙十年（1183），监察御史陈贾上章攻道学者假名济伪，是为南宋第一次关于道学的论争。二月，朱熹差管台州崇道观。四月，武夷精舍建成，朱熹在此宣讲道学。淳熙十二年（1185）四月，改差主管华州云台观。淳熙十四年（1187），主管南京鸿庆宫。在此几年期间，与陈亮进行王霸义利之辩，与吕祖俭进行理欲义利之辩，与陆九渊进行太极之辩
	淳熙十五年（1188），借入对之机，上《戊申延和奏札》五篇，除兵部郎官，以足疾请祠。兵部侍郎林栗弹劾朱熹傲慢无礼，引发南宋关于道学的第二次论争，朱熹主管西京嵩山崇福宫
	淳熙十六年（1189）正月，改除秘阁修撰，仍旧主管西京嵩山崇福宫。八月，除江南东路转运副使。十一月，改知漳州（今福建漳州）
	绍熙三年（1192）十二月，除知潭州、荆湖南路安抚使
	绍熙五年（1194）八月，除焕章阁待制兼侍讲。十月初入临安，闰十月底离职，立朝仅46日。十二月诏以焕章阁待制提举南京鸿庆宫。建"竹林精舍"，为晚年讲学著述之地
	庆元二年（1196）三月，刘德秀、叶翥等指朱熹为"伪学之魁"，请将语录之类尽行除毁。沈继祖弹劾朱熹六大罪状，朱熹落职罢祠
	庆元三年（1197）十二月，立"伪学逆党籍"，朱熹位列13名待制之首
	庆元六年（1200）三月，朱熹病逝
	嘉定二年（1209），赐谥曰"文"。次年赠中大夫，特赠宝谟阁直学士
	嘉定五年（1212）三月，以朱熹《论语集注》《孟子集注》列于学官
	淳祐元年（1241），理宗下诏以朱熹从祀孔庙

若以士大夫的自由度而言，宋代不但远超之前的汉、唐，也为其后的元、明、清三代所不及，陈寅恪先生在《论再生缘》里推许"六朝及天水一代，思想最为自由"。思想的自由带来学术的发展，宋代士大夫不满汉唐学术章句训诂的刻板僵硬，认定能超越汉唐注疏，直接把握古代圣贤的"文"与"道"，他们向经典寻求治世和思想精髓，义理之学应运而起。宋代学术纷繁瑰丽，北宋的荆公新学、温公学派、洛学、蜀学、关学，乃至南宋的湖湘、金华、永康、永嘉学派等，相互辩难，推动中国学术走向另一个巅峰。诸多学派中，仅就对后世的影响而言，以朱熹为代表的道学显然超出同侪，不但奠定了而后六七百年中国学术思想的走向，而且在整个东亚、东南亚地区的现代经济和社会建设中都产生了重要作用。朱熹在后世享有确然不拔的地位，然而宋代学术远比后人理解的更为复杂歧出、开放多元，道学如何在众多学派中脱颖而出获得正统地位，朱熹又如何超越他人成为道学的权威，都是应该思考的问题。本文将朱熹置于其历史背景中，通过考察当时的国家政治，结合朱熹的个人活动及其与其他学者的交往与论辩，观察朱熹走向道学领袖和道学走向学术中心的过程。

一、从论学师友到自居正统：向道学权威迈进

（一）弃佛从儒：道学性格的造就

朱熹出生于宋高宗建炎四年，恰逢宋金战争时期的混乱与动荡，他的父亲朱松是一名中下级官员，由于反对秦桧主持下的和金政策，仕途遭遇挫折。朱松是杨时弟子罗从彦的学生，自朱熹小时候就培养他对二程学术的兴趣。绍兴十三年（1143），朱松病逝，

委托胡宪、刘子翚、刘勉之三位学者负责朱熹的教育。三人也都信奉二程学说，朱熹在他们的指导下，钻研张载、二程的著作，造就了他的道学性格。

成年以后的朱熹追求儒家思想的纯粹，但少年时代他也曾广泛涉猎，禅、道、文章、诗词、兵法样样都学。他尤其对佛教兴趣深厚，非常喜爱大慧宗杲的禅说，并师事大慧宗杲的弟子道谦。绍兴十八年（1148），十九岁的朱熹赴临安参加科举考试，随身行李中只有一部《大慧语录》。他借用禅学解释《易》和《论语》《孟子》，由于考官周执羔、沈该、汤思退等都好佛老，居然考中进士。朱熹考取功名的时间比同时代其他主要思想家如吕祖谦、陆九渊、叶适、陈亮等都要早，虽然仅位列五甲第九十名，但朱熹此后可以不必再为应付科举而浪费时间，可以自由安排学业。到二十岁时，朱熹的学问有了很大进境，意识到读书应融会贯通："某从十七八岁读至二十岁，只逐句去理会，更不通透。二十岁已后，方知不可恁地读。元来许多长段，都自首尾相照管，脉络相贯串，只恁地熟读，自见得意思。从此看《孟子》，觉得意思极通快，亦因悟作文之法。"

朱熹思想上放弃佛老而专研儒学，是在见到延平先生李侗以后。绍兴二十三年（1153）秋，朱熹在赴任同安县主簿的途中拜访了李侗。李侗与朱松一样师从罗从彦，朱松推许他为二程学术的传人。朱熹探讨程学时兴致勃勃地参引释、道之说，李侗批评他不能以儒、释、道混同为一，而应集中精力研究程学。朱熹日后回忆说："某少时未有知，亦曾学禅，只李先生极言其不是。后来考究，却是这边（指儒学）味长，才这边长得一寸，那边便缩了一寸，到今销铄无余矣。毕竟佛学无是处。"

在李侗的影响下，朱熹完全转向程学。乾道二年，他撰写《杂学辨》一文，批评苏轼、苏辙、张九成、吕本中等人对《易经》《老子》《中庸》《大学》的注解，认为诸人将儒家经典与释、道思想混为一谈，致使异端邪说日渐发展。《杂学辨》表明朱熹已经与年轻时代儒佛混一的思想告别，开始清理他所认为的儒家内部异说，在随后的《二程遗书》《论孟精义》《论孟集注或问》等著作中，朱熹旁征博引各种观点来解释二程理论，在编选、诠释各家学说的过程中，显示出逐步走向道学权威的自信与成熟。

（二）从游诸友，开益为多

后人常以"理学"来指称程朱学派及与其气类相近的宋代学术，但理学在宋代并不常用，它侧重于抽象的哲学概念，宋人更常使用的术语是"道学"，包括哲学思辨、文化价值和现实政论等相互关联的层次。二程兄弟在北宋时期就开始阐扬道学，道学的基础在周敦颐、张载、二程的努力下建立起来，但北宋儒学的主流是荆公新学和温公史学，道学仅是儒学复兴的一个旁支，并没有太大的影响力。道学迎来突飞猛进的发展是在南宋以后，张栻、吕祖谦、朱熹、陆九渊、陈亮、叶适等巨儒空前活跃，道学与传统儒学和学者区分开来，形成特别的文化传统和排斥其他儒士的群体。南宋道学是一个广义的学术群体，尽管朱熹的思想为道学传统打上了深刻的烙印，但他也只是道学群体的一员，并没有取得独尊的地位。从12世纪60年代至80年代初，即孝宗乾道、淳熙年间，道学的主要领袖是张栻和吕祖谦，他们确定道学的基调，影响朱熹的思想，贡献远比后人通常认识到的更加深远。

张栻是南宋中兴大臣张浚之子，他师从胡宏，后来成为湖湘学派的领袖。张栻是12世纪60年代最重要的道学家，朱熹称赞他"道学之懿，为世醇儒"。朱熹虽比张栻年长三岁，却佩服张栻闻道"甚早甚易"，承认"敬夫见识，卓然不可及。从游之久，反复开益为多"。朱熹界定厘清了许多观念名词，建立起一套前所未有的综合儒学体系，在这一过程中，他从与张栻的讨论中受益匪浅。比如，功夫修养论方面，朱熹继承杨时、罗从彦传至李侗的观点，把静坐澄心当作体验本心和定性的方法，认为静坐沉思可以排除各种私欲，获得澄清的心境。湖湘学派则不主张静坐沉思，认为唯有在日常生活的行为活动中体验"静"，才能获得心的"中"。乾道三年（1167），朱熹到湖南拜访张栻，与张栻讨论后他放弃自己的看法，转而接受湖湘学派的主张。但不久朱熹又开始质疑张栻，决定直接向二程著作寻找答案。研究程颐的著作后，朱熹认为张栻的观点是对程颐的误解，他在此基础上形成关于功夫修养论的看法。从李侗的影响、张栻的冲击，然后到自己的功夫修养观，朱熹的思想走向成熟，实现了自我超越。

张栻之后，吕祖谦成为道学的领袖。吕祖谦出身望族，先人吕蒙正、吕夷简和吕公著都在北宋时期官至宰相。吕氏家族的学术表现也出类拔萃，有17人被列入《宋元学案》。吕祖谦家世和教育都很优越，科举仕途也很顺利，他将家学与道学结合，发展出道学的一个主要流派。他的学术不主一说，兼采众家之长，具有调和折中的色彩，余英时称之为"开放和多元的一种儒家类型"。全祖望在《同谷三先生书院记》中说："宋乾、淳以后，学派分而为三：朱学也，吕学也，陆学也。三家同时，皆不甚合。朱学以格物致知，陆学以明心，吕学则兼取其长，而复以中原文献之统润色之。门庭径路虽别，要其归宿于圣人则一也。"

吕祖谦与朱熹关系非常密切，两人经常就各类问题进行讨论，无论在实践还是理论方面，吕祖谦都对朱熹有明显影响。他们都注重道学群体的建立，而书院就是实现目标的重要组织。吕祖谦在金华创建丽泽书院，吸引大量学生，他的史学和经世之学成为后世金华学派的基础。吕祖谦的书院讲学活动启发了朱熹，他也于淳熙七年（1180）在重建的白鹿洞书院开放讲学。在白鹿洞书院筹建过程中，吕祖谦经常提供建议，朱熹还把吕祖谦为书院写的题记刻在书院石碑上。吕祖谦在丽泽书院制定了详细的学规，将儒家道德规定为人际关系的准则，强调在儒家生活规范中体认道德修养。朱熹借鉴吕祖谦的学规并进一步修订，制定了更加精致系统、规范简约的白鹿洞书院学规，成为后世书院学规的典范。

朱熹与吕祖谦合作编辑了一部《近思录》，尽管有朱学后人声称这部著作系由朱熹独力完成，但钱穆和陈荣捷等学者都指出，吕祖谦在成书过程中有很大贡献。吕祖谦的观点影响了这部书的内容，他建议将讨论抽象哲学的"道体"作为全书的第一卷，并保留一段讨论法制的条文，删除了一些抨击科举制度的文字。朱熹原本并不认同程颐注解《易经》的方法，不想在《近思录》中引用程颐的观点，但由于吕祖谦的坚持，书中还是收录了大量程颐《易传》的内容。

（三）鹅湖之会

吕祖谦"主盟斯文"的时期，道学内部呈现出极大的多元性，吕祖谦并不认为朱熹有超越他人的权威，而是以包容的态度，调和朱熹与其他学者之间的关系。淳熙二年六月，在吕祖谦的安排下，朱熹与陆九龄、陆九渊兄弟在江西东北的鹅湖寺会面，举行了12世纪最著名的哲学辩论。鹅湖之会本为调和朱、陆治学方法的分歧，但结果却明确了双方的分歧是不能统一的。朱熹强调"格物穷理"，认为读书能使人理解圣人的用心和道理，并能培养道德与修养，他注解了大量经典，并详细规定了读书次序。陆氏兄弟则没有那么严格，他们针锋相对地批评朱熹的主张，将之讥讽为"支离事业"，认为太注重研究经典会妨碍体会圣人之心。辩论中陆九渊甚至要追问朱熹"尧舜之前何书可读"，但被陆九龄阻止。吕祖谦不时协调双方的讨论，但在关键问题上同意朱熹的观点，强调读书对教学和功夫修养的重要性。

鹅湖之会是朱、陆学术的分水岭，但在吕祖谦居中调解下，会后几年双方仍维持着良好的关系。朱熹认为陆氏兄弟的见解对自己很有启发，认识到自己解释经典固守章句，未免"屋下架屋"，意味淡薄，以至"看得支离，至于本旨，全不相照"，对自己解经的方法进行反省。他给张栻写信，对陆氏兄弟评价很高，但也指出问题所在："子寿兄弟气象甚好，其病却是尽废讲学而专务践履，却于践履之中，要人提撕省察，悟得本心，此为病之大者。"陆九龄兄弟也调整自己的立场，更重视研读经典，陆门弟子纷纷向朱熹求教，一些杰出弟子甚至转投朱熹门下。淳熙七年，陆九龄病逝，朱熹和吕祖谦都深感痛惜。吕祖谦给朱熹写信："陆子寿不起，可痛。笃学力行，深知旧习之非。求益不已，乃止于此。"朱熹为陆九龄撰写了墓志铭。

淳熙八年（1181），陆九渊亲自拜访朱熹，在白鹿洞书院发表了著名的关于义利之辨的演说。演说取得了巨大成功，使听者深受感动，朱熹将讲词刻在书院石碑上。朱熹对吕祖谦赞扬陆九渊的观点转变很大："子静近日讲论，比旧亦不同，但终有未尽合处。幸其却好商量，亦彼此有益也。"吕祖谦询问陆九渊是否放弃鹅湖之会时的观点，并且评论陆九渊过于强调人内在的潜能，较不注意学习普遍的规范之理。朱熹则认为陆九渊的根本缺点是受禅宗影响，将学问看得过于简易，又专注内在的心，忽视外在事物。朱熹计划三人在吕祖谦的丽泽书院再度会面，讨论彼此的分歧，但吕祖谦突然于当年七月去世。

（四）道学将谁使之振？——向道学领袖迈进

淳熙八年七月，吕祖谦病逝，朱熹作了一篇《祭吕伯恭著作文》，其中写道：

> 呜呼！哀哉！天降割于斯文，何其酷耶？往岁已夺吾敬夫，今者伯恭胡为又至于不淑耶？道学将谁使之振，君德将谁

使之复，后生将谁使之诲，斯民将谁使之福耶？经说将谁使之继，事记将谁使之续耶？若我之愚，则病将孰为之箴，而过将谁为之督耶？然则伯恭之亡，曷为而不使我失声而惊呼、号天而恸哭耶？

吕祖谦的去世，使道学团体失去了一位地位声望、人格影响都非比寻常的领袖。朱熹在祭文中明白地宣示，在吕祖谦之后，自己将肩负起领导道学的责任。然而朱熹并不像吕祖谦那样众望所归，他自命为道学领袖也在道学团体内部引发了强烈的反应。

失去了吕祖谦的制约，朱熹对陈亮、叶适、陆九渊等人展开了更严厉的批评，认为他们的思想都已经偏离了正道。他认为陈亮的功利主义思想只追求政治和社会的实际效果，而陆九渊则倾向于禅宗般的个人顿悟："海内学术之弊，不过两说。江西顿悟，永康事功，若不极力争辩，此道无由得明。"当叶适的著作在政治斗争中被禁毁时，朱熹罔顾叶适曾经在他受到攻击时给予支持，反而拍手叫好。朱熹的做法导致他与其他道学家之间的冲突变得尖锐，陈亮指责朱熹的观念忽视了历史的发展变化，将仁义与实用对立起来；陆九渊则强调心的一体直观，反对朱熹太过强调读书和格物，而且直接向朱熹定义的传统权威提出质疑。

朱熹在组织上较吕祖谦更严格地界定道学群体的范围，排挤其他学派，很多同道中人都意识到朱熹在重塑道学传统过程中日益增长的排他性。陈亮因受到朱熹弟子的排斥而不满，把道学弟子比喻成秘密宗教，批评他们"因吾眼之偶开，便以为得不传之绝学。三三两两，附耳而语，有同告密；画界而立，一似结坛，尽绝一世之人于门外"。叶适在一次上书中辩解，道学是一个多元的群体，包括许多致力于推动改革的士大夫，不能专指朱熹。陆九渊也对用道学界定划分儒家群体的做法不满，批评朱熹门人虚张声势："然此道本日用常行，近日学者却把作一事，张大虚声，名过于实，起人不平之心，是以为道学之说者，必为人深排力抵。此风一长，岂不可惧？"朱熹并没有理会诸人的抗议，坚持自己对道学的界定，陈亮和叶适最终被排挤出道学群体之外，转变成道学最严厉的批评者，道学的范围更加狭窄。

朱熹积极将自己树立为道统的唯一继承人，激化了与同道的冲突，朱熹、陆九渊之间的关系就因此变得紧张了。淳熙十年（1183），朱熹的学生曹建去世，朱熹为他撰写了墓志铭。曹建曾是陆九渊的得意门生，淳熙六年（1179）转投到朱熹门下。陆九渊尽管没有明确反对，但婉转地表达了对朱熹学术的态度："以为有序，其实失序；以为有证，其实无证；以为广大，其实小狭；以为公平，其实偏侧；将为通儒，乃为拘儒；将有正学，乃为曲学。以是主张吾道，恐非吾道之幸。"朱熹在墓志铭中提到，曹建跟随自己求学后，认识到陆九渊学问的弊端，评价曹建已经超越了陆九渊。他称赞曹建"使天假之年以尽其力，则斯道之传其庶几乎"，意思是说曹建不仅在自己教导下回归了儒学正统，而且将传承道统，暗示自己是道学正统，负责道的传承。墓志铭引起陆九渊学生的气愤，朱熹给陆九渊写信控诉，并附上了铭文。陆九渊回信指出朱熹对曹建生平的记述有不实之处，认为自己的记载才是真实无误的，表达了他的不满。

陆九渊以孟子衣钵传人自居，但在他去世后，朱熹的评语否定了他的自我定位。朱熹听到陆九渊去世的消息后说："可惜，死了告子。"把陆九渊比成与孟子争论的告子，批评陆九渊思想混杂。朱熹的评语意在为陆九渊盖棺定论，并且通过将陆九渊与告子并列，表示自己对陆九渊的批评正如孟子对告子的排击，暗示自己在道统与道学中的地位。陆九渊去世后，朱熹对他的批评更为严厉，他批评陆学后人"说禅"，并且"悖慢无礼，便说乱道，更无礼律，只学得那许多凶暴，可畏"。他将两派的界限划分得更清楚，暗示陆氏门人不是道学成员。

二、国家政治中的道学群体

道学自建立之初就表现出排他性，程颐曾说只有专心研究"道"的士子才配称为儒者。南宋初，道学集团自命为真儒，引起其他士大夫的反对，形成了一个反道学的联盟。他们认为道学只是少数儒生对经典的狭隘解释，并不能代表真正的儒家学说，道学成员也只是一批仕途失意的士大夫，通过标榜自己的学说来追求仕进的机会。事实上，朱熹在吕祖谦祭文中除了暗示自己将继承道学领袖的位置外，也的确提出道学团体的政治、社会使命，表明道学团体并非完全专注于学术而不关心政治。南宋史家李心传评价："晦庵先生非素隐者也，欲行道而未得其方也。"在吕祖谦去世后，朱熹以及道学成员们更积极地参与到国家政治中，与反道学的官员发生了激烈冲突，对道学乃至南宋以后学术的发展都产生了很大影响。

（一）迭遭挫折，投迹山林

淳熙九年（1182），朱熹弹劾台州知州唐仲友贪腐。唐仲友背景颇为显赫，他比吕祖谦更早考中进士和博学宏词科，在思想上比较接近旧的世儒，反对道学人士所谓国家处于文化危机的看法。唐仲友与宰相王淮是同乡，且有姻亲关系，因此朱熹对唐仲友的弹劾目的并不单纯，矛头直指以王淮为首的反道学的官僚群。孝宗将朱熹的奏章拿给王淮，王淮知道孝宗崇信苏轼的学问，于是以学派之争加以解释："朱，程学；唐，苏学。"孝宗遂对朱熹的弹劾置之不论。

唐仲友一案引发南宋关于道学的第一次重大争论，吏部尚书郑丙率先发难，上书指责"近世士大夫有所谓'道学'者，欺世盗名，不宜信用"。王淮擢用的监察御史陈贾紧接着批评道学士人"假名以济其伪"，对他们的政治活动渲染夸张，罗织"道学朋党"的名目。孝宗向来忌讳大臣结成朋党，陈贾的奏章引起他的重视，朱熹遂被差管台州崇道观，不久退居武夷精舍著书讲学。由朱熹弹劾唐仲友而引发的争论，开启了道学集团与反道学的官僚集团之间的分化，《宋史》称"庆元伪学之禁始于此"。

淳熙十四年（1187），宋高宗去世，激发了孝宗对"国是"进行重大调整的想法。高宗虽把皇位禅让给孝宗，但仍在实际上控制着朝政，他定下对金和议的国策，孝宗虽有锐意恢复之志，但受制于高宗而不得顺遂。高宗去世后，孝宗决意改变多年来务求"安静"的因循政策，渴望开创一个积极有为的新局面，为他毕生向往的"恢复"奠定基础。孝宗把希望寄托于以改变现状、重建秩序为政治取向的道学集团，先后擢升与道学集团关系密切的周必大为右相、留正为参知政事兼同知枢密院事，又罢免了王淮宰相之职，一批道学人士入朝为官。

淳熙十五年（1188），孝宗召见朱熹，表达了要重用他的意思："知卿刚正，只留卿在这里，待与清要差遣。"孝宗任命朱熹为兵部郎官，朱熹以足疾推辞。道学集团受到重用，正是反道学官员所忌惮的，兵部侍郎林栗遂以朱熹辞官为借口展开参劾。林栗与朱熹有宿怨，年初讨论高宗庙号时，林栗的建议被朱熹门人詹体仁驳倒，林栗引以为奇耻大辱。六月，林栗又与朱熹讨论《易》和《西铭》不欢而散，朱熹奚落林栗的见解甚为可笑。林栗不满朱熹以道学为正统而排斥其他学说，上书称朱熹"本无学术，徒窃张载、程颐之绪余，以为浮诞宗主，谓之'道学'，妄自推尊。所至辄携门生十数人，习为春秋、战国之态，妄希孔、孟历聘之风，绳以治世之法，则乱臣之首"。他批评朱熹得除郎官而傲慢不满，不肯供职，请求将朱熹停罢，以为事君无礼者之戒。

林栗的奏章并不仅仅针对朱熹一人，还包括了一切与朱熹气类相近的士大夫。叶适上书反驳："凡栗之辞，始末参验，无一实者。至于其中'谓之道学'一语，则无实最甚。利害所系，不独朱熹，臣不可不力辩。"叶适向来不接受朱熹将道学狭隘化为程朱学派的做法，在这次上书中他指出，道学比朱熹使用的意义更广泛，许多致力于革新弊政的官员都与道学有关，一些人对道学的攻击是出于私利。叶适将林栗的奏章与淳熙十年郑丙、陈贾的行为联系起来，指出"道学"一词已经成为反道学官员打击异己的工具，"见士大夫有稍慕洁修，粗能操守，辄以'道学'之名归之"。另一位官员尤袤也提出类似的意见，对孝宗说："此名（道学）一立，贤人君子欲自见于世，一举足且入其中，俱无得免，此岂盛世所宜有？"叶适和尤袤的上书，表明当时在道学集团与反道学官员之间存在着激烈的争斗，而朱熹由于身份特殊，成为争斗的焦点。林栗上书后，朱熹辞官，回程途中给周必大写信表示"今遂投迹山林，不容复出"。

（二）权出于二，绍熙内禅

反道学官员的参劾并没有动摇孝宗的决心，他仍在进行革新的人事部署，同时准备内禅。淳熙十六年（1189）二月，孝宗将皇位禅让给光宗，自己退居重华宫。孝宗计划通过人事变更，为光宗建立一个以道学士大夫为主体的执政集团，逐步实现他的构想。这一计划虽然不错，却没有考虑到光宗的心理反应，且对反道学的官僚集团的抗争估计不足。光宗即位后，权力来源转移到他手中，孝宗的影响从直接变为间接，道学集团失去了绝对优势。光宗最信任的人不是周必大和留正，而是亲信知阁门事姜特立，反道学的官员们打着已罢相的王淮的旗号与姜特立联合起来，展开对道学集团的反攻。光宗即位仅三个月，周必大就被抨击为援引道学朋党，罢去相位。孝宗听后气愤地说："周有甚党，却是王党盛耳！"

光宗虽是孝宗之子，但在情感上与孝宗较为疏远。孝宗预想光宗受禅后遵循当年他与高宗关系的模板，凡发政施令"皆得之问安视膳之余"。但随着光宗逐渐兴起的帝王意识，加上皇后李氏在背后教唆，他对孝宗的训斥越来越无法忍受，朝见重华宫成为光宗想要极力逃避的精神痛苦。光宗精神上的压力逐渐累积，最终酿成大病。绍熙二年十一月，由于皇后李氏杀死黄贵妃带来的刺激，诱发了光宗长期累积的精神紧张，遂感"心疾"而精神失常。病情好转以后，任凭大臣如何劝导，光宗始终不肯去重华宫朝拜孝宗。孝宗见不到光宗，又不能事事直接插手干预朝政，革新的计划无从推进。

绍熙五年六月，孝宗去世，光宗称病不肯主持丧事。宰相留正与知枢密院事赵汝愚请宪圣太后垂帘主政，被宪圣太后拒绝。叶适提出立嘉王赵扩为皇太子参决政事，留正上奏后，光宗批复"甚好"，并表示"历事岁久，念欲退闲"。留正本来只想由赵扩以太子身份主持政事，没想到光宗突然有"退闲"的想法，他担心由此引发的政治风波危及自身，借口患病辞职离京。留正离开后，赵汝愚被推到主持立储的前沿。赵汝愚是宗室，孝宗退位后将他擢升为执政大臣。赵汝愚联络宗室赵彦逾和外戚韩侂胄内外奔走，取得了宪圣太后和宫廷禁卫军统帅郭杲的支持，推动光宗将皇位禅让给嘉王赵扩，即宋宁宗，史称"绍熙内禅"。

（三）韩、赵之争与朱熹政治生命的终结

绍熙内禅的过程中有多方势力交织混杂，既有道学集团深入参

与，也有反道学的官员奔走其中，局势稳定后，双方很快反目。内禅前，赵汝愚答应事成后授韩侂胄节度使、赵彦逾执政。但宁宗即位后推恩定策功臣，赵汝愚却开始排挤二人，他说："我与赵尚书皆宗臣，而韩知阁乃右戚，各不言功，惟爪牙之臣所当推赏。"于是拜殿帅郭杲为节度使，而将韩、赵二人的升迁压制下来。赵汝愚自己却先升任枢密使，继而兼右丞相。

排挤非道学官员的同时，赵汝愚延揽大批道学人士入朝，他先请求将留正召回复任左相，又举荐朱熹、陈傅良等人入朝为官。道学集团在新形势下也受到感染，朱熹被任命为焕章阁待制兼侍讲，将之视为"致君行道"的良机，他在给弟子蔡元定的信中说："又得朝士书，皆云召旨乃出上意亲批，且屡问及，不可不来。又云主上虚心好学，增置讲员，广立程课，深有愿治之意。果如此，实国家万万无疆之休，义不可不一往。"宁宗的知遇，赵汝愚主政和道学成员布满朝中，种种机缘结合在一起，激起朱熹"大更改"的抱负。

面对道学集团的排挤，韩侂胄不甘坐以待毙。韩侂胄是宪圣太后的外甥，宁宗韩皇后的叔祖，与内廷有着密切的关系，很快就凭借其特殊的身份取得了宁宗的信任。留正在光宗禅位时弃职离京已经使宁宗不满，复位后又多次论奏不合宁宗心意，韩侂胄从中离间，宁宗遂手诏罢免了留正宰相之职。留正罢相时朱熹还没有抵达临安，听到消息后忧形于色，对身边人说："大臣进退，亦当存其体貌，岂宜如此？"朱熹已经敏感地意识到，韩侂胄是道学集团的心腹大患，宁宗不经正常程序任免大臣，也暴露出其独断专行的倾向。朱熹抵达临安城外的浙江亭驿馆，参加朝中道学人士为他举行的欢迎会，当众人乐观地讨论革新措施的先后顺序时，他说道："彼方为几，我方为肉，何暇议及此哉！"

朱熹担任侍讲之初，与宁宗相处尚称融洽。他多次借进讲之机攻击韩侂胄藏奸弄权，并利用孝宗永阜陵的选址问题倾轧韩侂胄，称永阜陵地势低下，"土肉浅薄"，抨击韩侂胄选址时"既不为寿皇体魄安宁之虑，又不为宗社血食久远之图"。道学集团的咄咄相逼，激起韩侂胄的激烈反抗。他日后辩白说："某初无此意，以诸公见迫不容。"赵汝愚推荐刘光祖为侍御史，韩侂胄知道是为了弹劾自己，于是唆使宁宗以御笔手诏除刘德秀为御史、杨大法为殿院，罢免了道学集团的监察御史吴猎，以心腹刘三杰代之，从而控制了言路。

韩侂胄与身边人商量："去其为首者，则其余去之易尔。"朱熹在宁宗身边攻击韩侂胄最猛烈，韩侂胄遂将矛头对准朱熹。韩侂胄令优人王喜峨冠阔袖化装成朱熹的样子，在宁宗面前丑化朱熹的形象，同时令言官交章论奏。围绕朱熹的去留，道学与反道学两派展开激烈交锋，最后还是宁宗的意志起到了决定性作用。朱熹担任侍讲后急切地督促宁宗推行自己的改革设想，超越职权范围事事过问，且态度严厉，引起宁宗反感。在道学人士黄度被罢官后，朱熹再次声色俱厉地极力争辩，宁宗大怒，下诏罢免朱熹侍讲之职。工部侍郎兼侍讲黄艾问宁宗罢黜朱熹的原因，宁宗抱怨："始除熹经筵尔，今乃事事欲与闻。"朱熹于绍熙五年十月初入临安，闰十月底离职，立朝仅46日，真可谓"乘兴而来，败兴而归"。经此挫折，他的政治生命彻底终结了。他事后追忆当时心情说："今番死亦不出，才出，便只是死。"朱熹被罢不久，中书舍人陈傅良、起居郎刘光祖也被罢免，道学集团遭遇重挫。

清除朱熹等人后，韩侂胄转而谋求扳倒赵汝愚，他找到宰执京镗商量，京镗道："彼宗姓，诬以谋危社稷可也。"宋朝"祖宗家法"规定，宗室、外戚不得干政，韩侂胄于是抓住这一点，令右正言李沐上书弹劾赵汝愚："同姓居相位，非祖宗典故。方太上圣体不康之时，欲行周公故事。倚虚声，植私党，以定策自居，专功自恣。"省吏蔡琏也揭发赵汝愚在定策时有异谋。赵汝愚虽极力自辩，但仍被罢相，韩侂胄取得斗争的最后胜利。

（四）庆元党禁，道学之厄

赵汝愚在政治斗争中的失利，给深涉其中的道学集团带来不利影响，韩侂胄为压制道学集团，炮制出"伪学"的名目以求一网打尽。庆元元年（1195）六月，刘德秀上书请求考核道学真伪："邪正之辨，无过于真与伪而已，彼口道先王语而行如市人所不为，在兴王之所必斥也。昔孝宗垂意规恢，首务核实，凡虚伪之徒，言行相违者，未尝不深知其奸。臣愿陛下以孝宗为法，考核真伪以辨邪正。"这是韩侂胄一派论奏"伪学"的开始。七月，监察御史何澹上书请禁伪学，声称"专门之学流而为伪，空虚短拙，文诈沽名。愿风厉学者，专师孔孟，不必自相标榜"，并指赵汝愚为伪学罪首。监察御史胡纮也攻击赵汝愚"唱引伪徒，谋为不轨"。赵汝愚被谪往永州（治所在今湖南零陵）安置，次年正月途经衡州（今湖南衡阳）时自杀。

赵汝愚虽然已死，但对伪学的攻击并未停止。刘德秀、叶翥等人又上书指朱熹为"伪学之魁，以匹夫窃人主之柄，鼓动天下，故文风未能丕变，请将语录之类尽行除毁"。当年的科举考试中，举子试卷稍微涉及义理之说都被黜落，道学人士注解的儒家典籍也纷纷遭到禁止。庆元二年（1196）十一月，监察御史沈继祖上奏，批评朱熹"不忠不孝，不仁不义，不公不廉"，列举朱熹有援魔入儒，聚徒搞阴谋活动，私贪故人之财，引诱尼姑为妾，夺人墓地葬母，男女婚嫁专择富民，专招富室子弟为徒，收取四方贿赂等诸多罪行。宁宗下诏，朱熹被罢去秘阁修撰并罢宫观等官。

庆元三年（1197）九月，宁宗下诏，任官不得选任伪学士人。十二月，发布"伪学逆党籍"，收录59人，其中宰执4人，待制以上13人,其他官员34人,士子8人,周必大、留正、赵汝愚、朱熹等人悉列其中。列入党籍之人学术背景不一,罪名和获罪时间也不相同,却被统一定谳为"自庆元至今,以伪学逆党得罪者"。对他们的打击涉及各个方面,如限制他们的任官与升迁等。庆元四年(1198)四月,谏议姚愈、张釜上言:"近世行险侥幸之徒,倡为道学之名,权臣力主其说,结为死党,愿下明诏播告天下。"五月,宁宗下诏告谕天下,申严伪学之禁,将打击面扩展到整个南宋社会。

以上过程就是南宋历史上的"庆元党禁",被禁锢的官员士大夫被称为"庆元党人"。庆元党人虽被统一以"伪学"定罪,但从根本上说,党禁是出于政治考虑的定性,而非学术意义上的争执。道学集团卷入政府高层的政治斗争中,引起韩侂胄的敌视,以京镗、何澹、刘德秀、胡纮为首的反道学士大夫又迎合韩侂胄的需要,遂以"伪学"为罪名打倒道学集团。

三、走向正统:朱熹与道学地位的提升

(一)从三足鼎立到一枝独秀:浙学、陆学的衰落

庆元党禁是南宋儒学发展史上的大事,它在短时期内使道学团体仕途上遭遇挫折,从长期看则改变了道学发展的方向。庆元党禁前,南宋道学呈现朱学、陆学、浙学三足鼎立之势,党禁带来的政治变化使浙学率先没落。浙学的兴起很大程度上依赖科举中的成功,庆元党禁在科举上实行封杀,给浙学带来很大伤害,尽管开禁后陈傅良和叶适官复原职,但浙学来自场屋决战的风头已经失去。

浙东学者对韩侂胄北伐的参与,也给浙学带来不利影响。恢复

旧疆是浙东学者一贯的政治主张，但叶适目睹南宋的实力，也意识到北伐并非轻而易举。他上书宁宗，希望朝廷改开边为修边，整兵而不用兵，以待来时。韩侂胄想要借叶适之手起草出师诏书，叶适也予以拒绝。但当北伐启动，特别是出现危机时，叶适又积极参与到实际的政治和军事活动中，甚至亲往前线。北伐的失败使叶适被迫退出政治舞台，他所主张的事功之学也连带受到批判，此后叶适虽继续讲学，但已少有士子关心他的思想，更多是向他请教决胜场屋的本领。叶适说："余久居水心村落，农蓑圃笠，共谈陇亩间。有士人来，多言场屋利害、破题工拙而已。"经过庆元党禁和开禧北伐，浙东事功哲学的影响减弱，真正在党禁后仍有影响力的，只剩朱学、陆学两派。

朱、陆二家在党禁后的发展，也呈现出朱学盛而陆学衰的趋势，这种情况的发生，与其自身学术形态和学术思想资源有关。朱熹在其思想形成和展开的过程中，始终重视文本建设，产生了大量著述，陆九渊则极不重视这项工作。在朱熹、陆九渊去世后，他们的弟子虽极力维护师说，但很难有他们那样的影响力，能够让其他人了解其学说的，只有他们留下的著述，朱熹的优势由此凸显出来。经过多年推动，朱熹注解过的《四书》《五经》成为士子钻研儒学的必读书目，朱子学术的影响日益扩大。南宋大儒魏了翁就曾提道："某少时只喜记问词章，所以无书不记。甲子、乙丑年间，与辅汉卿、李公晦邂逅于都城，即招二公时时同看朱子诸书，只数月间，便觉得记览词章皆不足以为学，于是取《六经》《语》《孟》，字字读过，胸次愈觉开豁。"

（二）"正学遂明于天下后世"

浙学和陆学的衰落使朱学一枝独秀，朱熹弟子门人的宣传和活动，也推动着朱熹走向道学的核心地位。朱熹门人推动了南宋政府对道学禁令的解禁。嘉定四年二月,朱熹弟子刘爚自浙江提刑任上召还为国子司业,他极力为"伪学"鸣冤,先后提出两项建议:一是要求太学、国子监采用朱熹白鹿洞书院学规;二是呼吁宁宗下诏废止此前发布的禁止道学的条令。宁宗同意刘爚的建议,但由于朝中部分大臣的反对,最终未能实行。嘉定五年(1212)三月,刘爚迁国子祭酒,奏请将朱熹《论语集注》《孟子集注》列于官学,得到同意。当年六月,南宋政府正式下诏"开伪学禁",将朱熹集注的《大学》《论语》《孟子》《中庸》等书列于官学。

宋人倡导"敬宗收族",朱门弟子在这方面表现得尤为突出。朱熹的弟子也是女婿黄榦把朱熹门人团结在一起,他坚定维护朱熹学说,撰写了"朱子行状",成为日后朱熹传记的主要资料。黄榦把朱熹描述为道学传统的高峰:"道之正统,待人而后传。自周以来,任传道之责,得统之正者,不过数人。而能使斯道章章较著者,一二人而止耳。由孔子而后,曾子、子思继其微,至孟子而始著。由孟子而后,周、程、张子继其绝,至先生而始著。"他将朱熹与孟子并列,认为朱熹使道学达到巅峰,贡献超过北宋周敦颐、二程等人。朱熹的另一位弟子陈淳赞扬唯有朱熹可以延续道统:"故孔、孟、周、程之道,至先生而益明,所谓主盟斯世,独惟先生一人而已。"他撰写《北溪字义》,系统解释朱熹哲学的关键观念,规范后人对朱熹思想的理解。他在讲学中强调朱熹学说的重要意义,沿袭朱熹的说法,突出周敦颐经二程直接到朱熹的道统传承,越过张载提升朱熹的地位。

至理宗时期,为了应对日益增长的蒙古威胁,南宋政府将道学提升为官方学术。蒙古于端平元年(1234)消灭金朝,势力扩展到南宋边界。在金朝遗老的建议下,蒙古贵族在华北统治中心建立孔庙,自称继承儒家正统。宋朝为对抗蒙古的军事和文化侵略,不得不采取措施宣示自己的正统地位，魏了翁和真德秀两位道学领袖被召入朝。真德秀是朱熹再传弟子中的杰出领袖，黄榦称赞他和陈宓："此二公者异日所就，又当卓然其护法大神也。先师没，今赖有此耳。"真德秀的政治声望是朱子学派的重要资源，同时代的学者称赞他拯救了道学的命运，《宋史》写道："然自侂胄立伪学之名以锢善类，凡近世大儒之书，皆显禁以绝之。德秀晚出，独慨然以斯文自任，讲习而服行之。党禁既开，而正学遂明于天下后世，多其力也。"真德秀在各地州府传播道学价值观，建立祠堂祭祀朱熹等人，加强书院的传统，使朱熹的学术更受士子欢迎。嘉熙二年（1238），蒙古建立太极书院，祭祀周敦颐、二程、张载、杨时和朱熹，这些措施加强了对南宋政权在意识形态方面的挑战。理宗遂于淳祐元年（1241）颁布敕令，以道学为国家正统的意识形态，并将朱熹、周敦颐、张载、二程画像供奉在孔庙中，尤其肯定朱熹的成就使道学昌明，在宣示南宋继承北宋文化正统之余，确立了朱熹道学权威的核心地位。

结　　语

从南宋初遭到大批官员反对，至淳祐元年成为国家正统，道学的发展经历了许多动荡挫折，在此过程中，其内部的多样性大大消减，朱熹成为唯一权威。朱熹成为道学的代表人物，自然是基于其卓越的学术水平。他是道学团体内部最有系统的思想家，哲学思想最为全面，哲学思辨的层次超越其他道学家。此外，朱熹地位的提升，也与其自身及其弟子的活动有密切关系。12世纪60—80年代，道学的发展呈现出极大的多元性，众多思想家相互辩难，丰富了道学的思想内容，促进了道学的发展。张栻、吕祖谦先后主盟斯文，朱熹只是道学团体的一员，其权威地位并未得到认可。吕祖谦去世后，朱熹理所当然地认为自己应该继承道学领袖的地位，对同道中人采取了更严厉的态度，自命为道学正统，在思想和组织上排挤其他学派，力图使道学狭隘化为程朱学派。

从孝宗在位末年开始，道学集团更积极地参与到国家政治当中，却屡次遭受挫折。孝宗末年有意更改因循守静的国策，布置一个大有为的新局面，道学集团也受到极大鼓舞。然而孝宗的退位致使政权一分为二，光宗极力逃避与孝宗见面，孝宗革新的计划无从实施，道学集团也失去优势。孝宗去世，赵汝愚联合韩侂胄推动绍熙内禅，迫使光宗将皇位传给宁宗，道学集团也深入地参与到皇室内部事务中。局势稳定后，赵汝愚很快在与韩侂胄的政治斗争中败下阵来，道学连带受到打击，在庆元党禁中遭到禁锢。

庆元党禁是宋代儒学发展史上的大事，深刻影响宋代儒学的发展方向，浙学、陆学在党禁后走向衰落，程朱学派一枝独秀。朱熹是当时最年长的道学家，又在党禁未开前去世，被视为道学的烈士，声望更盛。他的弟子门人推动南宋政府解除学禁，将朱熹描述为道学权威。同时，来自蒙古的军事和文化威胁刺激了南宋政府的文化策略，南宋政府为了申明自己的正统地位，宣布以道学为官方意识形态，由此，通过政治权力的干预，自北宋中期以来有关学术的正闰之辨、学派之争终于有了结果，道学由边缘走向学术中心，朱熹也成为道学的象征，曾经歧出多元的道学转变为程朱理学。

参考文献

1. [美]田浩（Hoyt Tillman）：《朱熹的思维世界（增订

版)》,南京:江苏人民出版社,2009年。

2.余英时:《朱熹的历史世界:宋代士大夫政治文化的研究》,北京:生活·读书·新知三联书店,2004年。

3.张立文:《朱熹评传》,南京:南京大学出版社,1998年。

『天下之势,自安以趋于危』

史弥远及其时代

史弥远履历表

姓名	史弥远
字号	字同叔，号小溪，别号静斋
籍贯与出生地	明州（今浙江宁波）
家庭出身	出身于高级官员之家。父史浩，曾为孝宗老师，官至右丞相
生卒年及所处时代	1164—1233，仕宁宗、理宗两朝
生平履历	淳熙六年（1179），荫补为承事郎
	淳熙八年（1181），铨试第一，调建康府粮料院，改沿海制置司干办公事
	淳熙十四年（1187），举进士
	绍熙五年（1194），丁父忧
	庆元二年（1196），起复为大理司直，寻改诸王宫大小学教授
	开禧元年（1205），授司封郎官兼国史编修、实录检讨，迁秘书少监，迁起居郎。二年（1206），兼资善堂直讲
	开禧三年（1207），改礼部侍郎兼同修国史、实录院同修撰，仍兼刑部。同年十一月，与杨皇后发动"玉津园之变"，诛杀韩侂胄。迁同知枢密院事兼太子宾客
	嘉定元年（1208），迁知枢密院事，兼参知政事，拜右丞相兼枢密使兼太子少傅。与金签订"嘉定和议"。十一月，丁母忧离京。在太子协助下，击败钱象祖等对手
	嘉定二年（1209）五月，起复为右丞相兼枢密使兼太子少师
	嘉定四年（1211），雪赵汝愚之冤，乞褒赠朱熹、彭龟年、杨万里、吕祖俭等庆元党人，召还道学官员。暂停输纳金朝岁币
	嘉定十年（1217）四月，金军南侵，史弥远写信给前线的崔与之，令其求和。十二年（1219）三学生运动后，对金采取积极政策
	嘉定十五年（1222），接赵与莒至临安，为沂王嗣，改名赵贵诚，请郑清之教导

续表

生平履历	嘉定十七年（1224）闰八月，宁宗崩，拥立赵昀（贵诚）即位，为宋理宗。封皇子赵竑为济王，赐第湖州（今浙江湖州）
	宝庆元年（1225），湖州之变，杀济王父子。拜太师，依前右丞相兼枢密使，进封魏国公，六辞不拜
	绍定四年（1231），蒙军假道攻金，议不许
	绍定五年（1232），以侄史嵩之为京湖制置使兼知襄阳府，接洽蒙古使臣
	绍定六年（1233），决定出兵联蒙灭金。拜太师，进左丞相兼枢密使。十月，卒于临安府邸，赠中书令，追封卫王，谥忠献

宁宗开禧至理宗端平年间，是南宋历史上的重要转折时期。宋廷内部的权力斗争激烈爆发：权倾朝野的宰相韩侂胄被谋杀于玉津园，出身低微的宋理宗登上帝位，原本的皇位继承人赵竑冤死于湖州（今浙江湖州）。与此同时，南宋周边环境也发生重大变化，迅速崛起的蒙古使南宋政权在世仇金朝以外，又多了一个亦敌亦友的强劲对手，受国内政局波动的影响，南宋对金、蒙的政策在和战之间摇摆反复，陷入战不能战、和又不可的窘境。内政外交方面的复杂局面，焦点都指向同一个人，即独揽朝政长达25年的史弥远。史弥远不但是宁宗晚期政局的核心人物，更主导了理宗初期的政治运作，甚至在他死后还长期影响着朝政的走向。透过史弥远的一生，可以观察到南宋历史向晚期行进的过程。

一、权力的交割：从韩侂胄到史弥远

（一）出身名门，追随父亲的足迹

史弥远出身于明州（今浙江宁波）史氏家族。南宋建立后，随着政治中心和文化的南移，明州的战略地位大幅加重，大批赵氏宗亲从北方迁居于此，提升了明州的声望和文化素养。明州诞生了许多名门望族，楼氏和史氏是其中的佼佼者。楼氏家族从北宋就居于此处，他们在北宋时期培养了7位进士，南宋时期超过30位，由于卓越的文学成就，在当地享有崇高声誉。与楼氏相比，史氏家族崛起的时间要晚得多，直到北宋末年才培养出第一位进士史才，宋高宗时一度荣升至参知政事的高位。史氏的兴旺要归功于史浩，他曾担任时为皇子的孝宗的老师，凭借这一特殊关系在孝宗继位后被擢升为宰相。在他的羽翼下，史氏家族走向兴盛，人才辈出，成为举国闻名的精英家族，后人称赞其"一门三宰相，四世八公卿"。

史浩于隆兴二年春辞去相位，他的第三个儿子也出生在这一年，即史弥远。史弥远幼年的教育在史浩亲自督导下完成，史浩的仕宦经历和政治主张对史弥远产生了深远影响。淳熙六年，16岁的史弥远凭借史浩的荫补获得官位，两年后他参加铨试并位居第一。淳熙十四年，史弥远考中进士，这时史浩已年逾八十，久离官场。史弥远被调入京城，只担任过大理司直、太社令、太常寺主簿等一些地位低微的实务性官职。绍熙五年春，史浩去世，史弥远丁忧守孝，庆元二年才重回京城任职。重回京城后，史弥远的任职较以前发生了比较显著的变化，担任的多是一些文学之选，如枢密院编修官、实录院同修撰、起居郎等，并最终于开禧二年（1206）成为资善堂直讲。资善堂是皇子听读就学的地方，史弥远终于追随父亲的足迹，成为皇子赵曮的老师。史弥远虽有进士出身，但并不以文学才能见长，他仕途方向上的这种变化显然是其主动经营的结果，父亲史浩的经历指导着史弥远对自己仕途的规划，使他有意识地向皇子靠近。皇子老师的身份改变了史弥远的人生轨迹，接下来，他如愿地打入核心权力圈，深入参与宫廷政治当中。

（二）玉津园之变：围绕皇权的生死之争

宋宁宗在位30年，却称不上是一位英主，宋人甚至有宁宗"不慧而讷于言"的说法。宁宗朝的朝政先后把持在两个人手中，前期是韩侂胄，后期是史弥远，二人权力的交接发生于开禧、嘉定之际。开禧二年四月，韩侂胄打着收复中原失地的旗号，发动了对金朝的军事行动，史称"开禧北伐"。战争之初，由于金朝准备不足，宋军取得了一些战役的胜利。但随着金军反攻的展开，宋军全线受挫，北伐开始不足一年就宣告失败。北伐失败给韩侂胄带来极大压力，在朝野内外引发激烈批评。开禧三年（1207）十一月，杨皇后与史弥远等人发动政变，诛杀了韩侂胄，此即"玉津园之变"。后世史家往往认定"开禧北伐"与"玉津园之变"之间存在着某种因果关系，以史弥远等人的主和方针与韩侂胄用兵政策之间的矛盾来解释韩侂胄之死。但单纯对外政策上的分歧，不足以引起如此激烈的变故，仔细考察，就会发现问题并非如此简单。

开禧北伐虽打着收复失地的旗号，其驱动力却来自南宋朝堂内部。韩侂胄实现大权独揽，得益于其特殊的身份，他是高宗吴皇后的外甥，也是宁宗韩皇后的叔祖父，凭借与内廷的密切关系，他才能出入宫闱，对宁宗发挥影响力。庆元六年（1200），韩皇后去世，韩侂胄不但失去了宫中奥援，还在继立皇后人选问题上与宁宗产生分歧。韩侂胄主张立柔顺易制的曹美人，宁宗却坚持立性格机警、善于权术的杨贵妃为皇后。杨氏自此与韩侂胄结下仇怨，"始有谋侂胄之意矣"。开禧元年（1205）五月，宁宗立宗室子赵曮为皇子，进封荣王。赵曮入宫后长期由杨氏抚育，他被立为皇子，使杨皇后势力大增。韩侂胄站在潜在皇位继承人的对立面，处境越发艰难，甚至有馆客形容他在朝中"危如累卵"。在这种情况下，有人建议韩侂胄"立盖世功名以自固",韩侂胄这才力主对金北伐。因此,"开禧北伐"的政治原动力是南宋朝廷内部的权力斗争,它是韩侂胄为转移内部矛盾、巩固自身地位所作出的决策。魏了翁后来明白指出:"韩侂胄既盗威柄,出入禁中,自恭淑皇后上仙,虑其不能以久,则又为开边之说以自固。"这一点与现代国际政治中的很多现象有共通之处。

  内外形势的发展,推动杨皇后与韩侂胄矛盾走向激化,逐渐达到爆发的临界点。开禧三年中,传来后宫妃嫔身怀有孕的消息。赵曮虽被立为皇子,但终究不是宁宗的亲生儿子,如果后宫产下男婴,赵曮就会丧失皇位继承人的资格,杨皇后的地位也会受到冲击。韩侂胄遂谋求利用这一机会,将杨皇后与赵曮一举扳倒。杨皇后和赵曮也急于除掉韩侂胄,杨皇后通过兄长杨次山联络外朝大臣,史弥远时任礼部侍郎兼资善堂翊善,是赵曮的老师,双方自然一拍即合。史弥远与杨皇后商议,尝试由杨皇后和赵曮在宫中向宁宗进言罢免韩侂胄,这样就可以绕过外朝,避免打草惊蛇。在史弥远教导下,赵曮趁边事紧急时入奏:"韩侂胄轻起兵端,上危宗社,宜赐黜罢,以安边境。"杨皇后也从旁再三力请,但宁宗并没有答应。

  无奈之下,杨皇后等人只得另寻他法,他们联络参政钱象祖、李壁,礼部尚书卫泾,著作郎王居安,右司郎官张镃等人,形成了反韩侂胄的秘密联盟。史弥远官位虽不突出,但由于其特殊身份,成为沟通杨皇后与外朝的信息通道,发挥了主导作用。他深夜乔装易服,往来于钱象祖、李壁宅第,积极部署。史弥远最初对如何处置韩侂胄心存犹豫,在张镃的建议下,才下定决心杀掉韩侂胄。他向杨皇后禀告,定下"去凶之策",随后把行动方案告知钱象祖等,并谎称已奉有密旨。钱象祖为稳妥起见,想要向宁宗奏审,史弥远制止他道:"事留,恐泄。"

韩侂胄对史弥远等人的活动也有所察觉，在右丞相兼枢密使陈自强及亲信周筠的建议下，他任命林行可为谏议大夫，刘藻为察官，准备在开禧三年十一月三日这天早朝，由二人上奏弹劾，一网打尽史弥远、钱象祖等人。史弥远探听到韩侂胄的计划，遂命禁军统帅夏震在当日早朝路上实施谋杀方案。三日早晨，夏震率兵卒拦住韩侂胄，将之拥至玉津园夹墙内挝死。宁宗事变前得知谋杀计划，用笺批殿前司："前往追回韩太师。"杨皇后持笺而泣，对宁宗道："他要废我与儿子。"宁宗无奈，收泪而止。叶绍翁后来在《四朝闻见录》中称，谋杀计划"幸不败尔，败则慈明、景宪殆哉"。

史弥远等人以矫诏谋杀这种骇人听闻的方式，公然诛杀宰相，这在宋代历史上是没有先例的。政变的发生并非源于对金政策的分歧，其本质是围绕着皇权的权力之争。史弥远已经将自己的政治生命与赵曮捆绑在一起，赵曮如果顺利继承帝位，他就是"潜邸"勋臣，拜相封侯近在咫尺。反之，赵曮如果被废，也几乎意味着史弥远政治生命的终结。利害关系的强烈对比，驱使史弥远铤而走险。诛杀韩侂胄后不到半个月，在十一月十五日，宁宗就下诏立赵曮为皇太子，更名赵𬣡，正式确立了其皇位继承人的身份。考虑到后宫妃嫔即将生产的背景，这显然不是宁宗自己的意愿，而是在杨皇后、史弥远等人推动甚至迫使下作出的决断，这清楚地昭示出玉津园之变的实质。次年春天，后宫果然诞下皇子，取名赵坦，但闰四月不幸夭折。这样一场宋代历史上前所未有的政治谋杀，必须要有一个合理的解释，史弥远等人遂以韩侂胄擅开兵端、涂炭生灵诏告天下，并将韩侂胄首级函送金朝，达成"嘉定和议"。

（三）独居相位，走上专权之路

玉津园之变带来的政治遗产之一，是史弥远取代韩侂胄，成为新一代实权人物。政变后，参加者论功行赏，钱象祖兼知枢密院事，李壁兼同知枢密院事，卫泾除御史中丞，又迁签书枢密院事兼权参知政事，王居安除左司谏。史弥远也在赵曮被正式册立为太子后，迁知枢密院事。史弥远是诛韩的核心，显露出取代韩侂胄成为新一代实权人物的迹象，道学官员、朱熹弟子傅伯成说："弥远谋诛侂胄，事不遂则其家先破，侂胄诛而史代之，势也。"钱象祖、卫泾等不甘心放任史弥远成为又一个韩侂胄，意图引导朝政运作回到正常轨道上来，双方很快发生冲突。

钱象祖等人力图恢复政务归于宰臣，给舍、台谏官员封驳的中枢格局，促使权力回归中书。他们想方设法阻止史弥远单独觐见宁宗，以宁宗手诏绕过外朝处理政事。嘉定元年（1208），钱象祖上奏，请求宁宗不再使用特旨内降处理朝政，遇事与外朝宰相公议后施行，以避免近习乱政。兵部尚书兼侍读倪思也对宁宗说："大权方归，所当防微，一有干预端倪，必且仍蹈覆辙。厥今有更化之名，无更化之实。今侂胄既诛，而国人之言犹有未靖者，盖以枢臣犹兼宫宾，不时宣召。宰执当同班同对，枢臣亦当远权，以息外议。"他所说的枢臣就是指史弥远，提醒宁宗不要单独召见史弥远一人，宰执群体应共同议事。他又建议任命两名甚至多名宰相，使之互相牵制；同时由宁宗亲自任命台谏官，以监督宰相。尽管如此，这些措施并没有达到预期效果，史弥远依旧越过钱象祖自行其是，逼得钱象祖请辞，倪思也被迫出知镇江府。

嘉定元年闰四月，宁宗下诏，自今每遇视事令太子侍立，宰执赴资善堂会议，赋予太子参决政事的权力。次日，命钱象祖兼太子太傅，卫泾、雷孝友、林大中兼太子宾客。又两日，命太子出居东宫，更名为赵询，宰执会议地点也由资善堂迁至东宫。资善堂会议是钱象祖、史弥远等人一起提出的，但双方却各有考虑。史弥远自开禧二年起便再未放弃太子师傅之职，借助这个其他宰执不具有的特殊身份,史弥远获得了与太子频繁来往的机会,可以通过太子与内廷联系,凌驾于其他宰执之上。钱象祖等人希望资善堂会议解决的问题,正是消除史弥远与太子间的特殊关联,所有宰执大臣都兼任太子师傅、宾客,又令太子每日与宰执会议,太子就从为史弥远私人掌控变成为宰执大臣共同掌握。同时,太子离开禁中,出居于东宫,史弥远与杨皇后间的联系也受到阻碍。卫泾在札子中指出:"臣象祖等惟朝殿奏事,得侍清光,退后凡有事件,多是缴入,非时无缘可得通达内外之意。所以向来韩侂胄因此得以窃弄威福,酝成奸恶,几危国家。今得皇太子会议,臣等奏事既退,或陛下有所宣谕,或臣等有敷陈未尽之意,皇太子于侍膳问安之际,皆可以从容奏禀,内外不至扞格不通,且更不容外间别有人出处禁闼,干预朝政,岂非宗社大幸?"卫泾此言虽说韩侂胄,但显然是影射史弥远。

然而,太子参决政事并不能确保宰执对太子的控制,它只是为钱象祖等人争取太子提供机会,关键还要看太子本人的态度,钱象祖等人恰恰在这方面低估了史弥远的影响。经过诛韩之役,杨皇后、太子和史弥远之间已经结成牢固的政治同盟,这种关系并不是与太子素无渊源的其他人能轻易取代的。正因对自己与太子的关系有充分的信心,史弥远才支持太子参政的提议,这一方面可以巩固太子的地位,提升太子对朝政的影响力;另一方面可以通过宰执会议,及时了解钱象祖等人的计划与动向。钱象祖、卫泾自以为得计,不料却弄巧成拙,等于在自己身旁安插了一个眼线。后来,卫泾企图习史弥远打倒韩侂胄的故智再除掉史弥远,太子得知他的计划,暗自通报消息,史弥远遂先发制人,命御史中丞章良能弹劾卫泾,将其罢任外放。

嘉定元年十月,钱象祖拜左丞相,史弥远拜右丞相。史弥远任相仅月余,就丁母忧去位,在此不利的情势下,又是太子挽救了史弥远的政治生命。十一月二十七日，史弥远离开临安仅五天，太子上奏宁宗，请求召回史弥远，在临安赐予宅第令其终丧。太子上言：

> 方弥远密承圣旨，投机之会，间不容发，然犹有顾望，欲迟回其事者，非弥远忘其体命，奉行天诛，万一泄谋，必误大计。陛下轸念南北生灵肝脑涂地，屈己就和，量力相时，初非得已。今和好赖以坚定，虏人恃以信服，由陛下独断于上，而弥远能祗承于下，故人心妥安，无复疑虑。如弥远一旦去国，诚恐无以系虏情、慰民望。以此观之，弥远乃陛下腹心之寄、社稷之臣，其一身去留，实天下重轻之所系。欲乞圣慈特赐睿旨，赐第行在，令其得以就第持服。

奏章不但赞扬史弥远在诛韩过程中发挥了关键作用，还暗指钱象祖犹豫观望、摇摆不定。宁宗同意了太子的请求，在临安给史弥远赐第。史弥远丁忧离京，本是钱象祖等人彻底打倒他的最好时机，但钱象祖却在史弥远亲信台谏的论劾下不得不上章求去，于十二月一日罢相，出判福州（今福建福州）。嘉定二年（1209）五月，史弥远起复，自此独居相位，走上专权之路。

二、嘉定和议及其反复

（一）"奸凶已毙之首"不足惜：宋金和议的达成

玉津园之变的另一个政治遗产，就是宋金和议的达成。实际上，自北伐受挫，韩侂胄已经遣使与金议和，并初步达成意向。韩侂胄被杀后，钱象祖向金朝通报诛韩之事，金人召来宋使王柟。王柟尚不知政变的发生，盛赞韩侂胄的忠贤威略，金人将宋朝边报拿给王柟，讽刺道："如汝之言，南朝何故诛之？"王柟困窘，无言以对。金人趁机提出，将韩侂胄的首级献给金朝，作为和议的一项内容。

王柟回到临安，报告金人的要求，宁宗召两省、侍从和台谏官员集议。林大中等人认为和议是头等大事，"奸凶已毙之首"不足惜。倪思甚至公然宣称"一侂胄臭头颅，何必诸公争"。只有章良能抗词力辩，提出虽然是已诛之罪臣，但以朝廷大臣首级献给敌国，终究事关国体。但章良能一己之力难以挽回众人意志，宁宗遂决定将韩侂胄开棺，取其首级函送金朝，双方达成"嘉定和议"。此后直至嘉定十年（1217）金军大举南侵，南宋都以这一和议作为对金政策的基础。《宋史》记载："时再议和好，尤戒开边隙，旁塞之民事与北界相涉，不问法轻重皆杀之。"

嘉定和议自签订之日起就受到士大夫的非议，函送韩侂胄首级更招致公论的批评。人们认为金朝已相当疲弱，如果宋朝能再坚持一段时间，不患和议不成，届时条款会对宋朝更为有利。只是由于当权者畏懦，听任金朝恐吓，一切从之。诛杀韩侂胄是南宋内政，而函送其首级至金朝，则是将南宋等同于金朝的附属，有辱国体。时人写诗讽刺道："自古和戎有大权，未闻函首可安边。生灵肝脑空涂地，祖父冤仇共戴天。晁错已诛终叛汉，于期未遣尚存燕。庙堂自谓万全策，却恐防胡未必然。"道学群体尤其对和议不满，他们倡言和议是万不得已的权宜之计，应该利用屈辱媾和换来的时间，修明内政，待时机成熟时改变现状。楼钥上奏道："恐和议一成，喜庆相贺，文恬武嬉，便为无事，则后日之害，其何可胜言。"希望宁宗"内修自治之计，日夕与二三大臣讲明其要，次第施行"。嘉定和议的达成，虽然再次实现了宋金边界的和平，但也给史弥远的声誉造成损害，导致他与道学群体之间发生隔阂。出于对和议的不满，道学群体此后每每提出变革的主张，要求推翻和议，给史弥远的对外政策施加了极大压力。

（二）"用力寡而成功倍"：借助外力的抗金策略

从嘉定四年起，南宋逐渐意识到周边的形势正在发生变化。当年六月，南宋遣余嵘出使金朝贺金主生辰，行至涿州（今河北涿州），因蒙古围攻金朝国都，道路不通而还。余嵘还朝后，将金朝遭蒙古围攻的情形上奏宁宗，此后，宋朝虽仍按时遣使致贺，却以漕运不畅为由停止了输纳岁币。嘉定六年（1213）十月，真德秀使金贺金主即位，稍后李埴使金贺正旦，皆因金蒙战乱，不至而还。真德秀断定金朝"纵使未即灭亡，亦必不能持久"，提醒宁宗早做准备。

嘉定七年（1214），金宣宗迁都汴京，遣使至宋朝通报，并且督责宋所欠岁币。以道学成员为代表的清议分子，纷纷抨击输纳岁币的举措，主张罢岁币、与金绝交，甚至不惜一战。真德秀上书要求拒绝向金支付岁币，若"彼求我与，一切如初，非特下策，几无策矣"。他主张效仿勾践卧薪尝胆，用这些钱练兵选将，匡复故土。

主持朝政的史弥远没有受清议的影响，坚持与金朝维持和平的外交路线。一方面，史弥远的权位是通过倾轧韩侂胄得来，所以在路线政策上，必须与韩侂胄的开边策略反向而行。魏了翁就说："史弥远密赞先帝，正侂胄开边之罪而代其位，其说不得不出于和。"另一方面，也应该注意到，主和是史氏家族一贯的政治主张，至少从史浩就已如此。绍兴三十一年金海陵王入侵，隆兴元年孝宗任用张浚北伐，史浩都力主和谈。他是南方利益的坚定捍卫者，把南方本土利益摆在恢复北方领土之上。在这一点上，史弥远与父亲观点一致，他看重的同样是南方的安全，而不是恢复旧疆的宏大政治目标。

在岁币问题上,史弥远实施了比较务实的策略,他并没有断然拒绝金朝的要求,而是继续以漕运干涸为借口拒绝输纳岁币,给宋朝留下一定的回旋余地。尽管如此,嘉定十年四月,金宣宗仍然以岁币不到为由,下诏南征。南宋方面虽也于六月下诏伐金,史弥远却并未放弃求和的努力,他接连写了三封信给前线的崔与之,令其与金军议和,但崔与之认为"彼方得势,而我与之和,必遭屈辱",拒不奉命。

南宋朝堂上,道学官员们反对和议的呼声日趋高涨,他们认为岁币只是金人南侵的借口,实则别有所图,即便南宋恢复送纳岁币,也阻止不了战争的继续。黄榦说:"残虏犯边,亦既一年,彼其君臣上下日夜相与经营,必欲得吾两淮而后已,虽以岁币为名,而实不在乎岁币也。"嘉定十二年(1219)五月,和战双方的论争发展到高潮,爆发了大规模的太学、武学、宗学三学生运动。太学生何处恬等二百余人上书,控诉工部尚书胡榘主张与金人议和,请诛之以谢天下。宗学生、武学生也相继伏阙,极言其事。三学生运动得到清议的支持,秘书监柴中行上书:"三学所言,不宜含糊,付之不恤,是欲私庇其人,而使吾君有拒谏之失。"胡榘是史弥远的心腹,其立场代表着史弥远的态度,对他的攻击显然意在敲山震虎。迫于舆论的压力,史弥远开始对金采取比较积极的政策。

史弥远采纳程珌的建议,中央政府退居幕后,放权给边区守将,令他们自主决定联合地方武装乃至蒙古抗击金朝。这样,成功则朝廷享大利,否则也不损及毫毛,所谓"用力寡而成功倍"。淮东制置使贾涉出面接纳了山东忠义军的归附,物质上给予大量资助,同时对其首领李全等人加官晋爵,利用他们牵制金军,山东局势呈现出对南宋有利的形势。金朝御史中丞完颜伯嘉说:"宋人以虚名致李全,遂有山东实地。"嘉定十二年六月,金军元帅张林归降,献上青、莒等十二州;次年,金朝严实又举魏、博等九州归降南宋。程珌在《谢丞相启》中颂扬道:"盖中兴九十载,块土未还;今山东二百州,版图日至。一簇靡烦于力战,铢钱不费于大农。"

同时,南宋开始与蒙古联系。南宋最初对迅速崛起的蒙古缺乏认识,嘉定四年听闻蒙古围攻燕京的消息,才开始考虑如何应对这个新兴的强邻。真德秀的一段话表明了宋人的矛盾心情:"事会之来,应之实难,毫厘少差,祸败立至。设或外夷得志,邀我以夹攻,豪杰四起,奉我以为主,从之则有宣和结约之当戒,张觉内附之可惩。如将保固江淮,闭境自守,彼方云扰,我欲堵安,以此为谋,尤非易事。"从嘉定七年开始,蒙古数次遣使至南宋,试探夹攻灭金的可能性;南宋方面也多次派遣使者回访,但由于宋金战争形势的变化,以及宋朝群臣的意见分歧,宋蒙关系没有更深入的发展。随后,南宋政坛再生波澜,波及三国关系的走向。

三、"舍昏立明":皇权之争波澜再起

(一)理宗之立

就在史弥远忙于与金、蒙周旋的同时,南宋朝廷内部也发生了巨变。嘉定十三年(1220)七月,太子赵询去世。赵询的去世使史弥远此前费尽心力所做的政治准备付诸东流,原本已经没有悬念的皇位继承人问题,突然又增添了极大的不确定性。父亲的仕途经历和嘉定初年的政治纷争,使史弥远对皇子"旧学"身份的重要性较他人有更深切的体会,对权力格局的变化也更敏感,他很快把目光投向新的皇位继承人。

嘉定十四年（1221）六月，原本入嗣宁宗弟弟沂王的赵贵和被立为皇子，赐名赵竑。赵竑一向对史弥远独揽大权不满，史弥远早有耳闻，他听说赵竑喜欢弹琴，就送了一位善于鼓琴的美女给赵竑，让她窥探赵竑的言行。赵竑缺乏警觉之心，居然将她引为知己，史弥远因此对赵竑的一举一动了如指掌。赵竑曾把史弥远和杨皇后的不法之事记录下来，在案几上写"弥远当决配八千里"。他还指着地图上的琼、崖两地（两地均在今海南岛）说："他日得志，即置史弥远于此。"他甚至私下里称史弥远为"新恩"，意思是今后要把史弥远流放到新州（今广东新兴）或恩州（今广东阳江）。

史弥远得知赵竑对他的态度，开始谋划另立皇子，委托门客余天锡物色贤良的宗室子弟。余天锡推荐了他在回乡参加科考时偶遇的赵与莒兄弟，嘉定十五年（1222），史弥远将赵与莒接到临安，推荐其为沂王赵抦的后嗣，改名赵贵诚。史弥远请名儒郑清之负责赵贵诚的教育，私下嘱托他说："皇子不堪负荷，闻后沂邸者甚贤，今欲择讲官，君其善训迪之。事成，弥远之坐即君坐也。"郑清之再三逊避，史弥远道："言出弥远之口，入足下之耳，可得辞乎？谨之讳之，各自为家国计，此先公事业，足下可以当之。"所谓"先公"，即史弥远的父亲史浩，史弥远以父亲的经历来诱使郑清之尽力教导赵贵诚。

不仅史弥远与赵竑关系紧张，杨皇后对赵竑也颇为不满。赵竑妃吴氏是杨皇后的侄孙女，但二人感情并不好，杨皇后因此对赵竑甚为恼怒，甚至一度有废储之意。赵竑的老师真德秀劝说赵竑与史弥远和杨皇后搞好关系："皇子若能孝于慈母而敬大臣，则天命归之矣。否则，深可虑也。"但赵竑不能听从劝导，真德秀遂"力辞宫教去位"。王夫之后来论道："竑以庶支入嗣，拒西山之谏，而以口舌笔锋睨弥远而欲致之死，其为躁人也奚辞？躁人而不能丧其匕鬯者，未之前闻。"由于史弥远和杨皇后的反对，赵竑迟迟未能被立为太子，当时臣僚已有担忧，军器监兼尚左郎官范应铃上言："国事大且急者，储贰为先。陛下不断自宸衷，徒眩惑于左右近习之言，转移于宫庭嫔御之见，失今不图，奸臣乘夜半，片纸或从中出，忠义之士束手无策矣。"宁宗为之动容，但终究未能乾纲独断。

嘉定十七年八月二十一日，宁宗病重，自此不视朝。闰八月初三，宁宗去世。当夜，史弥远召郑清之和直学士院程珌入宫，以宁宗名义发布诏书，立赵贵诚为皇子，改名赵昀，使其与赵竑处于平等地位，具有了继承皇位的资格。要使赵昀即位顺理成章，还必须得到杨皇后的支持。史弥远派杨皇后的侄子杨谷、杨石说服杨皇后，二人七次往返于史弥远与杨皇后之间，最后杨石哭拜于杨皇后面前道："内外军民皆已归心，苟不立之，祸变必生，则杨氏无噍类矣。"杨皇后沉默良久，问道："其人安在？"史弥远立即遣宫使去接赵昀，赵昀入宫后，杨皇后道"汝今为吾子矣"，等于承认了他是帝位的合法继承人。

赵昀被带到宁宗灵柩前举哀，结束之后赵竑才被召入宫。史弥远令殿前都指挥使夏震陪同赵竑，实际是把他监管起来。随后百官朝会，听读遗诏，仍引赵竑到以前的班位。赵竑问道："今日之事，我岂当仍在此班？"夏震骗他说："未宣制以前当在此，宣制后乃即位耳。"赵竑以为有理，转头却发现烛影中已经有一人坐在御座中。遗诏宣布赵昀即位，百官恭贺新皇帝登基，赵竑这才恍然大悟。悲愤万分的赵竑不肯下拜，夏震强按着逼他叩头，如此才完成了登基仪式。赵昀登上帝位，即宋理宗。史弥远事后颇为得意地对郑清之说："先公兼两邸讲官，能识孝宗于二王并立之中，极力辅成，为艺祖得神孙，为天下得英主。今日舍昏立明于一夕之间，以继孝宗之圣事，体难易又与先公不同。"他的言谈中清楚地表明，废赵竑、立赵昀的整个过程都是出于其私意。

（二）济王之死

理宗即位后，赵竑被晋封为济王，赐第湖州，被迫离开临安。宝庆元年（1225）正月，湖州百姓潘壬、潘丙兄弟密谋拥立赵竑为帝，他们聚集数十名太湖渔民和湖州巡卒，冒称山东忠义军，闯入济王府。赵竑在潘壬等人的武力胁迫下，被迫答应即皇帝位，湖州知州谢周卿也率部属前来恭贺，这就是"湖州之变"，也称"济王之变"。天明以后，赵竑发现拥立自己的并非什么忠义军，只是一些渔民和巡卒，知道这些乌合之众难以成事，于是派王元春向临安告发，并亲率湖州州兵讨伐。朝廷派来的军队抵达时，叛乱已被平定。

湖州之变只是一次小规模的变乱，却给理宗和史弥远带来极大震动，赵竑虽已离京，但仍是皇位的巨大威胁，若不彻底解决，必将后患无穷。史弥远派门客以给赵竑治病为名来到湖州，逼迫赵竑自杀，并杀害了赵竑的幼子。随后，朝廷以赵竑病重不治布告天下。理宗和史弥远为掩人耳目，辍朝表示哀悼，又追赠赵竑为少师、保静镇潼军节度使，允许在临安济王故宅办理丧事。然而不久，理宗就在史弥远亲信的建议下收回成命，追夺赵竑王爵，贬为巴陵县公。理宗拒绝按王的规格给赵竑举办葬礼，命令用草席包裹赵竑的尸体下葬。

宁宗末年的皇位继承问题，以及随后发生的湖州之变，引起士大夫群体，特别是道学集团的极大不满，使得道学士大夫与史弥远决裂。赵竑本为皇嗣，无端被废已经使朝野震惊。真德秀给史弥远写信道："方其始也，四方万里，骤奉遗诏，罔知厥由，惊忧疑惑，往往而有。"魏了翁痛感时事艰险，伦常败坏，以致积忧成疾。湖州之变后，朝廷对赵竑的处置方式更激起轩然大波。他们攻击史弥远私自废黜、放弑济王,甚至把史弥远称为"大奸"。邓若水言:"行大义然后可以弭大谤,收大权然后可以固大位,除大奸然后可以息大难。"真德秀分别上书理宗和史弥远,指出湖州之变中赵竑"前有避匿之迹,后与讨捕之谋",朝廷对他的处置有违纲常。他请理宗和史弥远效仿太宗处理秦王廷美的例子,赦免济王之罪,追复王爵,并为济王安排后嗣。理宗则断然拒绝了真德秀的请求,声称"朝廷待济王亦至矣"。真德秀无奈,只得退而求其次:"此已往之咎,惟愿陛下知有此失而益讲学进德。"

史弥远对道学集团的抨击极为愤怒,利用掌控的台谏力量予以回击,"一时之君子贬窜斥逐,不遗余力"。殿中侍御史英泽弹劾真德秀舛论纲常、袒护济王,真德秀的官职被一降再降,最终落职罢祠。魏了翁被诬陷欺世盗名、朋邪谤国,发配到靖州(今湖南靖州苗族侗族自治县)居住。胡梦昱在御史李知孝的弹劾下,被流放到偏远的象州(治所在今广西象州),最终死于贬所。理宗没有理会如潮涌来的要求罢免史弥远的奏章,反而对其更加尊崇,要拜其为太师、进封魏国公,这更加激怒了道学官员,使南宋朝廷进一步分裂,内耗更为严重。

四、从联合到交恶:宋蒙战争的开始

(一)联蒙灭金:申雪百年之耻

理宗之立和济王之死,使道学集团与史弥远之间的矛盾激化而致分裂。道学集团在对外政策上既主张与金决战,又反对与蒙古联合,史弥远愤恨之余,遂反其道而行之。宝庆三年(1227)十一月,理宗下诏改元,变宝庆为绍定。改元诏书中,理宗称要"仰法绍兴之治，近承嘉定之规"，也就是要回归到和议的路线上，这显然是出自史弥远的主张。对金政策方面，史弥远看到金朝无力再伐宋，拒绝了金哀宗的议和请求，同时下令收缩南宋的军事部署，停止大规模的军事行动，与金朝维持不战不和的状态，利用金朝来捍御日渐强大的蒙古。对蒙政策方面，史弥远命边区守将维系与蒙古的和好，同时又暗中加以提防，多次拒绝蒙古向宋"假道"攻金的要求。

蒙古与宋通好，意在联合灭金，对南宋表面上的和好并不满意。绍定四年（1231），窝阔台大举攻金，按照成吉思汗"假道于宋以灭金"的遗言，几乎同时向南宋两淮制置司、京湖制置司、四川制置司派遣专使，要求允许蒙军通过宋境攻打金朝。理宗召集臣僚商议，拒绝了蒙军的要求。奉命假道的蒙军先锋按竺迩突入宋境纵骑焚掠，四川制置使桂如渊秉承史弥远与蒙古和好的意旨，约束手下将官不得出兵破坏和好，并督办牛羊酒等物犒劳蒙军。拖雷乘势率蒙军3万闯入大散关，攻破凤州城（今陕西凤县凤州镇），围攻兴元府（今陕西汉中东），最后顺汉水而下，抵达邓州。

蒙军深入唐（今河南唐河一带）、邓地区，迫使金朝调遣据关守河的精兵南下堵击。窝阔台所部蒙军乘虚攻破黄河天险，南北夹击，金军精锐17万被击溃于三峰山，金都汴京被围，金哀宗逃至蔡州（今河南汝南），金朝灭亡已成定局。蒙古和金朝相继派遣使节至襄阳和临安，争取南宋的支持，南宋面临外交政策上的重大抉择。金使以唇齿相依的道理劝说南宋助金抗蒙："大元灭国四十，以及西夏，夏亡及于我，我亡必及于宋。唇亡齿寒，自然之理。若与我连和，所以为我者，亦为彼也。"宋朝与金为世仇，且已得知，金朝在败局已定的情况下，甚至酝酿夺取南宋巴蜀地区以图复兴，因此并未理睬金朝的请求。

蒙古使臣约宋出兵河南，以道学人士为代表的清议分子同样反对与之联合，但史弥远由于与道学群体的矛盾，力排众议。绍定五年（1232），史弥远以侄子史嵩之为京湖制置使兼知襄阳府，接洽蒙古使臣。次年，蒙古遣王檝为使至南宋商议联合灭金，"约共攻蔡，且求兵粮，请师期"。史弥远与名将孟珙商议，孟珙道："倘国家事力有余，则兵粮可勿与。其次当权以济事，不然，金灭无厌，将及我矣。"史弥远遂决定出兵联蒙灭金。当年六月，宋理宗令史嵩之以京湖制置司属官邹伸之等人回报蒙古。同时，令孟珙出兵河南，截断了金哀宗西逃之路。绍定六年（1233）十月，史嵩之以孟珙为统帅，领兵与蒙军合攻蔡州。端平元年正月，蔡州城破，金哀宗自缢，金朝灭亡。

（二）端平入洛：宋蒙之间遂无宁日

绍定六年十月二十五日，史弥远卒于临安府邸。理宗在渊默十年后终于得以亲政，郑清之接替史弥远主持朝政。史弥远独揽大权25年，给南宋政治打下了深刻的烙印，他的去世并不意味着其政治影响力的终结，恰恰相反，此后数年的南宋朝堂仍然笼罩在其阴影下。理宗、郑清之希望摆脱史弥远的影响，长期受史弥远压制的政治势力希望肃清史弥远的印迹，两股力量汇流，驱动南宋的内政外交政策向与史弥远主张相反的方向前行。此一时期的南宋政治，呈现出"后史弥远时代"的特点，而南宋统治集团在此期间定下的政策路线，则根本上决定了南宋国运的走向。

金朝灭亡后，蒙古依约归还陈、蔡东南之地给南宋，撤兵北归。这时，金朝降臣谷用安向镇守淮东的赵范、赵葵兄弟献策，建言趁蒙军北还、河南空虚之机，出兵收复"三京"（西京洛阳、东京开封、南京归德）及河南其他地方，倚仗潼关、黄河之险与蒙古对峙，也就是把南宋的国防线由淮河—大散关北推到黄河—潼关一线。四月，理宗召大臣集议，南宋有关和战的争论再度展开。

主战派包括赵氏兄弟和宰相郑清之。赵氏兄弟此前就因为山东忠义军及和战问题与史弥远、史嵩之叔侄意见不合，他们不愿见到史嵩之灭金建功专美于前，于是力主出兵。郑清之虽系史弥远提拔，但一方面因济王之案而不自安，有意弥补前过；另一方面也希望借收复三京来巩固自己的权位、振奋人心，因此支持出兵的建议。而沿江制置使赵善湘、京湖制置使史嵩之、参知政事乔行简、淮西总领吴潜等大批官员，都对据关守河之说不以为然。他们认为无论从军力还是后勤保障能力来说，南宋的国力都不足以实现收复三京、据关守河的战略构想，并且会给蒙古提供攻宋口实，势必导致战祸不断。

反对派的建言没能说服理宗，理宗此时正沉浸于灭金复仇的喜悦中，颇有趁机恢复中原的宏志。他对史弥远维持和议的外交政策并不满意，亲政以后亟思有为，改元为"端平"，号为更化。此时虽联蒙灭金，一雪靖康之耻，但故疆之半仍未恢复，如果他能一举收复三京，既可慰北宋一祖八宗之灵，自己也可登中兴贤君之列，更可借此掩饰此前夺位的失德之举，可谓一举而数得。真德秀的一篇札子证实了理宗的想法："比者王师深入，或者往往议朝廷之过举，臣独有以识陛下之本心。蠢兹女真，秽我河洛逾百年矣，厥罪贯盈，天命剿之，则九庙神灵所当慰安，八陵兆域所当省谒，偷安不振，是以弱示敌，抚机不发，是以权予敌，此陛下之本心也。"

在理宗支持下，端平元年六月，赵葵、赵范率宋军正式进军河南。七月五日，宋军收复汴京，失陷已百余年的北宋都城重回赵宋手中。然而，蒙古并不像理宗君臣分析的那样毫无防备，他们事先已得知宋军将出兵河南的消息，预先做了抵御的准备。宋军在向洛阳挺进的过程中，遭遇蒙军埋伏，伤亡惨重。八月初，宋军全线败退，恢复三京的军事行动宣告失败。端平入洛的失败，不仅使南宋国力大损，"兵民之物故者以数十万计，粮食之陷失者以百余万计，凡器甲舟车悉委伪境，而江淮荡然，无以为守御之备"，更重要的是：一方面宋蒙间兵端既开，遂无宁日，从此开始了长达半个世纪的战争；另一方面宋廷内部的和战之争达到更高潮，形成激烈的政争，"使天下之势，自安以趋于危"。

随着入洛宋军的溃败，理宗光复故土的雄心也消失殆尽。他处分了主战的郑清之和赵氏兄弟等人，重新起用因反战被罢黜的史嵩之。在史嵩之主持下，南宋与蒙古再谋议和，双方使节往来频繁。倡议入洛的主战官员，既衔恨史弥远的排挤于前，又怨史嵩之在宋军进兵时不助粮饷于后，再加上生怕宋蒙和议成功后再遭压制，于是极力诋诬史嵩之的议和路线。以道学成员为主的清议分子，自史弥远主政时期就反对与蒙古联合，此时也加入政争，对史嵩之展开抨击。他们指责史嵩之为巩固权位，不惜以和误国。吴昌裔控诉史嵩之自知在史弥远死后无所倚恃，乃"外交轶人，私结和议，用权桧故智，恐胁朝廷，为守禄固位之计"。李昂英甚至认为史嵩之不仅贪权固位，简直是个卖国求荣的汉奸："嵩之包藏祸心，窃据相位，不以事天事陛下，而视国家如仇，此凶人耳，罪人耳，……自其漏我师期，于是乎有京洛之败；假挟北使，于是乎有邀索之辱；导敌入寇，于是乎有淮甸之祸，是为卖国之贼臣。"他们认为和议成功则必然导致边防松弛，将士无死敌之志，魏了翁乃至声称"今之所忧乃在讲和"。淳祐四年（1244），史嵩之父亲史弥忠病逝，朝野之士借机以实践孝道为口实群起攻之，史嵩之丁忧罢任。此后，朝廷欲起复史嵩之为右丞相兼枢密使，也因大臣和太学生的反对而不得成功。史嵩之复出不成，主和派势力衰微，执政的杜范、游侣等人对蒙古持强硬态度，宋蒙进入积极备战的时期，南宋也走向覆亡的道途。

结　　语

从宁宗在位后期开始，南宋政权内外形势发生了一系列重大变化，开启了向晚期过渡的历史进程，史弥远在其中扮演了重要角色。史弥远出身于崛起中的史氏家族，父亲史浩以孝宗"旧学"的身份荣登相位，其成功的仕宦生涯给史弥远极大的启发，使他找到了一条通往权力巅峰的捷径。史弥远并没有像很多人一样拜倒在当朝权贵如韩侂胄的门下，如果那样的话，恐怕他也只能是历史中另一个泯然无名之士，他将目光直接投向下一代最高统治者，与其建立直接、亲密的私人关系，这是史弥远从其父亲身上学到的最重要的一课，也是他走向辉煌的关键。

在本质上，史弥远-赵曮与韩侂胄-宁宗的关系具有某种内在一致性。赵曮在未来继承宁宗的帝位，史弥远取代韩侂胄在外朝的位置，史弥远对这种未来权力格局的变化早就有明确的设想，并已经展开积极的规划。因此他要确保赵曮位置的稳固，清除赵曮继承皇位的障碍，这是他与杨皇后合作的基础。权力的更迭是根本性的矛盾，玉津园之变是两代政治领袖争夺未来领导权的必然结果。史弥远在此过程中展现出的超前的政治眼光，是同时代的其他政治家如钱象祖、卫泾等人难望项背的。

史弥远的策略显然是成功的，凭借赵曮的支持，他登上了相位，走上了专权之路。这种经历也使他在赵曮突然去世、赵竑成为皇子后，敏锐地意识到其中潜在的危险。他最终驱逐了赵竑，拥立出身低微的理宗登上帝位，再度与皇权建立起同进退的命运共同体。无论立理宗、舍赵竑的"舍昏立明"还是玉津园之变，都源于史弥远同样的政治诉求，即与未来的皇权建立直接的私人关系，确保自己处于权力金字塔的顶峰。

史弥远个人在权力阶梯上的攀登，对于整个南宋时局都产生了巨大影响。先是权力中枢的更迭，继而是帝位的传承。但还不止于此，它触及南宋的对外政策，进而影响到南宋国运的走向，这一点恐怕是史弥远本人也没有意识到的。对韩侂胄的政治谋杀，是打着正韩侂胄开边之罪的旗号进行的，这也意味着新的领导集体必须在政策方针上与韩侂胄反向而行，宋金之间"嘉定和议"由此达成。嘉定和议中被视为丧权辱国的条款，招致以道学群体为核心的清议分子的批评，史弥远与他们之间一度融洽的关系出现裂痕。接下来的理宗之立和济王之死，导致史弥远与道学集团的关系彻底决裂。道学集团力主灭金、拒绝联蒙，史弥远愤恨之余，遂在外交政策上反其道而行之，一方面与金维持不战不和的态势，另一方面与蒙古保持和好的关系。史弥远意图采用以夷制夷的传统策略，使金、蒙互相牵制，自己坐收渔翁之利。可当金朝灭亡成为定局后，南宋独自面对咄咄逼人的蒙古，再想置身事外已不可能，除了与蒙联合灭金，事实上已没有其他选择。

联蒙灭金，申雪了赵宋百年之耻，就在金朝灭亡的前夕，史弥远也走到人生的尽头。史弥远之死并不意味着其政治影响力的终结，在"后史弥远时代"，渊默十年终于亲政的理宗亟待在南宋政治上打下自己的烙印，颇有更化之举；备受史弥远打压的政治势力也要一展自己的政治抱负，建功立业，南宋政权遂展开以恢复中原为目标的端平入洛。端平入洛招衅纳侮，不但使南宋国力大损，而且带来一个比金朝更为难缠的对手，宋蒙之间开始了长达半个多世纪的战争，南宋也走上了覆亡之路。

参考文献

1. [美]戴仁柱(Richard L. Davis)著:《丞相世家:南宋四明史氏家族研究》,刘广丰、惠冬译,北京:中华书局,2014年。

2. 黄宽重:《晚宋朝臣对国是的争议:理宗时代的和战、边防与流民》,《"国立"台湾大学文史丛刊》,1978年。

亡身危国

贾似道擅权与南宋的灭亡

贾似道履历表

姓名	贾似道
字号	字师宪,号秋壑
籍贯与出生地	台州天台县(今浙江天台)
家庭出身	出身于边防大员之家。父贾涉,在淮东制置副使任上颇有事功,母胡氏,姊为理宗贾贵妃
生卒年及所处时代	1213—1275,历仕理宗、度宗两朝
生平履历	嘉定十六年(1223),贾涉去世,贾似道是年11岁
	嘉熙二年(1238),考中进士
	淳祐元年(1241),升任太府少卿、湖广总领财赋,任内成功收换湖广"会子"
	淳祐五年(1245),以宝章阁直学士为沿江制置副使、知江州(今江西九江)兼江西路安抚使。在调度粮饷、建筑城寨方面表现优异,声名鹊起
	淳祐六年(1246),京湖安抚制置大使兼夔路策应大使、知江陵府孟珙卒,遗表举贾似道自代,并将手下幕僚李庭芝推荐给贾似道。贾似道升任京湖制置使、知江陵府(今湖北荆州)
	开庆元年(1259),蒙军南侵,贾似道以枢密使为京西湖南北四川宣抚大使、都大提举两淮兵甲、湖广总领、知江陵府,统筹各军队和物资的调配和指挥,赴湖北增援。十月,贾似道以右丞相兼枢密使的身份,赴前线指挥鄂州(今湖北武昌)保卫战。他令建木栅围墙,阻挡蒙军攻城,又派人至忽必烈处请和
	景定元年(1260)正月,贾似道用刘整之谋,攻断蒙军渡江浮梁,杀死蒙军170人。四月,理宗下诏褒奖贾似道,加少师。贾似道将左相吴潜排挤去位,又处理了宦官、外戚、学舍等力量,大权独揽
	景定二年(1261),贾似道推行"打算法",清除军中异己力量
	景定四年(1263),在贾似道建议下,理宗下诏推行"公田法"

续表

生平履历	景定五年（1264）九月，贾似道奏请实行"经界推排法"，清查民间土地。十月，理宗驾崩，度宗即位
	咸淳元年（1265），理宗下葬后，贾似道请解机政，返回天台老家，同时唆使吕文德谎报蒙军入侵军情，度宗几次敦请，加封贾似道为太师
	咸淳三年（1267）二月，贾似道再次请辞，加封贾似道为平章军国重事，位在宰相之上，一月三赴经筵，三日一朝。赐贾似道第于西湖葛岭
	咸淳六年（1270）正月，命李庭芝为京湖制置大使兼夔路策应大使、知江陵府，增援襄樊。六月，贾似道请辞，度宗泣涕挽留，称"师相"而不名，命十日一朝，入朝不拜
	咸淳十年（1274）七月，度宗崩，太子赵㬎即位，太皇太后谢氏听政。蒙军沿江东上，守将望风而降。贾似道在临安设都督府，都督诸路军马
	德祐元年（1275）正月，贾似道率军出战，二月在丁家洲惨败，宋军土崩瓦解。诏罢贾似道平章军国重事、都督诸路军马之职，降任醴泉观使。七月，谪贾似道为高州团练副使、循州安置，行至福建漳州木棉庵，被临押官郑虎臣所杀

  北宋末年，宋徽宗君臣在收复燕云、完成祖宗未竟之业的梦想驱使下，与虎狼之国的金朝订下"海上之盟"，联合灭辽，不料却引火烧身，终导致宋室南渡，偏安江南建立起南宋政权。百年之后，历史重演，宋理宗为一雪前耻，慰北宋一祖八宗之灵，确定联蒙灭金的策略，灭亡了金朝的同时，再度引狼入室。从端平元年开始的宋蒙战争，断断续续持续了近半个世纪，直至祥兴二年（1279）崖山海战，陆秀夫背负少帝赵昺投海而亡，南宋正式灭亡。南宋灭亡的直接原因是元朝的强势军事入侵，但与此同时，也不能忽视其自身政治统治崩溃的因素。南宋灭亡前的关键时期，朝政处于贾似道主持下，后世虽常有贾似道擅权误国的说法，但是对于贾似道的专权与南宋在军事、政治上的失败究竟有什么样的联系，却语焉不详。下面便透过贾似道的活动，来观察南宋走向亡国的过程。

一、"不事操行"的实务型官员

贾似道出身于官宦之家,父亲贾涉在宁宗嘉定年间任淮东制置副使,作为一方大员,在防范金朝侵扰、安抚流民和处理涉外事务等许多方面都展现出卓越的才能。不幸的是,贾涉于嘉定十六年(1223)去世,贾似道刚刚11岁。没有了父亲的管教,贾似道沾染上一些不好的习惯,"少落魄,为游博,不事操行"。靠着父亲的荫补,贾似道做了嘉兴管仓库的小官。此后,贾似道的姐姐被选入宫,成为理宗宠爱的贵妃,贾似道也平步青云,得到理宗亲自召见面谈,一两年内便由正九品的籍田令升为正六品的军器监。

成了有权有势的皇亲国戚,贾似道生活更加放荡不羁,每日出入妓馆,夜晚则宴游于西湖之上。一天夜里,理宗登高远眺,见西湖灯火辉煌,便对左右说:"一定是似道。"第二天派人打听,果然不出所料。理宗命临安府尹史岩之前去劝诫,史岩之回答:"似道虽然有少年气习,但其才能足堪大用。"史岩之虽不免有奉承之意,但说的也不完全是假话,贾似道确实并非只知荒淫享乐的无能之辈。嘉熙二年,贾似道考中进士。不过与当时如杜范、魏了翁等饱学宿儒不同,贾似道并不"以文学科名相高",他的长处在于"军旅钱谷"等实务方面,是当时人眼中的"俗吏粗官"。

淳祐元年,贾似道升任太府少卿、湖广总领财赋,开始崭露头角。他面临的首要任务是收换湖广地区发行的纸币"会子",这一问题事关国计民生,牵涉复杂,朝廷认为"非一手之功",选派了很多一流的人才共同措置。但贾似道竟然"独提纲而妙运,果结局以上闻",独力圆满完成了任务,从而一鸣惊人,得到转官的嘉奖。转官制书中说他"器资拔俗，机警过人，以科第而发家学之传，以才具而胜事任之重"，甚至把他比作晋代杜预和唐代刘晏。

此后，贾似道历任沿江制置副使、京湖制置使、京湖安抚制置大使、两淮制置大使、两淮宣抚大使等职，都是地区的军事重任，所到之处，调度军饷、建筑城寨、选拔将领，加强军备防御。贾似道在军务方面展现出的才能，甚至使南宋后期名将、以善于相人而自负的孟珙都赞赏有加，去世前上遗表推荐贾似道接任。

后世有一种比较普遍的看法，认为贾似道只是靠着姐姐的庇护而飞黄腾达，这其实并不准确。贾似道青年时代固然有姐姐相助，但贾贵妃早在淳祐七年（1247）二月就已病逝，贾似道则直到景定元年（1260）才升至权力中枢。纵观贾似道的仕宦生涯，他其实是沿着父亲贾涉的足迹，在两淮、京湖等边境地区，从一名擅长"军旅钱谷"的实务型官员起步，最终成为朝堂上举足轻重的人物。这样的经历给他日后的执政带来两方面的影响：首先，由于长期在地方为官，贾似道在中央政府没有牢固的根基，因此他执政后要对原有的权力中枢进行清洗，营构自己的势力；其次，贾似道的专权是以其军务能力为基础的，南宋防御体制的构建、对蒙作战的指挥，都被其视为禁脔，禁止他人插手，这是他与同样被称为南宋权相的秦桧、韩侂胄、史弥远等人的不同之处。

二、虚构的"鄂州大捷"与登上权力巅峰

（一）"鄂州大捷"

宝祐六年（1258）初，蒙古大汗蒙哥汗决定南下攻宋。蒙军兵分三路，蒙哥汗亲率大军进攻四川，忽必烈率军攻打鄂州（今湖北

武昌），兀良合台率军从云南北上攻潭州，三路军约定最终在鄂州会合，东向围攻临安。这是宋蒙交战以来，蒙军第一次大规模的军事行动，"括兵率赋，朝下令夕出师，阖国大举，以之伐宋而图混一"。

蒙哥汗率领的军队于开庆元年（1259）正月列阵于合州（今重庆合川）钓鱼城下，意图攻略南宋在四川的军事和行政根据地重庆。钓鱼城地势险要，南、北、西三面环水，既有山水之险，也有交通之便，城中宋军在守将王坚的率领下奋起抵抗，蒙军多次进攻未果。理宗令贾似道以枢密使为京西湖南北四川宣抚大使、都大提举两淮兵甲、湖广总领、知江陵府，统筹各战区军队、物资的指挥和调遣。蒙军久攻钓鱼城不下，又值酷暑季节，军中暑热、疟疾等病疫流行。相持之中，蒙哥汗也于当年七月阵亡，这支蒙军遂于九月北还。

忽必烈部于开庆元年八月渡过淮河，抵达长江北岸。忽必烈接到宗王穆哥的信件，告知蒙哥汗的死讯，令他紧急北还继承汗位。但忽必烈认为大军已至长江边上，并且有南宋渔民因不满苛税而主动提供渡江船只，机会难得，因此坚持渡过长江，拉开了鄂州之战的序幕。

鄂州是军事重镇，它被蒙军围攻的消息使南宋"中外大震"。宋理宗急诏诸路宋军应援，并拿出内库银币犒师，前后出缗钱7700万缗，银、帛各160万两、匹。开庆元年十月，理宗罢免应战不力的宰相丁大全，命贾似道以右丞相兼枢密使的身份赴前线指挥作战。宋蒙双方交战非常激烈，鄂州城内死伤达13000人，知州张胜也战死军中。蒙军屡次攻破鄂州城墙，宋军屡次补筑。贾似道下令建木栅环绕城墙，一夜之间便告完工，忽必烈看到大为赞赏，对扈从诸臣说："吾安得如似道者用之。"蒙军挖通城墙，但为木栅所阻，"入战者辄不利"。

鄂州之战紧急时，南宋援军陆续到达。吕文德率军从重庆来援，乘夜进入鄂州，鄂城"守愈坚"。战争进入对峙状态，忽必烈的妻子派人急报蒙古贵族有人谋立阿里不哥继承汗位，请忽必烈尽快北归，谋士郝经也建议"断然班师，亟定大计"。恰在此时，贾似道私下派人请和，许诺与蒙古"划江为界"，"岁奉银、绢三十万两、匹"。忽必烈顺水推舟，与贾似道达成停战协议，解除对鄂州的包围，北归而去。

另外一支由兀良合台统率的蒙军，于开庆元年六月自云南出师，采用避实就虚的战术，一路转战至湖南境内，十一月受挫于潭州。景定元年正月，兀良合台率军至长江边，与忽必烈留下接应的部队会合，于新生矶（今湖北黄冈西北）搭建浮桥渡江北归。贾似道采用刘整的计谋，命水军攻断浮桥，杀死蒙军170人，上表请功。这也成了贾似道的一大战功，在南宋朝野上下传颂。

（二）"正位鼎轴"与整肃朝政

景定元年四月，贾似道班师回朝，上表说："诸路大捷，鄂围始解，江汉肃清。宗社危而复安，实万世无疆之休。"宋理宗大喜，以为贾似道立下了不世之功，褒美贾似道为"股肱之臣"，"吾民赖之而更生，王室有同于再造"。朝野内外也是一片欢呼赞誉，要求速召贾似道"正位鼎轴"。贾似道凭借鄂州之战，一举确立了其政治地位，不过他的所谓功绩，很大部分却是建立在虚构的基础上。忽必烈撤军只是为了北归争夺汗位，并非被南宋军队战胜，因此"鄂州大捷"名不副实，贾似道还朝后又向包括理宗在内的南宋中央政府隐瞒了私下求和的行为。随着形势的发展，这种虚构的"功绩"产生了巨大的影响。

由于在中央政府势单力孤，同时政治基础不够稳固，贾似道执政后不得不发动政治斗争，营建私人势力。当时与贾似道一起担任宰相的，是左丞相兼枢密使吴潜。二人并相的制度，目的就是使双方互相牵制，防止一人独大，因此贾似道想要大权独揽，就必须除掉吴潜。吴潜与理宗在策立太子的问题上存在分歧，理宗准备立忠王禥（即后来的宋度宗）为太子，吴潜并不支持，理宗对此深为不满。贾似道顺应理宗的心意，令侍御史沈炎以"忠王之立，人心所属，潜独不然"为罪名，弹劾吴潜"奸谋叵测"。理宗遂罢免吴潜，并将与吴潜关系密切的大臣一概逐出朝廷，"凡为似道所恶者，无贤否皆斥"。他称赞贾似道能与自己同心同德，为国家确定大计，贾似道不仅去除了一大政敌，而且成了"定策功臣"，权势越发煊赫。

吴潜去位后，贾似道还面临几股政治势力的挑战。宋朝"祖宗家法"对宦官、外戚参与朝政有严格的限制，但理宗在位后期，宦官、外戚势力上扬，致使吏治极为紊乱。不但一般大臣受到宦官的威逼，即便是宰相也不得不看宦官的脸色行事，丁大全因奴事卢允升、董宋臣而得宠，谢方叔、董槐、程元凤、吴潜等人的下台，也都与宦官有关。如果任凭其势力膨胀，汉、唐末年宦官专政的局面很可能再现。外戚是指理宗谢皇后的家人，特别是其侄谢堂，为人"深崄"，最为颉颃难制。他虽然不任要职，但拉帮结派，竟然能左右朝政，时人称之为"天下三患"之一。

与宦官、外戚并列为患的，还有学舍（即"三学"：太学、武学、宗学）的力量。随着朱学逐渐控制了意识形态，学生的群体意识也陡然增强，他们利用舆论，成为足以撼动朝政的政治势力，"其所以招权受赂，豪夺庇奸，动摇国法，作为无名之谤，扣阍上书，经台投卷，人畏之如狼虎。若市井商贾，无不被害，而无所赴诉"。朝廷对他们稍有处置，他们便借秦始皇"焚书坑儒"的典故反击，致使皇帝、宰相也心存顾忌。

在处理这几种政治势力时，贾似道展现出高超的政治手腕，他并没有采用正面对抗的方式，而是寻求迂回的解决方案。对于董宋臣、卢允升等宦官，贾似道先剪除其党羽，将他们引荐的大臣尽皆赶出朝堂，失去了在外朝的羽翼，董、宋等人无从施展，"余党慑伏，惴惴无敢为矣"，此后再也不见有宦官弄权的记载。对付外戚谢氏也是如此。贾似道先假意与谢堂"日亲狎"，在谢堂放松警惕后，不动声色间将谢氏党羽"悉皆换班"，谢堂虽醒悟上了当，但也无可奈何。贾似道又规定外戚不得担任地方监司、郡守，由此"子弟门客敛迹，不敢干朝政"。对于学舍，史嵩之、丁大全等人曾试图以强硬手段压制，结果反而在学生的游行抗议中倒台。贾似道则改弦更张，"度其不可以力胜，遂以术笼络"。一方面增加给学生的恩赏和馈给，提高他们的待遇；另一方面严格法制，一旦有人违法得罪，"则黥决不少贷"。恩威并施之下，学生"啖其利而畏其威，虽目击似道之罪，而噤不敢发一语"，反而日颂其德。

（三）南宋军事力量的独占

贾似道凭借"鄂州大捷"进入权力中枢，他的专权是建立在对蒙作战的基础上的，构筑明确的对蒙防卫体制是身为宰相的贾似道必须面对的问题，确保对军队的绝对掌握，则是贾似道巩固自己地位的前提。

1.对蒙防卫体制的确立

贾似道自鄂州还朝之初就向理宗上奏："今天下之势，保藩篱，则下可保堂奥；有三边，则可有内地。"南宋立国东南，为了防御北方强敌的入侵，建构了比较完整的战区防御体系，"唯曰长江为户庭，两淮为藩篱"。沿长江一线布置军队，上起汉水，下迄淮河，将千里江面分为三块，形成川陕、京湖、两淮三大防区。两淮防区直接掩护临安和江浙地区，以防御长江下游；京湖防区连接两淮、川陕防区，防御长江中游；川陕防区守卫四川，防御长江上游。贾似道提到的三边，便是指四川、京湖、两淮边境，其中两淮地区尤为关键，是贾似道对蒙防卫体制的根本。这种防卫构想的实施，首先表现在边帅人事安排上，特别是京湖和两淮两个军区的长官人选。京湖地区，自开庆元年至咸淳五年（1269），一直由吕文德驻守；两淮边境，自景定元年至咸淳六年（1270），由李庭芝驻守。吕文德、李庭芝加上身在中央的贾似道，三人鼎足而立，构成贾似道在鄂州之战后的对蒙防卫体制。

吕文德，据说早年是安丰（今安徽寿县）一个樵夫，后投身军旅。开庆元年宋蒙战争中，他兼任京西、湖南北、四川宣抚大使，与贾似道建立起密切关系。贾似道对吕文德非常信任，将京湖地区的军政、财政等大权全权委托给他，"沿边数千里，皆归其控制，所在将佐列戍，皆俾其亲戚私人"。吕文德"好无礼士大夫"，甚至不肯拜祭孔子，痛斥孔子不曾教他识字。他贪财好利，军队只有7万人，却要用湖广64州的收入来维持，并且将朝廷下发的军费瓜分为己有，"以至宝货充栋，宇产遍江淮，富亦极矣"。

李庭芝出自名将孟珙幕下，淳祐元年（1241）考中进士。孟珙去世前，将李庭芝推荐给贾似道。贾似道拔擢李庭芝知扬州、主管两淮制置安抚司事，后来成为两淮防区最高官员。李庭芝对两淮的经营有着非常明显的地方主义特色：他在扬州努力振兴当地产业，成功恢复大宗盐利；募集两万流民，创建"武锐军"；兴办学校；在水旱时拿出个人财产来赈灾，因此当地百姓"德之如父母"。扬州后来在蒙军大举南下时顽强抵抗，临安陷落后，谢太后诏李庭芝降元："今吾与嗣君既已臣伏，卿尚为谁守之？"但李庭芝仍然坚持不肯投降。南宋末期，扬州聚集了一大批忠诚之士，陆秀夫、贾仲武、边居谊、李芾等名列《宋史·忠义传》的人物都出自李庭芝幕下，"时天下称得士多者，以淮南为第一，号'小朝廷'"。

贾似道构筑的防御体系，在某种程度上是唐末五代藩镇体制的翻版，也是南宋中央政府面对现实压力，对北宋建国以来"以文治武""强干弱枝"政策的调整。吕文德、李庭芝二人虽有着截然不同的背景和个性，但在对蒙防卫过程中都发挥了重要的作用，从这个角度看，贾似道构建的对蒙防卫体制确有其效。然而不能否认，这一体系也存在巨大的缺陷。贾似道将几乎整个南宋国防都委托给吕、李二人，特别是吕文德，在贾似道支持下组建了庞大的吕氏集团，南宋沿江防线重要据点多被其亲族部曲占据，这使得南宋国防的基础变得脆弱和单薄。随后的宋蒙战争中，当吕氏集团核心人物投降后，其他吕氏集团成员也相继纳款，致使南宋防线迅速崩溃瓦解。

2.以"打算法"在军中清除异己

在选拔心腹将帅构建对蒙防卫体制的同时，贾似道在军队中展开肃清异己的活动。在当时南宋军队中，贾似道的权力基础并不牢固，只有吕文德、李庭芝等少数人可以称得上是贾似道的心腹，其余很多将领并不依附于他，多对他阳奉阴违甚至公然与他对立。贾似道为了将这些异己力量肃清，创造出"打算法"。

开庆元年宋蒙战争耗费了南宋大量财物，所谓"打算法"，就是在战后对战时军费进行结算审计。南宋后期，统兵将领对军费的贪黩侵吞、滥支滥用一直是比较严重的问题，因此在军队中建立起会计、审计制度有其必要性。然而，"打算法"并不是纯粹的审计制度，而是极具政治性和策略性的，贾似道的目的就是借此排斥异己。"鄂州围解，贾似道既罔上要功，恶阃外之臣与己分功，乃行打算法于诸路，欲以军兴时支散官物为罪，击去之。"

打算法采用交叉审计的原则，如"向士璧守潭费用，委浙西阃打算；赵葵守淮，则委建康阃马光祖打算"，等等。这种方案貌似公平，但实际上被委任的审计者都是贾似道的同盟。在打算法下，大批表现突出的良将被清算。马光祖素来与赵葵不合，并且要迎合贾似道，他在赵葵身上找不出财务问题，就诬陷赵葵于元宵节张灯设宴为不正当支出。向士璧被控"侵盗官钱"，先被剥夺军功封赏、贬逐远州，随后又因被追究"守城时所用金谷"致死，乃至"复拘其妻妾而征之"。在四川钓鱼城之战立下卓越战功的王坚，因贾似道忌恨，"出知和州，郁郁而死"。李曾伯素有威望，贾似道忌其声望太高，利用打算法将他排挤去位。史岩之曾对贾似道有提携之恩，并与贾似道有亲姻关系，最后"亦纳钱而妻子下狱"。

给南宋政权造成最大影响的，是对骁将刘整的迫害，致使其叛宋降蒙。刘整早年居孟珙麾下，后随李曾伯入蜀，在宋蒙战争中屡立大功，引起吕文德和四川制置使俞兴的嫉妒。景定二年（1261）六月，俞兴派人到刘整处审计军中钱粮。刘整惊恐之下，以金瓶贿赂俞兴，但俞兴不受；到江陵求俞兴的母亲写信求情，俞兴仍不为所动；派人到临安控诉，又在贾似道的压制下不得上达。刘整担心大祸将至，假意大肆贿赂吕文德、俞兴，找到机会叛降蒙古，忽必烈随即授刘整为行夔府路中书省兼安抚使。

打算法的实施确立并巩固了贾似道在军中的专权地位，也给南宋末期的军事造成巨大伤害。贾似道、吕文德等人独占南宋大部军事力量，一大批不依附他们的边帅武将被肃清，封闭了不同军事集团间联合作战的可能性，削弱了南宋防卫力量。刘整的叛降，更给南宋带来近乎致命的打击，他"熟知山川险要、国事虚实"，使南宋最重要的政治、军事情报外泄，"蒙古自是愈易宋，而边祸日深矣"。刘整降蒙后成为攻宋的先锋军，在基本战略和临阵战术方面，都提出了很多关键性提案，影响了宋蒙战争的走向。

(四)权相政治的顶峰与"福华"迷梦

经过一番苦心经营,贾似道的权势走向巅峰,其党羽布列要津,盘错中外。"上自执政侍从,下至小小朝绅,无一人而非其党。"他曾在一次百官议事时,骄横地说:"诸君非似道拔擢,安得至此!"景定五年(1264)十月,宋理宗病逝,时年25岁的赵禥登上皇位,即宋度宗。度宗把军国大政拱手委付给贾似道,自己"惟荒乐之从,未尝及外庭事"。在元军大举压境时,他仍在宫中晏然无事一般以琴酒自娱。

南宋政治史上有一个突出现象,即权相秉政,秦桧、韩侂胄、史弥远、贾似道相继擅权,共计72年,占了整个南宋152年历史的将近一半。他们利用掌握的权力,网罗党羽、排挤政敌,给南宋王朝的政治生态造成了很大影响。士大夫们或者追逐势利、丧失名节,恬然"以公朝之执法,为私门之吠犬";或者廉耻虽存、气节不足,"平居未尝立异,遇事不敢尽言"。那些忠于职守,敢于谏诤者,轻则罢官去职,重则"随陷其祸"。贾似道将这种权相政治推向顶峰。

贾似道在朝堂采用高压政策,压制一切反对意见。"街谈巷议,及其谬政,则为骗局之狱,赌局之狱,一网打尽,皂白不分,陷之死地。场屋程文,一有所指,则虽已擢科第,必籍记其人,将来治之。稍有廉声才誉、学问文采,而觉其意不附己,即堕机阱。"他深居葛岭私第,不赴官署治事,由吏人抱文书至第呈送,大小政事,"非关白不敢擅行"。叶梦鼎、马廷鸾、江万里等人先后担任宰相,但都因不堪成为贾似道的附庸而坚辞。宋蒙战事日急之时,贾似道压制朝中大臣讨论边事。江万里屡次请求增兵救援襄樊,贾似道都不予理睬,江万里无奈出知福州。一日,度宗突然问:"襄阳围已三年,奈何?"贾似道回答:"北兵已退,陛下何从得此言?"度宗答:"适有女嫔言之。"贾似道于是诬以他事,将该女嫔处死。此后,边境战事虽日渐危急,但再没有人敢提及。

施行高压政策的同时,贾似道引导士大夫们将军国大事置于脑后,倡导奢侈享乐之风。他于西湖葛岭赐第养尊处优,"起楼阁亭榭,取宫人娼尼有美色者为妾,日淫乐其中。惟故博徒日至纵博,人无敢窥其第者"。他曾与群妾蹲在地上斗蟋蟀,与他狎玩的门客看到后戏言:"此军国重事邪?"当时有人题诗讽刺:"山上楼台湖上船,平章醉后懒朝天。羽书莫报樊城急,新得峨眉正少年。"贾似道令门客廖莹中编撰《福华编》,吹嘘其鄂州战功,虚构出一个"福泽天下、繁华昌盛"的盛世。每年贾似道生日,"四方善颂者"就会赋诗填词,为贾似道歌功颂德。贾似道甚至效仿科举考试,将颂词分别等次,排名靠前的予以赏拔。

贾似道的行为给南宋政治造成巨大伤害,在他的主导下,南宋士大夫阶层丧失了往日"先天下之忧而忧,后天下之乐而乐"的担当精神和忧患意识,他们对于迫在眉睫的亡国之危表现麻木,只知玩岁愒日,沉溺于湖山歌舞之娱,不知"有天下大义"。明人黄淳耀感叹说:"南宋之末,士大夫伈伈俔俔,拱手环视以苟岁月,陈同父谓之风痹,不知痛痒,积数十年,而国亦亡,其气弱也。"

醉生梦死的生活,不仅腐蚀了统治阶层的精神,也腐蚀了整个时代民众的灵魂。受统治阶层精神风貌的影响,普通民众也宴然自安,对国事漠不关心。法国汉学家谢和耐观察到:"直至兵临城下之前,杭州城内的生活仍是一如既往的悠哉闲哉。"这不免给人一种诡异的感觉。面对虎视眈眈的蒙古铁骑,南宋社会却仿佛陷入麻醉中,对王朝的危难无动于衷。南宋的灭亡,不仅仅是蒙军军事入侵的结果,同时也由于其政治统治的崩溃,而独揽大权的贾似道，显然加速了这一过程。

三、襄樊之战：南宋存亡的关键

（一）从川蜀到襄樊：蒙古战略重点的转移

景定元年四月，忽必烈派翰林侍读学士郝经携国书出使南宋，商定和议。理宗听说蒙古使臣前来，对宰相表示："北朝使来，事体当议。"贾似道则担心郝经入朝后会泄露他私下请和的行为，因此摆出"强硬"的姿态："和出彼谋，岂容一切轻徇？倘以交邻国之道来，当令入见。"理宗在贾似道的主张下遂下诏"誓不与北和"，并令人毁掉接待外国使者的"都亭驿"，以表示坚决的态度。郝经等人进入宋境后，贾似道命李庭芝将一行人扣留在真州（今江苏仪征）军营，既不提议和，又不许郝经返蒙。忽必烈由于忙于处理蒙古贵族内部的争斗，无暇南顾，郝经因此被拘禁了长达16年。

咸淳三年（1267）十一月，忽必烈解决了国内矛盾后，转头南向，以郝经被拘为口实，发动了征服南宋的战争，率先倡议南征的正是刘整。刘整进言："宋主弱臣悖，立国一隅，今天启混一之机，臣愿效犬马劳，先攻襄阳，撤其扞蔽。"蒙古贵族多有对南侵持反对意见者，刘整又上奏："自古帝王，非四海一家，不得为正统。圣朝有天下十七八，何置一隅不问，而自弃正统耶！且襄阳吾故物，由弃而弗戍，使宋得窃筑为强藩，若复襄阳，浮汉入江，则宋可平也。"忽必烈因而下定决心南征。

凭借对南宋防御体系的了解，刘整建议忽必烈调整战略方向，将进攻重点由川蜀地区转移到荆湖地区的襄樊，"攻蜀不若攻襄，无襄则无淮,无淮则江南可唾手下也"。襄樊位于南阳盆地南部,是由襄阳和樊城组成的双子城,为南北交通要冲。清人顾祖禹曾说:"湖广之形胜,……以天下言之则重在襄阳,以东南言之则重在武昌,以湖广言之则重在荆州。"忽必烈采纳刘整的建议,命阿术与刘整共同经略,集中全力于襄樊寻求突破。

在具体战术方面,蒙军也较此前有了较大改变。刘整提出"急攻缓取"的策略来谋取襄樊,他利用吕文德贪财好利的性格,派遣使臣以玉带贿赂,请求在樊城外置榷场,吕文德果然欣然许之。使者紧接着说:"南人无信,安丰等处榷场,或为盗所掠,愿筑土墙以护货物。"吕文德开始不同意,但身边有人劝他说:"榷场成,我之利也,且可因以通和好。"吕文德深以为然,蒙军遂于樊城外鹿门山筑土墙,于白鹤城筑堡寨,不仅有了守备之处,更遏止了宋朝南北之援。吕文德此时才意识到蒙军的图谋,却为时已晚,顿足叹曰:"误朝廷者我也!"此后,蒙军在襄樊周边险要地带大量修筑城堡,阻断南宋水、陆援军,断绝襄樊守军补给,坐待襄樊粮尽援绝。

蒙军是卓越的骑兵,利于在原野上驰骋,却不习水战,如今面对恃江河之险的襄樊,非以舟师不能奏效。咸淳四年(1268)八月,刘整建言阿术:"我精兵突骑所当者破,惟水战不如宋耳,夺彼所长,造战舰习水军,则事济矣。"此后,刘整造战舰五千艘,练水军七万人,训练不辍,宋军在水战方面的优势逐渐丧失。

经过忽必烈对蒙古帝国的改造,使其中央集权加强,组织、动员能力大增,能够调动各方力量贯彻统治者的意图。蒙军一改此前的战略战术,将战略重点由川陕转移到襄樊,并放弃此前游击的战术,投入大量人力、财力于筑堡、造船和练军,虽一直未能取得决定性战果,消耗甚大,但仍然坚持既定战略,展现出势在必得的决心。这些根本性的改变使蒙军能对南宋发动长期而持续的攻击,以往宋军固守城池，等蒙军后勤断绝自行退走的形势，如今已转变为蒙军把守城堡，待襄阳粮尽而降。战争形势的改变，使南宋等于面对全新的敌人，要想克敌制胜，必须在战略构想、军队组织、武器装备上都有所改进。

（二）战略的错位：襄樊失守与防御体系的缺口

南宋方面显然未能及时认清战争形势的根本性变化，作出有效的应对。蒙军已将战略重点转移到襄樊，但贾似道却始终对襄樊地区的重要性有所怀疑，进而对襄樊防卫犹疑不决。以贾似道为首的一些大臣主张南宋的战略部署应以防止蒙军渡过长江为首要目标，襄阳"孤垒绵远，无关屏障"，以重兵增援襄阳将导致外重内轻，根本动摇。因此，贾似道虽重视襄阳守卫，却不认为其得失会危及整个防线。咸淳五年，襄阳形势日趋紧张，吏部尚书兼侍读赵顺孙警告"不急援，祸至无日"，却被贾似道斥为"书生腐语"，质问："纵襄阳失守，岂遽危亡？"

由于对襄阳防务的重要性缺乏充分的认识，同时对蒙军战略重点的调整、战术的改变未能及时把握，南宋防务上的应变一直落后于形势的发展。咸淳四年正月，宋廷已得知蒙军在襄樊城外修筑堡寨，但贾似道并没有意识到事态的严重性，仅令京湖方面加强防备。襄樊守将依循传统战术，下令清野及整修城池，并以茶、盐赠送元军将领，以表示城内粮储充足，不在乎蒙军的包围。宋军依照过去的经验，乐观地认为只要消极防守，即可让蒙军知难而退，但事态的发展大大超出他们的预料。襄阳之围经年未解，使南宋开始有所警觉，贾似道督促京湖制置司出兵救援，但宋军受制于襄樊外围的元军城堡，难以前进。

咸淳五年十二月，京湖制置使吕文德病故，南宋防务体系出现巨大真空。贾似道打击军中诸将的恶果至此显现，竟然找不到才器相当的接任者。贾似道一度想亲自督战，但度宗三次驳回他的上书，表示"师相"不可跬步离朝廷。贾似道对于亲征也没有坚定的决心，他已位极人臣，督战成功并不会再提高他的地位和权势，一旦失利则立即危害他辛苦建立的威望。贾似道向来不认为襄阳失守会导致整个防线的崩溃，自然没有以自己权位冒险的必要，因此他放弃了亲征的计划，将吕文德的权限分割：吕文德的弟弟吕文焕知襄阳府兼京西安抚副使，继续襄阳防卫；吕文德婿范文虎接任禁军统帅；又将两淮制置使李庭芝调任京湖制置使，委任以京湖方面的军政。

贾似道虽重用李庭芝，却不像对吕文德那样信赖。一方面，吕文德出身行伍，即使战功再高，也不可能得到文官的拥戴，而李庭芝却是进士出身，如果解襄阳之围成功，声望水涨船高，难保不会对贾似道的相位形成威胁。另一方面，长期盘踞京湖的吕氏家族也不愿接受李庭芝的节制，范文虎利用贾似道固位贪权的心理致书说："吾将兵数万入襄阳，一战可平。但无使听命于京阃（李庭芝），事成则功归恩相矣。"贾似道大喜，任命范文虎为"福州观察使"，其军队由朝廷直接指挥。范文虎此后日携美妾，于军中击马球为乐，李庭芝屡次催促进兵，范文虎都推托圣旨未到，不予理睬。范文虎才略甚差，不堪大任；李庭芝又上受贾似道牵制，下有范文虎掣肘，难以施展。南宋援军始终不能形成一股强大的力量，呈现分散与孤立之势，更难突破元军的封锁。

到咸淳八年（1272），襄樊之围已持续五年之久，尽管南宋守军顽强抵抗，但很多人已经意识到，城池失守已在所难免。该年十一月，李庭芝上奏请求贾似道效仿南宋初张浚、赵鼎的事例，在鄂州或荆州（今湖北荆州）设都督府，亲自统筹诸军支援襄樊，他确信这是解决诸将之间互不协作的问题、集合力量对敌作战的最后途径。但这一请求仍然为贾似道拒绝："若办此事，非臣捐躯勇往，终未能遂。然纵使臣行，亦后时矣，恐无益于襄阳之存亡。尚可使江南无虞，而不至内地之震骇也。庭芝欲臣建督于荆之谋，要不过姑为是说。"在贾似道看来，江南的防卫才是最重要的大事，他已经准备接受襄阳失守的事实。

咸淳九年（1273）正月，元军截断襄阳、樊城之间的水路联系，又投入新式武器"回回炮"攻城，樊城守将范天顺、牛富等壮烈牺牲，樊城失陷。樊城的失守，使外援断绝的襄阳更加危若累卵，吕文焕每次巡城，"南望恸哭而后下"。元军将"回回炮"又转移到襄阳城下，一炮击中襄阳谯楼，"声如震雷"，使城中军民心理上产生极大震骇，很多将领逾城而降。

刘整出于对吕氏兄弟的报复心理，想要强攻襄阳，捉拿吕文焕，但以忽必烈为首的蒙古贵族却主张劝降的方针。忽必烈下达劝降诏书："尔等拒守孤城，于今五年，宣力尔主，固其宜也。然势穷援绝，如数万生灵何？若能纳款，悉赦勿治，且加迁擢。"元军主帅阿里海牙也劝吕文焕："君以孤军守城者数年，今飞鸟路绝，主上深嘉汝忠。若降，则尊官厚禄可得，必不负汝。"吕文焕无可奈何之下，终于出城纳款，襄阳失守，持续了五年多的襄樊之战告一段落。

襄樊之战是决定南宋存亡的关键节点，顾祖禹说："宋之亡，盖自襄樊始矣。"贾似道听闻吕文焕降敌的消息后，自称"战眩颠沛，几于无生。不谓事不可期，力无所措，乃至此极"。然而他囿于对襄阳地位的成见，仍未能体察情势的严重。他安抚度宗说，理宗端平年间，荆、襄地区也曾失守，相比之下现在的情况并不算严重。在追究战败责任时，实际负责援襄作战的夏贵、范文虎等都安然无恙，受处分最重的反而是与襄阳之战毫无关系的俞大忠，罪名竟是其父俞兴激起刘整降元，埋下襄阳之战的祸根。这种令人啼笑皆非的做法，反映出主政者无意反省的态度，在临安的度宗与贾似道君臣，仍继续沉浸在歌舞升平中。

（三）蒙元灭宋：南宋防御体系的崩溃

襄樊之战，元军虽取得极大的战果，但也付出了高昂的代价，"以国家每岁经费计之，襄樊殆居其半"。蒙古领导层认识到，如果继续采用单一的军事征服策略展开攻坚战，消耗巨大而效果不佳，"比至汉上诸城皆下，则我已困矣"，因此转而奉行军事进攻与政治劝降并用的方针。这一方针的具体执行者，就是新晋投诚的吕文焕。

由于贾似道的倚信，吕氏家族形成了一个庞大的军事集团，成为南宋防务体系的重要支点，"吕氏子弟、将校往往典州郡而握兵马者"，沿江守将多为吕氏部曲。蒙古贵族坚持招降吕文焕，就是想利用其在南宋军中的人脉和所掌握的南宋军事政治情报。汉官胡祗遹写信给忽必烈重臣张文谦说："吕生（吕文焕）世握兵柄，兄弟子侄布满台阁。宋君臣之孰贤孰愚，宋河山城郭之何瑕何坚，宋兵民之多寡虚实，宋兵刑政之得失巧拙，不为不知。不以降夷相待，细为之一问，不唯有以得取宋之方，见此人之浅深，以备主上之顾问。"

咸淳十年（1274）九月，元朝在襄阳集结大军20万，以伯颜为统帅，开始以临安为目标的最后战役。十二月，元军渡过长江天险。行中书省官员建议以吕文焕为前导，招降沿江南宋守将："江汉未下之州，请令吕文焕率其麾下，临城谕之，令彼知我宽仁，善遇降将，亦策之善者也。"吕文焕引导元军顺江东下，"凡其亲友部曲，皆诱下之"：元军至黄州（今湖北黄冈），守将陈奕献城投降；至蕲州（今湖北蕲春南），管景谟以城降；至江州，吕文德长子吕师夔出城降；至南康军（今江西南康），叶阊以城降；至安庆（今安徽安庆），范文虎也献城投降。在吕文焕的引领下，元军一路如入无人之境，迅速兵临建康城下。贾似道这时才如梦初醒，传檄声讨吕氏之罪，但为时已晚。

元军长驱直入，使南宋举国震惊，朝野的希望都寄托于贾似道身上。德祐元年（1275）正月，贾似道率军13万溯江而上迎战元军。贾似道眼见局势不利，并没有击退元军的信心，出军后立即派人至元军请和。伯颜要求南宋纳土归附，贾似道无法同意，和谈乃告失败。贾似道以精锐7万余人交由孙虎臣率领，战舰2500艘委任夏贵，布阵于丁家洲（今安徽铜陵北），自己率后军屯驻鲁港（今安徽芜湖西南）。贾似道既不能和，又不敢战，双方甫一交锋，宋军便自乱阵脚，贾似道率先脱逃，13万宋军瞬间土崩瓦解。

宋军战败的消息传到临安，贾似道苦心经营的擅长边务的神话随即破灭，宋廷掀起批判贾似道的风潮。贾似道上书垂帘听政的太皇太后谢氏，请求迁都，但被谢氏拒绝。谢氏改任王爚、陈宜中为宰相，罢免了贾似道的官职，贬为高州团练副使，到循州安置。负责监押贾似道的会稽县尉郑虎臣，在行至福建漳州城南20里外的木棉庵时，将贾似道杀死。

南宋皇室有意将一切过错都归咎于贾似道，以重建官员、军民对皇室的信心，同时向元朝表示双方战事皆为贾似道挑衅所致，贾似道既已去位，两国当可罢兵谈和。宋廷将和谈的希望寄托于吕文焕，当时很多人对吕文焕抱有同情，认为其降元是迫不得已。太皇太后谢氏亲自致书，极力称赞吕文焕守襄功绩，希望吕文焕协助说服元军退兵，"俾王室不坏"。然而当时宋、元双方胜负的态势已甚为明显，元朝灭宋的态度是十分坚定的。

外敌强势入侵的危难情势，映衬出南宋政治统治的崩溃。醉生梦死、不知"天下大义"的南宋士大夫们对王朝的危难冷眼相看，大批地方守令"委印弃城""望风而降"。仅仅一年时间，元军就从湖北一路攻到了临安。随着元军逼近，以宰相王爚、章鉴、陈宜中、留梦炎为首，大臣们连夜逃遁，"朝中为之一空"。太皇太后谢氏愤慨地斥责：

> 我朝三百余年，待士大夫以礼，吾与嗣君遭家多难，尔小大臣未尝有出一言以救国者，吾何负于汝哉！今内则庶僚畔官离次，外而守令委印弃城，耳目之司既不能为吾纠击，二三执政又不能倡率群工，方且表里合谋，接踵宵遁。平日读圣贤书，自诳谓何？乃于此时作此举措，或偷生田里，何面目对人言语？他日死，亦何以见先帝？

南宋朝廷"诏天下勤王"，原以为天下百姓当"接踵而奋"，然而最终却没有任何人响应。文天祥不由感叹："第国家养育臣庶三百余年，一旦有急，征天下兵，无一人一骑入关者。"德祐二年（1276）三月，伯颜率元军进入临安，催促宋恭帝赵㬎一行北上大都，入觐忽必烈，南宋中央政权至此已经灭亡。但此后文天祥、陆秀夫等人仍奉赵昰、赵昺转战各地，所以习惯上仍把祥兴二年崖山海战，陆秀夫背负幼帝赵昺投海而亡，视为南宋正式灭亡的标志。

结　　语

南宋灭亡前的最后一段时期，朝政操控于贾似道之手，他的个人因素对王朝的命运自然有所影响。贾似道加速了南宋政治、军事崩溃的进程。他"专功而怙势，忌才而好名"，使南宋末期的政治生态更加恶化。他一方面实施高压政策，军国大政一决于己；另一方面歌舞升平，使君臣朝野沉浸于虚幻的"福华"迷梦中。在他的恩威并施之下，宋朝士大夫们丧失了往日"忘身许国"的精神，或浑浑噩噩，坐视朝政日坏；或阿谀奉承，"以至亡身危国而不知"。蒙古大军攻破临安之前，南宋政权已经是一个身患绝症的危重患者。

贾似道的专权，是以其对南宋国防力量的独占为基础的。在他主导下的南宋中央政府，面对已经焕然一新的蒙古帝国，在战略战术方面始终落后于形势的发展，缺乏应变能力而受制于敌，终于导致时局不可救治。贾似道构筑的南宋防务体系，本质上是唐末五代藩镇体制的一种变体，是对北宋建国后"以文治武""强干弱枝"政策的调整。这种体制虽然没有带来像五代时期那样的政局动荡，却具有不可解决的内在矛盾：南宋国防寄托于吕氏集团，而吕氏集团势力的扩展，却是以肃清军中异己力量为代价的，意味着对其制衡力量的缺失。在这种情况下，吕氏集团势力越大，南宋国防的基础反而越单薄、越脆弱，最终在吕氏集团相继叛降后，南宋国防体系迅速崩溃。

宋朝三百余年的历史中，两次被少数民族政权灭亡，这在中国历史上非常少见。两次亡国有着相似的过程，但细究起来，情况却明显不同。北宋灭亡时，臣民并未丧失对赵宋政权的信赖，"于天下虽无片土之安，而将帅、牧守相持以不为女直用"，金人因此清醒地认识到"天人之心未厌赵氏"。反观南宋末年，士大夫阶层对王朝的危难无动于衷，普通百姓也对改朝换代冷眼旁观，南宋政权丧失了人们的认同感与归属感是一个突出的现象。作为南宋灭亡前夕的主政者，贾似道对时局的恶化当然负有责任，可是从长时段来看，他也不过是历史发展中的一个环节。南宋立国之初，已经丧失了奋发向上的精神，统治阶层安于现状，历经百年，终至不可复振。"百年歌舞，百年酣醉"，又岂是贾似道一人所能改变？

参考文献

1.胡昭曦:《宋蒙(元)关系史》,成都:四川大学出版社,1992年。

2.胡昭曦、蔡东洲:《宋理宗、宋度宗》,长春:吉林文史出版社,1996年。